JN237190

動機づけ面接法 実践入門
あらゆる医療現場で応用するために

ステファン・ロルニック
ウィリアム・R・ミラー
クリストファー・C・バトラー

監 訳
後 藤　 恵

訳
後 藤　 恵
荒井まゆみ

星　和　書　店

Seiwa Shoten Publishers

2-5 Kamitakaido 1-Chome
Suginamiku Tokyo 168-0074, Japan

Motivational Interviewing in Health Care
HELPING PATIENTS CHANGE BEHAVIOR

by
Stephen Rollnick, Ph.D.
William R. Miller, Ph.D.
Christopher C. Butler, M.D.

translated from English
by
Megumi Goto, M.D.
and
Mayumi Arai

English Edition Copyright © 2008 by The Guilford Press
A Division of Guilford Publications, Inc. New York
Japanese Edition Copyright © 2010 by Seiwa Shoten Publishers, Tokyo

序　章

　本書は，患者に行動を変えることを考慮するよう勧めることに時間を費やしている，あらゆるヘルスケアの臨床家のためのものである。そのような臨床家とは，看護師，医師，栄養士，心理学者，カウンセラー，教育者，歯科医，歯科衛生士，ソーシャルワーカー，理学療法士，作業療法士，専門医，さらにはオフィスで電話応対をする人々などである。変化を求められる行動も数多く，喫煙，食事法，運動，処方薬の変更，飲酒量，水分摂取，新たな処置の学習，新しい補助具の利用，援助の受容，などがある。

　健康に関わるいろいろな状況において，動機づけ面接法に対する潜在的な必要性があることを明らかにしたのは，ヘルスケアの臨床家であった。彼らは，行動を変えることによって健康が大きく改善されうる患者を，毎日見ている。通常患者たちは，それに関して助けを求めてはいない。臨床家は，患者が変化を起こすように勧めたり，説得したり，ほめたり，忠告したり，あるいは助言したりする。臨床家が，健康に関わる行動の変化を促進するための訓練を受けていることや，心がまえができていることは稀である。彼らは，その他多くの競合する臨床的責務を荷っており，健康の変化を促進するための時間は，1人の患者に対して数分しかないことが多い。私たちは，第一線で働くヘルスケア臨床家の問題，フラストレーション，および現実的制約について耳を傾けてきた。

　「何回も繰り返し話をしましたが，患者は変わろうとしません」
　「患者に事実を伝えるのが私の仕事であり，私にできるのはそれだけです」

「その人々は極めて困難な生活を送っているのですから，彼らが喫煙する理由も理解できます」
「私はカウンセラーではありません。私は医学的状態を診断し，管理するのが仕事です」
「私の患者のなかには，完全に現実から目を背けている人がいます」

このように患者の困った状況と，それに対する最善の対応策を求める情熱（や思いやり）の高まりが認められた。

私たちが，最初に動機づけ面接法について執筆した時には，カウンセラーを読者として念頭においており，アルコールや薬物の問題を持つ患者の面接に焦点を当てていた。その患者たちは，行動を変えられないという問題を抱えており，彼らの生活はしばしば荒廃していた。飲酒や薬物使用の破壊的な影響にもかかわらず，変わることについての彼らの両価的状態は著しいものであった。私たちは，両価的状態にある人々に対して講義，議論，および警告があまり有効でないことをすぐに学び，やがて動機づけ面接法と呼ばれるようになる，より穏やかな対処法を開発した。その焦点は，行動を変えることに対する人々の両価性について話しあい，それを解決するために，彼ら自身の動機，活力，および意欲をひきだして援助することに当てられた。

動機づけ面接法の初版（Miller & Rollnick, 1991）の出版後すぐに，この方法が依存症の分野以外でも有益でありうることが明らかになった。確かに，変わることについての両価的葛藤は，依存症独特のものではなく，人間の特質である。現在ヘルスケアの多くは，生活場面での行動を変えれば，長期的結果に大きな影響をもたらしうる状態を患者が管理するための援助を必要としている。しかし患者は，彼らを変えようと説得する善意の試みに対して，抵抗することが多い。実際，1人の臨床家にできることには限りがあるが，変わることによって開かれる可能性

は大きく，変わろうとする動機は，強制されるよりもひきだされるほうが間違いなく望ましい。行動を変えることについての思いやりのある，尊敬に満ちた効果的な会話は，多くのヘルスケアの臨床現場で明らかに活用することができる。

　数年のうちに，高血圧・糖尿病・肥満・心臓病の管理，薬物療法のアドヒアランス，さらには精神医学から心理学にわたる幅広い問題における，動機づけ面接法の適用に関する出版物が登場してきた。現在行われている動機づけ面接法の無作為化臨床試験は 160 以上にもなり，動機づけ面接法に関する出版物は 3 年ごとに 2 倍ずつ増えている（www.motivationalinterview.org を参照）。

　現在私たちは，様々な臨床家に動機づけ面接法を教えている。動機づけ面接法は，家族療法，心臓病，および認知のリハビリテーション，腎臓医学，糖尿病の管理，理学療法，フィットネスの指導，歯科治療，メンタルヘルスのカウンセリング，発声・言語療法，および公衆衛生教育の提供者によって用いられている。私たちにとっての課題は，ヘルスケアの臨床家が，毎日の臨床実践の慌しさのなかで，動機づけ面接法の要素を用いる方法を見つけることである。

　そのための第一歩が，『Health Behavior Change（『健康にかかわる行動を変える）』（Rollnick, Mason, & Butler, 1999）という本であった。動機づけ面接法が，気がつかないうちに原型をとどめないほど希薄化されたり，単純化されてしまうことに気がついたので，この本では参考文献を挙げることは避けざるを得なかった。この『健康にかかわる行動を変える』という本ではいくつかの有効な実用的戦略を解説した。その戦略の多くは，良好な治療関係を通じて，患者が両価性を探究し，解決するのを援助するという，動機づけ面接法の本質的な精神に従って，ヘルスケアの臨床現場で開発されたものであった。

　調査研究者たちも同様の経過をたどって，多くの環境や問題の領域に及ぶ様々な動機づけ面接の適用法を開発し，検討した。『Motivational

Interviewing』(Miller & Rollnick, 2002) の第2版が出版される頃には，短期交渉，行動を変えるためのカウンセリング，行動の点検法，および短期動機づけ面接法などといった名前で，改作が出現していた。それら全ての基盤には，変わろうとする患者自身の動機を喚起することについて，同様の考えが存在していたのである。

　本書は，動機づけ面接法の中核部分を，どのように毎日のヘルスケアの臨床実践に新しく取り入れるかということを，総合的に解説したものである。カウンセラーになるための時間，必要性，および意志を持つ臨床家は殆どいない。この本における私たちの目標は，動機づけ面接法の本質を充分に保ちながら，それを近づきやすく，学びやすく，有益で，効果的なものにすることである。

　私たちは，外国語のような専門用語を用いずに，この導入法の本質を捉えることに努めてきた。本書では，案内人の隠喩を用いている。案内（誘導）という形式は，他者を助けるために日常生活のなかで自然に使われており，行動を変えたり新しい技術を学んだりする時には，特に自然に用いられている。私たちは，それを他の2つの日常的なコミュニケーション形式（指示と追従）に対照させている。指示形式は，ヘルスケアの臨床実践において主要なものである。正確には，指示形式は1970年代から1980年代の依存症治療において優勢であったが，現在もその時代と同様に予測可能な問題と限界がある。巧みな誘導（案内）形式の技術は，現代のヘルスケアの慌しいペースのなかでは，見落とされてしまうことが多い。ヘルスケアの臨床現場では，もはやそのための時間などないという人もいる。しかし私たちは，時間がなく，行動を変えることが肝要である時にこそ，患者と臨床家にとってより良い長期的結果を，効率的にもたらす可能性が最も高いのは，案内（誘導）という形式であると信じている。

　この単純な出発点から，訓練と臨床実践に多くの影響がもたらされた。動機づけ面接法は，慣れ親しんだ誘導（案内）の過程を精緻化した

ものである。腕の良い臨床家とは，患者の要求に合わせて指示，誘導（案内），そして追従（見守り）の形式を柔軟に変えながら，用いることのできる人である。言い換えれば，動機づけ面接法は，あなたが今まで身につけたコミュニケーション技術に取って代わるものではなく，むしろそれを補完するものである。

　この方法は，実践を通して学びながら生涯にわたって精緻なものへと上達し続けるものである。なぜなら，それは正しく患者から学ぶことができるものだからである。何に対して耳を傾けるべきかを理解しさえすれば，全ての患者との面接が学習の源となり，面接の方法についてフィードバックを与えてくれる。本書を読んだからといって，動機づけ面接法による誘導（案内）形式の達人になるわけではない。その代わり，この書籍が良く書けているならば，読者は自分自身の患者から，学ぶ方法を知ることになるだろう。

　第Ⅰ部は，動機づけ面接法の概観，その証拠基盤，およびそれがヘルスケアというより広範な状況に，どのように適合するかについて提案することから始めよう。次に，指示，誘導（案内），および追従（見守り）という3つのコミュニケーション形式について解説し，さらに質問，情報提供，および傾聴，という3つの中核的技術を紹介する。第Ⅱ部では，動機づけ面接法の誘導（案内）という形式を用いて援助する過程で，これらの技術がどのように精緻に用いられるかを明らかにする。最後に第Ⅲ部では，動機づけ面接法を用いるにあたって自信や技術を向上させるための，実例と指針を提供する。最終章では，面接の域を越えて変化を促進する環境要因が，どのように健康に関わる行動の変化をもたらすかについて検討する。

Stephen Rollnick, Ph.D.
William R. Miller, Ph.D.
Christopher C. Butler, M.D.

謝　辞

　私たちがトレーニングで出会った，臨床家である貢献者の方々に心から感謝する。ここでは多すぎてとても書ききれないが，彼らは明らかに私たちの思考と理解に貢献してくれた。

　MINT，すなわち Motivational Interviewing Network of Trainers (www.motivationalinterview.org) の人々によってもたらされる着想と提案は，いつも私たちを支えてくれる源であった。ミーティングにおいて，また，私たちを活発な議論で結びつけてくれた電子メールのリストを使って私たちが質問をすると，このグループは，多くのアイデアをくれるのが常であった。Jeff Allison と Gary Rose は，トレーニングの試みにおいて，また話し合いを通して，私たちが3つの形式の枠組みの内容と境界を明確にする助力となってくれた。Tom Barth と Pip Mason によるフィードバックと提案は，第10章の行動を変えようとする願望に関する題材を充実したものにしてくれた。South African MISA (Motivational Interviewing in South Africa) の訓練者グループの Bob Marsh と同僚らは，HIV/AIDS の分野における診察や援助の事例や説明を構成するのに用いられた物語，寸描，および提案を提供してくれた。PATA (Pediatric AIDS Treatment in Africa) の皆さん，特に Dr. Paul Roux は，逆境に直面するなかでの希望，意欲，および創造性による数え切れない功績の例を提供してくれた。Ralf Demmel は，親の足場作り (parental scaffolding) に関する論文を提供してくれた。Michael Robling は，糖尿病のケアについての考察のために，時間と経験を提供してくれた。Claire Lane, Linda Speck, および Adrienne

Cookは，心臓病のリハビリテーションについてのフィードバックや援助の文化を変えようとする彼女らの試みについて，明快な説明を提供してくれた。Peter PrescottとCarolina Yahneは，希望を伝えることの原理と実践について，何度も私たちに書いてきてくれた。ソフトウェアデザインの世界にいるValerie Dougallとの会話は，学習する人のためにアイデアを近づきやすいものにする方法を考えるうえで大いに役立った。また，Carrie McCorkindale, Barbara B. Walker, Anne E. Kazak, およびSheila K. Stevensには，原稿の初期の下書きを概観する際の助力に感謝したい。

　私たちの家族も，多くの形で力を添えてくれた。パートナーである，Sheila, Kathy, そしてJudithには，私たちの執筆の取り組みを助けてくれたことに感謝したい。Jacob Rollnickには，家庭のなかで人が変わるのを援助する時の（誰のことか名前は述べられていないが）動機づけ面接法における強い感情の役割を浮き彫りにしてくれたことに感謝する。Julian Rollnickは，全ての単語を詳細に調べ，かけがえのない助言と励ましを与えてくれた。最後になるが，The Guilford Pressの編集者であるJim NageotteとBarbara Watkinsには，本書の構成と内容を決定するうえでの真の専門家としての助力に感謝したい。

目　次

序　章　iii
謝　辞　viii

第Ⅰ部　行動の変化と動機づけ面接法

第1章　動機づけ面接法　原理と証拠 ……………………… 3
「動機のない患者」という伝説（思いこみ）　6
動機づけ面接法（MI）の精神　8
4つの指針　10
　1．R：正したい反応を抑制する　10
　2．U：患者の動機を理解する　13
　3．L：患者の話を傾聴する　13
　4．E：患者を励まし勇気づける　14
結　論　15

第2章　動機づけ面接法をヘルスケア業務に取り入れる ……… 17
「この方法なら毎日使っていますが……」　18
3つのコミュニケーション形式　18
　1．追従（見守り）　21
　2．指示　22
　3．誘導（案内）　23
　4．組み合わせ　24

5．指示の乱用　26
　　6．誘導（案内），動機づけ面接法（MI），および行動の変化　28
３つの中核的コミュニケーション技術　29
　　1．あなたの好む技術は？　30
形式と技術：あなたの態度と行動　32
　　1．指示と中核的技術　34
　　　a）乏しい指示　34
　　　b）より望ましい指示　36
　　2．追従（見守り）と中核的技術　37
　　　a）追従（見守り）と情報収集　37
　　　b）治療の要望に追従する　39
　　　c）動転している患者に追従する（見守る）　40
　　3．誘導（案内）と中核的技術　40
　　　a）専門家への紹介受診を勧める　41
診察中の柔軟性　43
結　論　45

第Ⅱ部　動機づけ面接法の中心的技法

第3章　動機づけ面接法の実践　49
両価性　50
チェインジトークを聞き分ける　52
　　1．願望　54
　　2．能力　54
　　3．理由　56
　　4．必要　56
　　5．決意　57

6. 行動に移す　58
　チェインジトークによって導く　61
　結　論　62

第4章　質問する　65

　質問する：一般的考察　65
　　1. 閉じられた質問　66
　　2. 開かれた質問　66
　　3. 巧みな質問　68
　　　a) 望ましくない例：閉じられた質問を多用する　68
　　　b) 望ましい診療：慎重に選択された簡潔な，開かれた質問　70
　　4. 有用な開かれた質問　71
　　5. 質問と答えの落とし穴　73
　　6. 所定のアセスメント：「……をお聞きしたいのですが……」
　　　（あくび）　74
　　7. まとめ　75
　動機づけ面接法（MI）の質問　76
　　1. 検討課題の設定　78
　適切な質問をするための実用的な提案　83
　　1. DARN！　84
　　2. 定規（尺度）の使用　87
　　3. 重要性と自信の評価　89
　　4. 利益と不利益　92
　　5. 鍵となる質問：次は？　93
　　6. 仮説を用いる　94
　結　論　95

第 5 章　傾聴する　97

傾聴の実例　97

傾聴：全般的考察　99

　1．扉を開く　101

　2．質問は，傾聴ではない　102

　3．沈黙　103

　4．促進的な応答　104

　5．いくらか違った言葉で：振り返りによる傾聴　104

　6．要約の技術　111

　7．質問と傾聴　112

　8．傾聴に関する懸念　114

動機づけ面接法（MI）における傾聴　115

　1．振り返る内容を選択する　116

　2．抵抗を振り返る　118

　3．チェインジトークを振り返る　119

　4．両価性の克服　123

　5．要約：花束　124

　結　論　126

第 6 章　情報提供　129

全般的考察　129

　1．関係のなかで取り組む　132

　　a）速度を落とせば進歩が早まる　132

　　b）人間は情報の単なる容れ物ではない　133

　　c）患者の広範な優先事項を考慮する　134

　　d）肯定的な情報の重要性　134

　　e）情報の量を考慮する　134

　　f）配慮しながら情報を伝える　135

2．注意深く指示する　136
動機づけ面接法（MI）における情報提供　136
　　1．許可を求める　136
　　2．他の選択肢を提案する　139
　　3．他の人の経験について話す　140
　　4．情報提供の2つの戦略　141
　　　　a）「投げかける―確かめる―投げかける」　141
　　　　b）「引き出す―提供する―引き出す」　143
　　5．「正したい」反応に気をつける　147
臨床実践の例　148
　　1．アドヒアランスの促進　149
　　　　a）「投げかける―確かめる―投げかける」　149
　　　　b）「引き出す―提供する―引き出す」　150
　　2．検査結果を分かち合う　152
　　　　a）「投げかける―確かめる―投げかける」　152
　　　　b）「引き出す―提供する―引き出す」　154
　　3．私にとってその情報はどのような意味があるのか？　156
　　4．60秒間の希望のメッセージ　158
すぐそこにある解決策　160
　結　論　161

第Ⅲ部　全ての技法を併せて使う

第7章　技術の統合　………………………………………………………　165
創造的な組み合わせ　166
　　1．情報提供と質問　166
　　2．質問と傾聴　168

3．傾聴と情報提供　170
　両価性を解決する　173
　　1．確かな決意を聞き分ける　174
　　結　論　178

第8章　誘導（案内）形式の事例 …………………………… 179
　ケース1：「胃が痛むんです」　179
　ケース2：安全な性行為の推奨　185
　ケース3：心臓の問題　193
　結　論　205

第9章　誘導（案内）形式に熟達する …………………………… 207
　誘導（案内）形式に慣れる　207
　　1．関係を観察する　209
　　2．現在に留まる　209
　　3．先を見通す　210
　　4．「でも責任を手放すことはできない」　211
　障害物の克服　212
　　1．患者：彼らの苦闘　213
　　　a）「なぜ私が変わる必要があるのかわかりません」　213
　　　b）「言っていることはわかりますが……」　214
　　　c）「私が何をすべきかあなたの考えていることを
　　　　言ってください！」　215
　　　d）「本当に全然対処できないのです」　215
　　2．臨床家：あなたの気持ち　216
　　　a）行動を変えたい願望　217
　　　b）ABCsと一般的な落とし穴　220
　　　　（1）指示に陥る　220

　　　　（2）無理強いしすぎる　221
　　　　（3）患者を救出する　221
　　　　（4）ただ患者に従い，行き先を見失う　221
　　　　（5）患者に情報を詰め込みすぎる　222
　　　　（6）問題と弱点を追求する　222
　　3．関係：検討課題が異なる時　223
　　　a）検討課題の設定　224
　　　b）さらに難しい面接：指示が不可欠である時　225
あなた自身の健康　228
あなた自身の面接を検討する　229
日常業務のなかで技術を練習する　229
　結　論　231

第10章　面接を越えて ……………………………………………… 233

変化の障壁を取り除く　235
　1．援助の再設計　235
　　　a）かつての状況　235
　　　b）治療手続きの改革　237
　2．1つの改革　240
　　　a）かつての状況　240
　　　b）治療システムの改革　241
動機づけ面接法（MI）の実行　243
　1．MIの訓練とその他の改革　243
　　　a）かつての状況　244
　　　b）その後　245
　　　　（1）チームミーティング　246
　　　　（2）評価の手順を変える　247
　　　　（3）患者の教育的集団療法　248

c）解説　250
　　2．MI と公衆衛生の促進　251
　結　論　254

終　章　―読者のための案内図―　……………………………………… 255
　動機づけ面接法（MI）を学ぶ　255
　　1．第1段階：気持ちの良い形式の変更　255
　　2．第2段階：誘導（案内）形式に熟達する　257
　　3．第3段階：MI の技術を磨き上げる　257
　面接の指針　258
　　1．焦点（話題）に同意する　259
　　2．変わろうとする動機を探求し，構築する　260
　　3．進歩を要約する　260

付録 A　動機づけ面接法（MI）についてさらに学ぶ　261
付録 B　動機づけ面接法（MI）に関する話題の研究論文　271
索　引　293
監訳者あとがき　301
著者略歴　304
監訳者・訳者略歴　305

第Ⅰ部

行動の変化と動機づけ面接法

第1章
動機づけ面接法
原理と証拠

　急性疾患の治療は，20世紀に目覚ましい進歩を遂げた。治療の成功と感染症の克服は，平均寿命の大幅な延長をもたらした。かつては致命的ないし永続的な機能障害を残した外傷が，現在では治療できるようになった。いくつかの種類の臓器不全に対しては，透析，移植，およびバイパス手術による治療が可能である。ヘルスケアの可能性という観点からすると，先進国の人々は，これまでになく健康なはずである。

　しかし，今日の若者たちは親世代より不健康な，近代史始まって以来最初の世代となる徴候が認められる。呼吸器系疾患や癌，糖尿病や肥満，心臓や肝臓の疾患，うつ病などの心理学的問題は，すべて健康に関わる行動や生活様式に強く関連している。現在，人々が医療の専門家（医師，歯科医師，看護師，整体士など）にかかる病気の殆どは，健康に関わる行動を変えることで大抵は予防，ないし治療が可能である。

　発展途上国やあちこちの大都市において，社会経済状況の脆弱な地域では，不充分な生活状態にある人々が，健康を脅かす逆境に苦闘している。彼らもまた同様に，健康に関わる行動について心配が生じる困難な状況では，ヘルスケアの臨床家にかかるものの，必ずしも健康というものが自分自身で管理できるとは思っていないことが多い。しかし，ここでもやはり，行動を変えることが，喫煙，過度の飲酒，質の悪い食事，

水質の浄化，離乳食，および感染症の予防など，健康を害する多くの危険を避けるにあたっての重要な鍵となる。

　21世紀においてヘルスケアは，ますます長期にわたる症状管理を目的とするようになっている。すなわち，人々が自分の健康を増進するためにできること——つまり健康に関わる行動を変えることが，目的となっているのである。したがって患者の行動を考えることが，健康の維持・治療・予防に，重要な役割を果たす可能性がない医療機関，専門家の仕事，臨床診断，健康問題というものは殆ど考えられない。しかしながら，いまだにヘルスケアを求める人々の多くは，医学的治癒を求めているように見える。彼らは，医師がいろいろと質問をして，健康を取り戻すための，あるいは少なくとも症状を緩和するための治療を，処方してくれると期待している。言い換えれば，彼らがどんなに不健全な行動をとっても，彼らを治療する責任は，医師，看護師，および医療システム全体にあると思われているのである。

> 21世紀において，ヘルスケアは，ますます長期にわたる症状の管理を目的とするようになっている。すなわち，人々が自分の健康を増進するためにできること——つまり健康に関わる行動を変えることが目的となっている。

　医師，看護師，理学療法士，医療相談員，歯科医師，歯科衛生士，栄養士，カウンセラー，健康心理学者，ないし他の医療専門家であるならば，通常の日常業務のなかで，行動を変えることについて多くの話をしているであろう。しかし治療者が，どのようにこの話題に取り組むべきかということは，しばしばあまり明確でない。例えば，あなたは次のようにすべきだろうか？

- 健康のために，変えられる行動について，患者に説明すべきだろうか？
- 行動を変えるように助言し，彼らを説得すべきだろうか？
- 彼らが自分のやり方を変えない場合には，どうなるのかを警告すべきだろうか？
- 行動を変える方法について，彼らに助言するための時間をとるべきだろうか？
- 彼らを専門家に紹介すべきだろうか？

　本書は，ヘルスケアの専門家が，行動の変化について患者と実りある会話をするための，一助となるように書かれたものである。具体的には，動機づけ面接法（MI）として知られる，穏やかな形式のカウンセリングについて説明している。動機づけ面接法は，健康に関わる様々な行動において，変化を促すために有効であることがわかっている。

　1983年に，MIの臨床法が最初に出版された時には，患者の「動機がない」ことが，変わることへの一般的な障害であるとされていた，問題飲酒への短期介入法として開発された。1990年からは，特に行動の変化が重要であり，患者の動機の欠如が一般的な問題となっている慢性疾患など，他の健康問題に対しても試験的に用いられ始めた。MIは，循環器疾患，糖尿病，食事療法，高血圧，精神疾患，および病的賭博などの管理や，HIV感染の治療と予防に対して試験的に用いられ，効果をあげている。MIの臨床への試験的適用では，行動の変化に関わる問題についての論文が，広範囲にわたって出版されている。

　MIは，変化に対する患者自身の動機と治療アドヒアランスを活性化することによって，効果をあらわす。MIを受ける患者（通常の治療を受ける患者に比べて）は，次の可能性が高いことが様々な臨床試験によって判明している。治療を開始し，継続し，完了する；経過観察の面接を受ける；血糖の測定を厳守し，血糖値のコントロールが改善される；運

動や野菜・果物の摂取を増やす；ストレスや塩分摂取を減らす；食物日誌をつける；無防備な性交や注射針の共用を減らす；薬物療法のアドヒアランスを向上させる；アルコールや違法薬物の使用を減らす；喫煙を止める；合併疾患や入院を減らす。当然ながらMIは万能ではなく，すべての試験が肯定的なものであったわけではない。その効果には大きなばらつきがある。調査研究に関心のある読者には，本書の後部や，www.motivationalinterviewing.orgで，長期的結果に関する研究の参考文献を紹介する。

> MIは，変化に対する患者自身の動機と治療アドヒアランスを活性化することによって効果をあらわす。

「動機のない患者」という伝説（思いこみ）

　行動を変えることについての話し合いは，面接のなかであなたがた専門家または患者が，健康のために何か違うことをしたいと考える時に生じる。その「したいこと」とは，定期的な服薬，歩行器具の使用，デンタルフロスの使用，食事の変更，および運動などであるかもしれない。あるいはまた，健康を損なう行動を減らしたり，止めることも含むであろう。健康を損なう行動には，喫煙，大量飲酒，薬物乱用，働きすぎ，ジャンクフードを食べることなどがある。種々のヘルスケアの専門家が，それぞれの患者と話し合う可能性のある「健康に関わる行動の変化」の範囲は，患者の履物（糖尿病で），水分摂取量（腎臓病で），コンドームの使用，通院，補聴器の使用などまで相当に幅広いものであろう。しかし本書の目的にとっては，健康に関わる行動の厳密な定義は，必要ではないと思われる。

> 行動を変えることについての話し合いは，面接のなかであなたがた専門家，または患者が健康のために何か違うことをしたいと考えている時に生じる。

　患者が，変化や臨床家の堅実な助言を受け容れることに対して動機がないように見える時，その患者には問題があり，それについてできることはあまりないと想定されることが多い。しかし，この想定は通常は間違いである。本書の原点は，変化に対する動機が，実際にはかなり状況に応じて変わるものであり，特に人間関係のなかで形づくられるというところにある。

　患者に対して，あなたがたが健康についての話題を持ち出す方法は，行動の変化に対する彼らの個人的動機を，変える可能性がある。全く動機のない人などいない。私たちは誰もが目標や願望を持っている。あなたがたは，患者を変えて患者の健康に長期的な影響をもたらすことが可能である。それでは，行動や生活様式の変化が患者に必要な時には，どのように対処すれば良いのだろうか？

> 健康についての話題の持ち出し方によって，行動の変化に対する患者の個人的動機を変えることができる。

> 患者が，変化や臨床家の堅実な助言を受け容れることに対して動機がないように見える時，その患者には問題があり，それについてできることはあまりないと想定されることが多い。しかし，この想定は通常は間違いである。全く動機のない人などいない。

動機づけ面接法（MI）の精神

　MIは，人々がやりたくないことを，騙してさせようとする技法ではない。これは，健康のために行動を変えようという患者独自の動機を引き出す，巧みな臨床形式である。MIは，指示よりも案内，格闘よりもダンス，そして，少なくとも言葉にされた内容については傾聴を求める。その全体的な「精神」は，**協働的**であり，**喚起的**であり，また**患者の自律性を尊重する**とされる。

- **協働的である**。MIは，患者と臨床家の共同的で，協働的な対等の関係に基づく。クライアント中心療法が相談の広範な導入法であるのに対し，MIは，患者の変化が必要とされる具体的な状況に取り組む。専門家としての臨床家が，受身的な患者に，なすべきことを指示するという格差のある権力的関係の代わりに，活発で協働的な会話や共同の意思決定の過程が存在する。最終的に，そのような変化を成し遂げることができるのは患者自身であるため，この決定過程は，健康に関わる行動を変える時には，特に重要である。
- **喚起的である**。しばしばヘルスケアとは，それが薬，知識，洞察，ないし技術など，患者に不足しているものを与えることを含む。しかしMIとは，むしろ患者がすでに持っているものを彼らから呼び起こし，変化に対する彼ら自身の動機と資源を活性化する方法である。患者

は，あなたがたが彼らにして欲しいと思うことをするようには動機づけられていないかもしれないが，人はそれぞれ個人的な目標，価値観，願望，および夢を持っている。MIの技術の一部は，健康に関わる行動の変化を，患者が気にかけていること，すなわち彼らの価値観や心配に結びつけることである。それは，患者独自の観点を理解することによって，また彼ら自身の変化すべき理由や反論を喚起することによってのみ，達成されるであろう。

しばしばヘルスケアとは，それが薬，知識，洞察，ないし技術など，患者に不足しているものを与えることを含む。しかしMIとは，むしろ患者がすでに持っているものを，彼らから呼び起こす方法である。

・**患者の自律性を尊重する**。MIは，長期的結果から一定程度の距離をおくことを必要とする。それは思いやりの欠如ではなく，人々が自分の人生について選択できること，また選択することの受容である。臨床家は，情報を与え，助言をし，警告さえするかもしれないが，最終的にどうするかを決めるのは患者である。この自律性を認識し尊重することも，健康に関わる行動の変化を促すうえでの重要な要素である。人間の本能には，何をすべきか強制されたり，命令されたりすることに抵抗する部分がある。皮肉なことに，他者の変化しない権利や自由を認めることによって，変化が可能になることがある。

> 人間の本能には，何をすべきか強制されたり，命令されたりすることに抵抗する部分がある。皮肉なことに，他者の変化しない権利や自由を認めることによって，変化が可能になることがある。

これらの3つの特徴は，基礎となるMIの「精神」，すなわち行動の変化について，患者と話し合う際の心構えを表している。

4つの指針

それに関連して，MIの実践には4つの指針がある。(1) 正したい反応を抑制し，(2) 患者独自の動機を探求して理解し，(3) 共感をもって傾聴し，(4) 患者を勇気づけ励まして，希望を持ち続け楽観的であるよう促す。これら4つの指針は，RULEという頭文字によって覚えておくことができる。Resist（気持に逆らって抑制する），Understand（理解する），Listen（傾聴する），およびEmpower（勇気づけ励ます）である。

1. R：正したい反応を抑制する

人を助ける専門職に足を踏み入れる人は，物事を正し，直し，損害を防ぎ，幸福を促そうとする強い願望を持っていることが多い。彼らは，人が間違った方向へ進んでいるのを見ると，その人の前に立ちはだかり「ストップ！　向きを変えなさい！　もっと良い方法がある！」と言いたくなる。このような行動の動機は称賛に値するものであり，それがしばしば彼らを他者に奉仕する天職（援助職）へといざなう。この動機が備わっているので，他者の方向性を修正しようとする彼らの衝動はしばしば自動的であり，殆ど反射的であるとさえ言える。

問題は，この本来の傾向が逆説的な効果をもたらしうるというところ

にある。それは，患者が欠陥を持っているとか，反抗的であるとか，怠慢であるとか，あるいは悪しき否認にとらわれているからではない。むしろそれは，説得に抵抗しようとする人間の自然な傾向である。これは，ある問題について人が両価的状態にある時には，特に真実である。例えば飲酒問題を持つ人は，自分が飲みすぎていて，不利な結果を招いていることを充分認識していることが多い。しかし，彼らは飲酒を楽しんでいて，自分が「問題を抱えている」とは考えたくないため，自分の飲酒が理論的には正常であると考えるほうを，好むのである。事実上，私たちが治療してきた問題飲酒者は，表現する機会があれば誰でも，飲酒について2通りに感じている，と話したものである。

　そのような状況で健康管理に携わる専門家が，患者の内的論争の「良い」面を取り上げ，患者の方向性を正そうとする時には，何が起こるだろう？「あなたは飲みすぎだと思います。減らすか，止めるかすべきです」と言われた場合の，患者の自然な反応とは，「そんなにひどくはありません。私は大丈夫です」と，両価性のもう一方の側を主張することである。すると専門家は声を大にして，その人には問題があって変わらなくてはならないことを，さらに強く説得したい誘惑にかられるであろう。そうなれば患者は，もっと反論に固執するであろうと予測できる。

治療者：もっと運動をすれば，膝のために良いだけでなく，体重を減らし，気分を改善するのにも役立つでしょう。運動はスタイルを良くし，健康にし，気分を良くしてくれます。
患者：ええ，全部わかっています。先生は論文を読んでそう言うのでしょうが，膝が痛んでいる時に運動したら，たとえ水泳などの穏やかなものであっても，さらに傷めてしまうことになるではないかと思わずにはいられないのです。

　この患者の内的矛盾を具体的に行動として表すこと（2つの意見を2

人で討論すること）は，人間の性質について良く知られている基礎的原理が存在しなければ，ある意味治療的であるのかもしれない。その基本的原理とは，「私たちは，自分自身の言葉を聞いて，それを信じる傾向がある」というものである。患者は，変わることの不利益を言葉にすればするほど，より強く現状維持に固執する。患者に現状維持を防衛させ，変わることに反論させるような形で面接を進めれば，実際には行動が変わる可能性を大きくするのではなく，不注意にも，その可能性を小さくしてしまいかねないのである。

> 私たちは，自分自身の言葉を聞いて，それを信じる傾向がある。患者は，変わることの不利益を言葉にすればするほど，より強く現状維持に固執する。

　要するに，あなたが変わるようにと主張し，患者が抵抗してそれに反論する場合，あなたは間違った役を演じているのである。あなたは望ましいセリフのすべてを，患者に代わって言ってしまっている。変化を支持する主張を言葉にすべきなのは患者である。MIとは，患者からその言葉を呼び覚ますものであり，一見正しいように見えるかもしれないが，「正したい反応」を抑えることが必要である。

　患者は，健康に関わる行動を変えることに関連する，多くの問題について両価的である。あるいは，その大部分について両価的であるといったほうが良いかもしれない。彼らは，変わりたいと思っており，変われるかもしれず，変わったほうが良い理由も知っている。そうする必要があることがわかっていても，「でも」と言うのである。その両価性を克服するための援助をしない限り，患者の思考は，そこから進展しないであろう。幸いにも次の指針をはじめとして，そのような援助をするため

2. U：患者の動機を理解する

　行動を変える契機となる可能性が最も高いのは，変化を支持する患者自身の理由であり，あなたがたの理由ではない。そこで第2の指針となるのは，患者自身の懸念，価値観，および動機に関心を持つ，ということである。MIは患者の現在の状況と，変わることを支持する彼ら自身の動機について，彼らの観点を喚起し，探求する形で進められる。それは，長期的な過程であるように聞こえるかもしれないが，必ずしもそうである必要はなく，通常の面接の範囲内で行うことが可能である。現に私たちは，面接時間が限られている場合には，患者にどうすべきかを告げるよりも，なぜ変わりたいのか，およびどのようにして変わりたいのかを尋ねるほうが有効であると考えている。行動を変えることを支持する言葉を表現すべきなのは，あなたではなく患者である。本書の第Ⅱ部では，どのようにこの原則や他の指針を実践するのかについて，すなわち実践上の諸問題について取り組む。

> 面接時間が限られている場合には，患者にどうすべきかを告げるよりも，なぜ変わりたいのか，およびどのようにして変わりたいのかを尋ねるほうが有効である。

3. L：患者の話を傾聴する

　MIでは，少なくとも情報を与えた分だけ，傾聴することが求められる。おそらくヘルスケアの面接について通常期待されていることは，臨床家が答えを知っていて，それを患者に与えるというものであろう。あなたは多くの答えを知っており，患者は，その専門知識を求めてあなた

のところに来る。しかし行動を変えることについては，その答えは患者のなかにある可能性が高く，それを探すには傾聴が必要となる。

　優れた傾聴とは，実際には複雑な臨床技術である。それは質問をして，患者の返事を聞くために長い間静かにしている，という以上のことを必要とする。『Making the Patient Your Partner（患者さんをあなたのパートナーにしましょう）』という本で，心理学者 Thomas Gordon と外科医 Sterling Edward は，そのような質の高い傾聴が，良い医療全般の重要な部分であることについて議論している。傾聴は，確実に理解しようとする共感的な関心を含み，その意味について推測しながら行われる。その技術については第5章で詳述する。

4. E：患者を励まし勇気づける

　長期的結果がより良いものになるのは，患者が自分自身のヘルスケアに積極的な関心を持ち，自分の役割を果たす場合であることが，ますます明らかになってきている。MIの第4の指針は，患者を励まし勇気づけること——自分自身の健康状態を，どのように変えてゆくことができるのか，患者自身が探し求めるように援助することである。ここでもやはり，患者自身の考えと資源が鍵となる。運動する習慣が大切であるのはもちろんであるが，それを自分の日常生活に組み込む方法を一番よく知っているのは，あなたではなく患者である。要するに患者は，自分自身の生活と行動を変えるための最善の方法に関しては，あなたの相談役となる。この過程における，あなたの重要な役割とは，自分を変えること，自分の健康を改善することが可能であるという，彼らの希望を支え続けることである。面接において積極的で，自分を変える理由や方法を言葉にする患者は，その後に言ったことを実行する可能性が高い。あなたは臨床家として，患者自身が自分について良く知っていることを，進んで面接中に話し始めるよう促すことに長けているべきである。

> 面接において積極的で，自分を変える理由や方法を言葉にする患者は，その後に言ったことを実行する可能性が高い。

　他のヘルスケア業務の合間の数分間で，MI を効果的に適用して行動の変化を促すことは，極めて高度な技術を要する過程である。私たちはヘルスケア関連の業務を通じて，数多くの面接を何年にもわたって聴いてきたが，たくさんの最前線の臨床家たちが日々実践している高いレベルの熟練の技術に，深い尊敬の念を抱いてきた。私たちは自然に磨かれたあなたの技術や直感に取って代わろうということではなく，むしろ，患者の変化を援助するあなたの願望や能力を支えて，その役に立ちたいと願って本書を執筆したのである。

結　論

　本章は，行動を変えることについて患者と話し合うにあたって，MI を用いることの論拠を説明している。次章からは，ヘルスケアでの一般のコミュニケーション過程に MI がどのように適合するかということについて，さらに詳述する。第 2 章では，通常臨床で用いられるコミュニケーション形式の連続体上に誘導（案内）形式を位置づけ，MI を精緻化された誘導の形として説明する。また通常の診療に含まれる，3 つの中核的なコミュニケーション技術についても考察する。これら全ての目的は，あなたが日常業務のなかに MI を取り入れるうえでの一助となることである。本書の第 II 部では，行動の変化を誘導（案内）するにあたって，これらの基礎的技術が，どのように用いられるかについて解説する。

第2章

動機づけ面接法を
ヘルスケア業務に取り入れる

　動機づけ面接法（MI）は，カウンセリングのために心理学者によって開発された。では，MIをどのように理解し，毎日の業務に用いたらよいのだろうか？　あなたがたには時間がそれほどないだろう。けれども私たちは，あなたに，技術的なことばかりでなく行動の変化を促すことについて，今までと異なる考え方を吸収してほしいと思う。MIは，心地良いほど馴染み深くもあるが，取り入れ難くも見えるだろう。MIは，あなたが通常実践していることとは全く違うものだろうか？　私たちの答えは，否である。

　本章では，ヘルスケアにおける3つの一般的なコミュニケーション形式――指示，誘導（案内），および追従（見守り）――を検討することによって，MIと毎日のヘルスケア業務を関係づけるのが狙いである。MIは，精緻化された誘導（案内）形式である。本章で私たちは，3つの中核的なコミュニケーション技術――質問，情報提供，および傾聴――についても検討する。これらの技術そのものは，単純で基礎的なものであるが，組み合わせて用いる方法によっては，面接中の指示，誘導（案内），追従（見守り）を，有効にも無効にもする技術である。

> MIは，心地良いほど馴染み深くもあるが，取り入れ難くも見えるだろう。MIは，あなたが通常実践していることとは全く違うものなのだろうか？私たちの答えは，否である。

「この方法なら毎日使っていますが……」

「このMI法というのは，何も新しいものではありませんね。私はこれを毎日実践しています」

これは，初めてMIの説明を受けた臨床家の一般的な反応である。あなたも，説明に聞き覚えがあったり，第1章で解説された原理の特徴を持った，最近の面接を思い出したかもしれない。おそらく，それは，患者が自分の行動を変えたいと前向きに話し，あなたも特に努力する必要を感じなかった例であろう。おそらく，あなたは，患者に変わるようにと説得する必要はなかったであろう。あなたの役目は，どちらかといえば沈黙を守り支持することであっただろう。フランスの博学者であるブレーズ・パスカルは，著書『Pensees（パンセ）』において「人は一般に，他者の脳裏に浮かんだ理由よりも，自分自身で見つけた理由によって納得するものである」と書いている。確かに，患者自身から変わろうとする動機を引き出そうというのは，新しい考えではない。また，私たちが誘導（案内）と呼ぶ支持的な姿勢も，新しいものではない。MIとは，そのような基礎のうえに成り立っている。

3つのコミュニケーション形式

MIの最も印象的な特徴の1つは，面接のなかであなたが味わう非常に明確な感情である。その感情は，患者との関係において，あなたの立

場があまり対決的でなく，気楽なものであるというところから生ずる。ある同僚はかつて「それは，格闘技というより，ダンスのようなものだ」と述べた。その経験は患者の態度と行動の反映であるのみならず，あなた自身の態度と行動をも反映している。それは，行動の変化という話題全体に対する，あなたの取り組み方に関連している。形式を変えると，面接は異なる感覚を生じさせる。

「形式」という言葉は，患者を援助するうえでの戦略的な取り組み方を良く表している。本書において，コミュニケーション形式とは，患者を援助するにあたっての態度と取り組み方，すなわちあなたと彼らとの関係を特徴づける，話の組み立て方を意味する。それぞれのコミュニケーション形式は，それぞれ異なる目的で用いられる。誘導（案内）形式は，特に行動を変えることについての，困難な話し合いに適していると考えられる。一方，他の形式は，他の目的により適合する。以下に幾つか具体的な例を挙げる。

あなたが仲の良い友人と一緒に座り，その友人の悩みについて話しているところを想像してみよう。とりわけ彼女は，大切な人との長年の関係を続けようか，どうしようかと迷っている。それは，大きな影響を伴う決断である。あなたならどのように対処するだろうか？

1つには，慎重に耳を傾け，彼女の話を理解しようと努め，彼女が自分のしたいことを整理する時に，共感しながら支持するという態度がある。彼女が経験していることを傾聴し，理解するために時間をかける時，あなたは，彼女が自分自身の感情を言葉にし，明確にするのを助けている。あなたは彼女に，何か答えを提供するわけではない。むしろあなたは，明らかに彼女のものであるこの長い旅の，良い道連れであろうとしているのである。

しかし，ここであなたが，彼女は何をすべきかという点について，極めてはっきりとした意見を持っていると仮定しよう。第2には，彼女の親しい友人として率直に助言するという態度になるであろう。彼女の

状況に対してあなたの見解を告げ，明確な提案をし，その論拠を説明する。あなたはそうすることで，彼女が行き詰まりから脱け出し，より健全で幸福な方向へと軌道修正するための助けになりたいと願う。これは，悩んでいる人にどのようにすべきか（少なくとも，何が可能か）を話すことによって，その人の問題解決を援助しようという取り組み方である。

第3の態度は，他2つの中間にあって，その2つの態度に含まれる良い性質を組み合わせたものに相当する。あなたは注意深く，共感的に，友人の窮地を理解しようと耳を傾ける。あなたは，彼女が考えている様々な選択肢について尋ね，一緒にそれぞれの選択肢の長短を検討する。あなたは時々彼女について，あるいはもっと一般的な人々と人間関係について知っていることを少し伝えることはある。しかし同時にそれが最終的には彼女の人生であり，彼女の決断であることを認識し，尊重してもいる。彼女の決断がある程度明確になってきたら，あなたは彼女が自分の選択した方向へ向かうのを援助する。

これら3つの例は，それぞれ本章で考察する3つのコミュニケーション形式〔追従（見守り），指示，および誘導（案内）〕に相当する。その3つは全て，合理的で重要なコミュニケーション形式である。これらはヘルスケア業務においてだけでなく，日常生活のなかでも用いられる。それぞれの形式には，それぞれが最適で効果的な状況というものがある。そのため私たちは，それぞれの形式の価値については，いかなる価値判断もしない。その代わりに，形式と課題が適合しない時に，問題が生じると考えている。これら3つの形式について考える時には，追従（見守り）を一方の端に，指示をもう一方の端に，そして誘導（案内）を中央にした連続体を想像する方法がある。もう1つは，想像上で輪の中心に座り，必要に応じて適切な形式に手をのばすと考えることもできる（図2.1）。

3つそれぞれの形式は，相手との関係におけるあなたの役割によって，

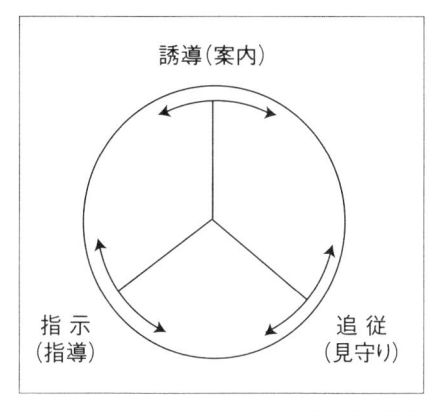

図2.1 3つのコミュニケーション形式

それぞれ異なる態度を反映しているとも言える。専門的援助職という立場から言うならば，いろいろな状況に対して，それぞれどのように援助すればよいかという，想定された方向性の違いを反映しているのである。

1. 追従（見守り）

誰もが聴き上手な人を好み，殆どの人は自分が人の話を良く聴くと思っている。本当の聴き上手は，他者の経験を理解するのに充分な注意を向けるために，自分自身の関心事を保留にするものである。優れた傾聴は，指示や命令，同意や不同意，説得や助言，警告や分析を伴わない。他者の目を通して世界を見て理解すること以外に，達成すべき課題はないからである。

追従（見守り）形式では，傾聴が主となる。あなたは相手の先導に従う。追従（見守り）形式は，行動を変えることについて，「私はあなたを変えたり，無理強いしたりはしません。あなた自身についてのあなたの知恵を信じていますし，あなたが自分のペースで取り組むことを願っています」と伝える。悪い知らせを聞いて泣いている患者には，追従（見

守り）形式が必要である．面接のはじめに短い追従の時間を取れば，患者の症状と，その人の生活や健康が，どのように関係しているかを理解することができる．

> 「追従（見守り）」の同義語：
> 仲良く一緒に進む　同調する　つき従う　追求する　許可する
> 注意を払う　認める　受け入れる　共感する　従う　信頼する
> 理解する　観察する

2．指　示

指示形式は，かなり異なる対人関係を示す．この形式においては，少なくとも当分の間は，あなたが主導権を握る．それは，知識，経験，権威，および力という点で不平等な関係を意味する．しばしばこの形式が命を救う．本質的に指導者は，なすべきことを命じるものであり，その理由を説明することもあるがしないこともある．日常業務について通常指導者は，あなたが適切に仕事をしているかを観察し，仕事振りを評価し，仕事の出来栄えが上首尾か不出来かについて監督するという責務を負っている．当然，その他の指示形式以外の管理法もありうるが，指導者，支配人，管理職，または主任であるということは明確な権威の有り様を含むものである．指示形式は，行動を変えることについて，「私は，あなたがこの問題をどのような方法で解決できるか知っています．私は，あなたのなすべきことがわかっています」と伝えている．これに対応する患者の役割は，その指示に忠実に従い順守することである．多くのヘルスケアの臨床家は，指示形式を１つの基礎的形式として理解するよう教育される．指示形式は，患者が決定や実行についてあなたに依存し，あなたの助言を頼りにしているような数多くの状況では適切であろう．患

者というものは，しばしばこのような種類の指導者的役割を，あなたに期待し求めているものである。

> 「指示」の同義語：
> 管理する　命じる　先導する　告げる　主導権を握る　示す
> 取り仕切る　統治する　規定する　認める　支配する　指揮する
> 導く　指揮を執る　決定する　方向を示す　かじをとる　施行する

3. 誘導（案内）

　案内人は，先に進むのを助けてくれる。あなたが見たいもの，あるいはしたいことを決める権利は，案内人にはない。どこに行くかを決めるのはあなたで，そこにたどり着くのを助けてもらうために，その知識を持つ案内人，ないし旅行業者を雇う。教育における案内人や指導教官の役割について考えてみよう。例えば，医学部では，指導教官は，学生が学ぶ内容や必要な学習活動，および卒業可能な成績の基準を決める。教育における誘導（案内）的な役割の例には，家庭教師がある。家庭教師は，比較的自主的な学習のなかで生徒を援助する。優れた案内人は，何が可能かを知っており，代替策を選択肢として提供することができる。誘導（案内）形式は，行動を変えることについて，「私はあなたが，自分自身でこの問題を解決するように援助できます」と伝えている。

> 誘導（案内）形式は，行動を変えることについて，「私はあなたが，自分自身でこの問題を解決するように援助できます」と伝えている。

> 「誘導（案内）」の同義語：
> 啓発する　面倒を見る　励ます　連れて行く　動機づける　同伴する
> 支持する　呼び覚ます　差し出す　引き出す

4. 組み合わせ

　3つの全ての形式——追従（見守り），指示，および誘導（案内）——は，日常生活で用いられる。その形式は，それぞれ異なる状況や関係に適している。また不適切な組み合わせは，問題を引き起こす。教師に指示的な口調で話す生徒は，自分の役割を果たしていないため，問題が生じるであろう。レストランで暴れ回る手に負えない子どもに，受動的に従う親は，無責任であると思われる可能性が高い。

> これら3つの全ての形式——追従（見守り），指示，誘導（案内）——は日常生活で用いられる。その形式はそれぞれ異なる状況や関係に適している。また不適切な組み合わせは問題を引き起こす。

　これら3つのコミュニケーション形式は，殆どの場合入り混じって用いられる。コミュニケーションの技術は，それぞれの形式間での柔軟な交代を必要とする。扱いの上手な親と幼い子どもを一時間見ていれば，おそらくこれら3つの形式全てを目にするだろう。望ましい親業には，優れた追従（見守り）——子どもの感情や想像，希望や恐れ，成功や冒険に耳を傾けようとする意思と能力——が必要とされる。また良い親としては，子どもが交通の激しい道に迷い出そうとしている時など，いくらかの指示も必要とされる。例えば「お風呂から出なさい！」「宿題が

先で，遊びはその後」などである。

　扱いの上手な親は誘導（案内）もする。6歳頃になる時分には，子どもは，自主規制の能力を発達させているのが普通である。それによって，子どもは，外部から強制されずに計画を立て，実行に向けて自分の行動を方向づける。しかしながら，どの程度自主規制ができるかによって，子どもたちは実に幅広く様々であり，自主規制の能力は，親の養育態度によって規定されるところが大きい。調査研究によれば，しっかりとした自主規制の技術を発達させる子どもの親は，子どもの学習を援助するにあたって誘導（案内）形式を用いる傾向が認められる。親と4歳の子どもがテーブルの前に座っているのを想像してみよう。子どもの課題が，テーブルの上の様々な大きさのブロックを用いて，できるだけ高い塔を建てることであるとしたら，親は何をするだろうか？　指示する親は，子どもにことごとくどうすべきかを告げ，間違いはすぐに正し，「よこしなさい！」と，子どもがすべきブロックの配置を自分でやってしまいかねない。追従する（見守る）親は手を出さず，手伝いもせずに子どもの試行錯誤を見守る。誘導（案内）する親は，その両方を少しずつ行い，忍耐強く関心をもって見守っているが，時々は「その大きいのを一番下に置いてみたら！」などと，子どもの耳元で助言を囁きもする。そして再び後ろに退いて，子どもに試させる。

　美術の教師も，この3つの形式によって，それぞれに生徒を指導するであろう。極めて指示的な教師は，生徒にひとつひとつ真似るように言うかもしれない。あるいは文字通り筆，ないし彫刻刀を持つ生徒の手を握って，動かすかもしれない。追従する（見守る）教師であれば，材料を与え，その後手を出さず，指示もせずに，生徒に自由な探求をさせるかもしれない。その中間が誘導（案内）形式である。誘導（案内）する美術教師は，教室を歩き回り，注意深く観察し，励ましながら，生徒が考えていることについて尋ね，生徒が望むのであれば提案する。その教師は，1つの授業のなかで3つの形式を柔軟に用いる。授業の最初

には，より指示的であるが，その後生徒が進歩するにつれ，口出しをしなくなる。そして，より誘導（案内）的に，さらには見守るようになってゆくのである。

あなた自身のお気に入りの先生を思い出してみよう。あなたが特に動機づけられ，特に熱心になることができた教科の担当で，あなたのなかに可能性を見出し，それを引き出してくれた先生である。常にそうとは限らないが，おそらくその先生は，あなたを誘導（案内）するのが上手だったのだろう。

毎日のヘルスケア業務のなかで遭遇する様々な状況には，それぞれに適した形式がある。腕の良い臨床家とは，患者とその状況に応じて，これらの形式を柔軟に交代できる人である。「昔ながらの思いやりのある患者への接し方」と言われるものは，おそらく単に親切な医師や看護師である以上のことを意味するであろう。優れた臨床家とは，患者が必要とするコミュニケーション形式を理解して探し求め，適切にその形式へと切り換えることができる人である。

> 腕の良い臨床家とは，患者とその状況に応じて，これらの形式を柔軟に交代できる人である。

5. 指示の乱用

現代の激動する臨床現場では，目につくことはあまりないようであるが，腕の良い臨床家は数多く存在する。それにもかかわらず，診療においても管理業務でも，ヘルスケアの臨床業務に有用なコミュニケーションの追従（見守り）形式と誘導（案内）形式が無視されがちで，指示形式に傾きやすいという，困った状況が明らかになっている。評価し，優先順位を決め，診断し，提供し，測定し，促し，経過観察しながら，目

標に到達しようとする援助者の善意の取り組みが，指示形式で行われると，ヘルスケアの質が低下し，殆どの会話に悪影響が及び，あまりにしばしば患者を受動的なケアの受け手におとしめてしまう。一定の時間内に，枠組みに沿って標準的評価を行い，少ない費用で面接を終えなくてはならない場合には，行動指向の文化が優勢となるのであり，指示形式はそのような価値観の表現であると言える。しかしながら多くの問題は，より調和のとれた，幾つかの形式の組み合わせによって，効果的に解決されるという点に，難しさがある。指示形式を用いる前に，支持を伝えて，誘導（案内）するために，少し見守り（追従），熟考するほうが良いことが多い。

　ステファンは，数カ月おきに糖尿病のために通院する14歳の少年である。その診療所で彼は，顔馴染みの親切な人たちに，体重と血糖値を測ってもらうことになっている。彼は，日記を持って来るのを忘れている（きちんとつけてはいたのだろうか？）。医師との面接は，親しげなおしゃべりで始まる。その後，主な問題（芳しくない血糖値の検査結果）について検討するために，いろいろと質問される。彼は，もっと忠実に日記をつけ，きちんと注射の日課を守るよう強く忠告される。彼は，罪悪感を感じながら診察室を出た。彼は，思春期の問題や糖尿病管理の難しさについてあれこれ言われたくなかったし，事実その話は出なかった。それに少なくとも今回は，食事に気をつけ，定期的な運動をするようには言われなかったのでほっとした。

　指示形式は，多くの状況において適切であり，巧みに用いることができるが，患者との唯一の関わり方であるべきではない。指示が必ずしも必要でないこともあるだろうし，あなたが専門的な指導者とは言えない場合もある。これは患者自身の動機，活力，および意欲が不可欠な，患者の生活様式や行動の変化についての話し合いにおいては特に言えるこ

とである。おそらくそこで求められるのは誘導（案内）形式であろう。ステファンの場合も，誘導（案内）形式に対しては，より良い反応をしたかもしれない。もしあなたが患者の協力を望むのであれば，指示形式を唯一の選択肢にするべきではない。

> 指示が必ずしも必要でないこともあるだろうし，あなたが専門的な指導者とは言えない場合もある。これは患者自身の動機，活力，および意欲が不可欠な，患者の生活様式や行動の変化についての話し合いにおいて，特に言えることである。おそらく，そこで求められるのは誘導（案内）形式であろう。

6. 誘導（案内），動機づけ面接法（MI），および行動の変化

　ヘルスケアの倫理では充分な情報に基づいて自分の人生のあり方を決定する権利，すなわち人間の自律性をことのほか重視する。患者（ないし子ども，あるいは生徒）のためにどれほど介入したい，「正しい」選択をしてあげたいと望んでも，臨床家の能力は限られている。健康の長期的結果は，患者自身の行動の選択（何か新しいことをするか，あるいは違うやり方をするか）によって大きな影響を受け，それに左右される。喫煙，飲酒，食事，運動，服薬の厳守などは，患者の健康，ないし病気の経過に多大な影響を与えうる，健康に関わる重要な行動の例である。そのなかで，ヘルスケア関係者が直接管理できる部分は，殆ど，あるいは全くといって良いほどない。しかし，コントロールしないことは，必ずしも影響力を行使しないことを意味しない。個人的には難しくても，治療関係を通して間接的に影響を与えることはできるものである。

　誘導（案内）形式は，人々が行動を変えることについての問題を，解決する際の援助に適している。MIを用いる臨床家は，誘導（案内）形

式によって話し合い，患者が行動を変えることについて，自分自身で決断するよう援助するために，特別の注意を払う。全てのMIが誘導（案内）形式の一種であると考えることはできるが，全ての誘導（案内）形式がMIというわけではない！　より一般的な誘導（案内）形式とは対照的に，MIは，

- とりわけ，目標の達成に重きを置く。臨床家は，具体的な行動を変えるという目標を念頭に置き，なぜ，どのようにその目標を追求するのかと考えるよう，患者を穏やかに誘導（案内）する。
- 患者の言葉の具体的な側面に特別の注意を払い，変わりたいという患者自身の意見を積極的に喚起する。
- 行動を変えたいという患者の気持ちを呼び覚ますために，明瞭な，一連の臨床技術と戦略を用いる能力が求められる。

あなたが，患者と話をする時の，このような方法の核心と性質を理解する一助となるよう，私たちは次に，3つの基礎的なコミュニケーション技術を検討する。これらの技術を組み合わせると，MIを含む，私たちが解説してきた指示，誘導（案内），追従（見守り）のコミュニケーション形式を創り出すことができる。

3つの中核的コミュニケーション技術

　質問，情報提供，および傾聴は，基礎的ではあるが，3つの重要なコミュニケーション技術である。これらは，考察してきた3つのコミュニケーション形式のうち，どの形式を実践するにも必要な技術である。これらの技術は，観察できる行動であり，あなたが適用する形式を実践する時，実際に行う行動である。健康管理に携わる専門家は，面接のなかで，整然と決められた手順で質問し，傾聴し，情報を提供する。これらの技術を上手に使いこなすと，あなたに余裕が生まれ，生産的で時間効率の良い相談業務が実施できるようになる。音楽の演奏で，技術的な熟

練が必要とされるのと同様に，コミュニケーションの技術にも熟練を要するのである。上達するにつれて，適用，技量，および楽しさの幅は広がってくる。以下に，それぞれの技術の概要を示す。

> 音楽の演奏で技術的な熟練が必要とされるのと同様に，コミュニケーションの技術（質問，情報提供，および傾聴）にも熟練を要する。上達するにつれて，適用，技量，および楽しさの幅は広がってくる。

- **質問**。質問する臨床家の目的は，患者の問題について理解を深めることである。誘導（案内）形式のなかで質問を用いる場合の微妙な違い，機能，および結果については第4章で述べる。
- **傾聴**。優れた傾聴は，能動的な過程である。それは，話す人の意図を正しく理解しているかどうかを調べることである。また，それは「あなたのご意見は，私にとって重要なので，もっと聞かせていただきたい」と伝えてもいる。優れた傾聴は患者を励まして，さらに深く考えさせ，もっと多くを語らせる。それは，驚くほど短い時間のなかで起こることもある。いろいろな意味で優れた傾聴は，誘導（案内）形式を用いる際の中核的技術である。
- **情報提供**。情報を与えることは，症状と治療について患者に知識を伝えるための手段である。臨床家は様々な事実，診断，および提案について患者に情報を与える。情報提供が適切に行われないと，アドヒアランスが低下したり，臨床家が話をする時に患者の表情がこわばったりする。

1. あなたの好む技術は？

これら3つのコミュニケーション技術のうち，面接を実施するにあ

たってあなたが特に好むものがあるだろうか？　あなたはその3つ全てを当然用いるであろうが，患者との会話のなかでは，得意なもの（使いやすい技術）と，そうでないものがあるのではないだろうか？　臨床家はヘルスケアの面接で一定の習慣を身につけがちなものである。あなたの面接は，それらのコミュニケーション技術のうちの1つ，あるいは2つを組み合わせたものに，偏りがちではないだろうか？　先述の3つのコミュニケーション形式にも同様の傾向があるだろう。あなたの現在の面接は，指示，誘導（案内），ないし追従（見守り）の，どれに傾きがちだろうか？

> 臨床家は，ヘルスケアの面接で一定の習慣を身につけがちなものである。あなたの面接は，それらのコミュニケーション技術のうちの1つ，あるいは2つを組み合わせたものに，偏りがちではないだろうか？

　最もよく用いる技術について臨床家に尋ねると，「質問し，その後に情報提供する」と答えることが多い。臨床家は，大抵これらの技術を誘導（案内）形式のなかで用いていると報告する。例えば，「患者の問題を見つけ（質問，および傾聴），次に診断し，治療を進める（情報提供）」と言う。この1-2-3の組み合わせは，面接において明らかに有用であるが，行動を変えるという観点からは，幾つかの不本意な結果をもたらすこともある。これについては後述する。

　ある疾患の症状管理に新しい検査結果を統合的に組み込まなければならないという可能性に，愕然としている臨床家に出会ったことがある。「参りましたね！」彼は笑った。「全く新しい面接のやり方を覚えなくてはいけないのですね」。それから彼は，自分が面接をする際には，極めてやりやすい手順をつくり上げてきたと言った。つまり，具体的な症状

について幾つか質問をし，その症状に合った診断や治療について情報を提供するというものである。それが彼のやり方であった。それは大部分が質問と情報提供で，彼にとっては眠っていてもできるようなことであった。しかし，彼は自分のやり方のレパートリーを拡張せねばならないと考えたのである。患者を援助する彼の態度も，彼の面接法も変わり始めた。

形式と技術：あなたの態度と行動

3つの技術（質問，傾聴，情報提供）は，3つの形式〔追従（見守り），誘導（案内），指示〕全てにおいて用いられるが，それぞれのなかでも技術の組み合わせ方は形式によってかなり異なる（表2.1）。3つの形式の主な違いは，患者の問題に取り組む時の基本的な態度と想定される解決法である。当然ながら，あなたの態度は，技術の組み合わせにおいてだけでなく，声の調子，視線の合わせ方の質，身振り，および面接室で，どこに誰の座席を用意するかなどの補足的な徴候によっても示される。

図2.2は，形式と技術の関係を示している。一般に，指示形式は，情報を与えることに傾きがちである一方，追従（見守り）形式は，話を聴くことに傾きやすい。3つの形式全てが，ある程度の質問を必要とする。誘導（案内）形式では，3つの技術の用い方が，おそらく最も均衡のとれたものである。

図2.2は，形式によって技術が用いられる頻度の違いを示している。しかしながら，形式ごとに別の重要な違いがある。それは，3つの技術の用いられ方と，用いられる目的である。そのため，指示形式での質問は，追従（見守り），ないし誘導（案内）形式を用いる場合の質問とは，かなり違って見えたり聞こえたりすることが多い。傾聴や情報提供についても同じことが言える。質問の技術の例として，「毎日どの程度喫煙していますか？」は，指示形式を示す言い方であるが，「どうすればあ

表2.1 質問，情報提供，傾聴は，用いられる形式によって様々である

質　問
　「それは何度起きたのですか」（指示）
　「あなたが納得のいく変わり方とはどのようなものでしょうか？」〔誘導（案内）〕
　「息子さんが亡くなられてから，いかがおすごしでしたか？」〔追従（見守り）〕

情報提供
　「あなたの最善の選択は，これらの錠剤を飲むことです」（指示）
　「食事を変えることは医学的には理にかなったことですが，あなたはどのように感じていますか？」〔誘導（案内）〕
　「ええ，それはよくある経験です。多くの患者さんが，トイレに行くなどといった簡単なことについても，相当なショックを受けますし，不安な気持ちにもなりますよ」〔追従（見守り）〕

傾　聴
　「では，あなたは今日の午前中に何があるかについてはわかっているけれど，そのあと何が起こるかを聞きたいのですね」（指示）
　「あなたは体重のことがちょっと気になっていて，これからどうすれば良いかわからないのですね」〔誘導（案内）〕
　「これは大変なことでしたね」〔追従（見守り）〕

なたの喫煙を止めることができるでしょうか？」は，誘導（案内）形式を示している。

> 指示形式での質問は，追従（見守り），ないし誘導（案内）形式を用いる場合の質問とは，かなり違って見えたり，聞こえたりすることが多い。傾聴や情報提供についても同じことが言える。

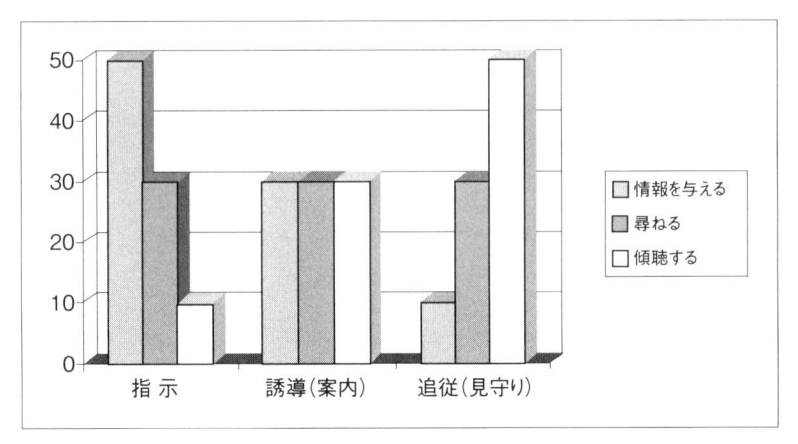

図 2.2　形式と技術：異なる形式においてその技術がどのような頻度で用いられているか？（Barbara B. Walker の許可を得て掲載）

1. 指示と中核的技術

　指示形式は，単に患者が期待しているからであるとか，または臨床的な状況がそれを要請しているからという理由で用いられることもあるだろう。そのような場合には，優れた指示は，時宜を得た，個人の必要性にかなう，明確で心のこもったものとなる。そのためには，追従（見守り）形式で始める必要があるかもしれない。

> 優れた指示は，時宜を得た，個人の必要性にかなう，明確で心のこもったものとなる。……（慈しみ深いとは言えない方法ではあろうが）

　a) 乏しい指示

　指示形式は，慈しみ深いとは言えない方法で用いられることもある。その場合，患者には，話を聴いてもらえなかったという思いや不満足な気持ちが残ってしまう。以下は，指示が誤った方向に進んでしまった例

である。腰に問題のある患者が，最近のレントゲン撮影の結果を入手した専門家に相談している。

臨床家：腰はどうですか？（質問）
患者：そうですね，正直なところ，手術以来本当に最悪です。痛みがまだ耐え難く，薬も効かないことがあります。まだ何か悪いところがあるのではないかと思ったりします。
臨床家：かかりつけ医に診せには行かれたのですか？（質問）
患者：ええ，先生にすすめられた錠剤をもらいました。
臨床家：そうですか，私はそれが有効だろうと思ったのです。レントゲンを見ると，あなたはとても順調に回復しているようです。腰は良い状態にあるようですよ。（情報提供）
患者：ええ，でもまだとても痛むのです。先生，昨日などは耐えられませんでした。
臨床家：私が言ったようにしておられれば，そのうちに良くなりますよ。薬を飲んで，1日2回散歩をしてください。3カ月後にまた来て下さい。（情報提供）
患者：はい。でも，こんなに痛くなる原因は何なのでしょうか？
臨床家：診察とレントゲンによれば，あなたの腰は良くなってきています。時間がかかることもあるのです。（情報提供）
患者：他に効果的な薬などはあるのでしょうか？
臨床家：あなたには最善の薬を飲んでもらっています。動きはじめる時に痛むことは多いものです。ご希望であれば，理学療法の手配をすることもできますが。こちらのほうで選んでみます。1，2週間のうちに手紙か，電話で連絡が行くと思います。

この例で，臨床家は，指示形式のみを用いており，患者の話を傾聴していない。これは，人としての患者に対する関心の欠如を示唆し，患者

を尊重していないことを伝えてもいる。また，重要な診断的情報を得る機会も見過ごしてしまった。

b) より望ましい指示

「尋ねては情報を与え，尋ねては情報を与える」という技術を習慣的に適用すれば，患者にとっては不愉快な診察になるかもしれない。それは違った形で行うこともできる（先述の面接と同じ筋書きで）。

臨床家：腰はどうですか？（質問）
患者：そうですね，正直なところ，手術以来本当に最悪です。痛みはまだ耐え難く，薬もきかないことがあります。まだ何か悪いところがあるのではないかと思ったりします。
臨床家：大変な経験をされているようですね。（**傾聴**）
患者：ひどいものです。痛みが続くことはわかっていましたが，この痛みは何かおかしいような気がするのです。ですから，息子は手術の時に何か間違いが起こったのだと確信してしまっていて，そのことについて先生に聞くようにと，私に言うのです。
臨床家：あなたの腰とレントゲンを見たところ，正直言って，そうは思いませんが（**情報提供**），いつ，どのように痛むのか教えていただけますか？（**質問**）
患者：先生と私のかかりつけ医がすすめてくれた錠剤を飲んでいるのですが，あまり効きません。椅子やベッドから起き上がる時は，本当にひどく痛みます。私はめったに泣きごとを言うほうではないのですが。
臨床家：レントゲンを一緒に見てみましょう。私たちがレントゲンを見る時は，関節が正しい位置にあるかどうか，骨が全て問題ないかどうかということを検討します。それに関しては，大丈夫なようですが。
患者：では，何も問題はないと思われるのですか？
臨床家：ないと思います。この手術の後は動作が困難なことがあるのですが，

辛抱していれば良くなってくると思います。(情報提供)
でもあなたの経過に対して私たちがもっと注意深くなり，確実に回復するための援助を得られるようにしておいたほうが，あなたとしては安心ですよね。
患者：そうしていただけるとありがたいです。
臨床家：理学療法士にもう一度あなたに会ってもらい，もっと援助してくれるように頼んでみます。彼女なら，痛みを伴わない程度の活動をすることについて相談に乗ってくれるでしょう。(情報提供)
患者：では，先生は私の腰には何も悪いところはないと思われるのですか？
臨床家：私が見たところ，そのようなことはなさそうですが，あなたの経過には注意している必要があると思います。(情報提供)
患者：他に何か効く可能性のある薬はありますか？(患者と臨床家は，薬物療法や理学療法の評価と援助について話し合う)

患者の心配や経験を理解したいという真摯な願望に基づいて，傾聴を少し増やすと，明らかに診断の質が高まる。この例では，患者は指示形式によって，より深く理解されたと感じることができ，実際にもっと役に立つ回復の計画を立てることもできる。

> 患者の心配や経験を理解したいという真摯な願望に基づいて，傾聴を少し増やすと，診断の質が明らかに高まる。

2. 追従（見守り）と中核的技術
a) 追従（見守り）と情報収集
苦痛な状況に直面している患者と面接する時には，追従（見守り）形式の価値がわかりやすい。しかし，診察のはじめに追従（見守り）形式

を用いることは，むしろ一般的であろう。

臨床家：調子はいかがですか？
患者：正直言って，あまり良くありません。とても痛むのです。
臨床家：何があったか話してください。(質問)
患者：関節炎もありますが，そのうえここ（左膝）も痛むんです。（片方に体を曲げて左膝関節をさする）
臨床家：お話しされていても痛そうですね。(傾聴)
患者：はい，痛いんです。ゆっくりとですが，でも確実に，私の平常心が損なわれているんです。
臨床家：関節炎になってからだいぶたちますが，これは今までとは違うのですね。(傾聴)
患者：いいえ，違うとかそういうことではありません。同じ膝ですが，耐えられないほど痛いんです。
臨床家：耐え難くなってきているのですね。それであなたの生活が大変深く影響を受けて変わってきていると……。(傾聴)
患者：そのとおりです。妻がここまで運転してきてくれたのですが，私は足を引きずってクリニックに入ってきました。
臨床家：その痛みがどのようなものか，またそれがあなたにどのような影響を及ぼしているのか話してください。(質問)
患者：もう本当に椅子から立ち上がるのも難しいのです。店に買い物に行くこともできなくなってしまいました。たどり着いたとしても，痛みで疲れきってしまうでしょう。
臨床家：殆どいつも痛みがあって，あなたを苦しめているのですね。(傾聴)
患者：ちょうどそんな感じです。いつも痛むので，私は少しずつ平常心を失っています。
（話し合いが続き，患者はそれが自分の生活のほぼ全ての部分に影響を及ぼしていると話す）

臨床家：（指示へと形式を交代させる）今度は，痛みの緩和についてお聞きしてもよろしいですか？　教えていただきたいのですが……。（質問）

b）治療の要望に追従する

患者が何かを要求する時にも，追従（見守り）は適切な形式であり，あなたもそれに従うのが適切である。

患者：喫煙を止めるためのパッチのことを耳にしたのですが。それを試してみたいのです。処方していただけますか？

臨床家：本当に喫煙を止めたいのですね。（傾聴）

患者：止めたいです。その決心はできていますし，処方してもらえるなら明日から止めます。

臨床家：それは，良いですね。あなたはパッチが役に立つと感じているのですね。（傾聴）

患者：はい，ニコチン代替薬なしで急に止めることはできません。前にも試しました。気分が悪くなって，吐いたこともあり，苛々してしまって，だめでした。催眠療法も試してみました。全くお金の無駄でした。パートナーがパッチを試してみたら，彼には効いたみたいなので，私も試してみたいのですが。

臨床家：あなたのパートナーに効いたので，あなたもやってみようと決心しているのですね。（傾聴）

患者：はい。彼にできるなら，私にもできます。彼は私よりも重症ですから。彼は今私を支えてくれているので，今回こそは一緒に止められると思うのです。

臨床家：わかりました。幾つかお聞きしたいことがあるのですが……。（情報提供）

c) 動転している患者に追従する（見守る）

患者が苦しんでいたり，怒っていたり，あるいは非常に不安な状態の時に，追従（見守り）が極めて推奨されることについては，殆どの臨床家が同意するであろう。

患者：すっかり参っています。先生もご存知だと思いますが，昨日，あと数カ月の命であろうと言われたものですから。

臨床家：それはショックですよね。（傾聴）

患者：ひどいショックですよ。そう言われるのを恐れていました。（泣き出す）

臨床家：あなたの最悪の恐れが確証されてしまったのですね。（傾聴）

患者：そのとおりです。以前に考えたことがなかったわけではありませんが，そんなふうに実際に言われてみて，愕然としてしまいました。

臨床家：もっと穏やかに知らされたかったわけですね。（傾聴）

患者：いいえ，あの先生の顔を見るなりわかっていました。彼が何回もそれを繰り返しているように聞こえました。

臨床家：あなたは殆どずっとここで1人で横になっていて，頭のなかには，そのことが駆け巡っているわけですね。（傾聴）

患者：ひどいものです。どうしたらよいかわかりません。

臨床家：私に何かできることがありますか？（質問）

患者：いいえ，ないと思います。気が動転しているものですから。聞いてくださって，ありがとうございます。

臨床家：私は今日はだいたいここにいますし，少し後でまたちょっと顔を見に来ます。あなたの鎮痛剤について考え直してみる必要がありますし，そのことについてもお話ししたいと思っています。（情報提供）

3. 誘導（案内）と中核的技術

次に，3つの中核的技術が，誘導（案内）形式のなかでどのように用

いられるかについて簡単な例を提示する．本書の第Ⅱ部と第Ⅲ部には，さらに多くの誘導の例が挙げられている．

a）専門家への紹介受診を勧める

患者が他の専門家の診察を受けるのも，行動を変えることの一例である．実際に新規の予約に出かけて行こうとする動機は，あなたのコミュニケーション形式に影響される．以下の場合，臨床家（ソーシャルワーカー，看護師，カウンセラー，医師）は，料理と食事習慣の相談のために，糖尿病の患者を栄養士のところに紹介したいと思っている．1つの取り組み方としては，単に患者に「あなたは，食事習慣について助言をもらうために，栄養士に会う必要があります．こちらが電話番号です」というやり方もある．それでは，誘導（案内）形式ではどのように取り組むのだろうか？

> 臨床家：検査結果によると，血糖値がまだ高いようで，少し心配です．（**情報提供**）これについてちょっとお話ししてよろしければ，食事習慣について少し教えていただきたいのですが？（**質問**）
> 患者：気をつけようとはしています．大体において，甘いものやジャンクフードはとらないようにしています．
> 臨床家：血糖値を上げてしまう食べ物を避けているのですね．（**傾聴**）家での食事の支度についてはどうでしょう？（**質問**）
> 患者：家族の食事は，殆ど私が作ります．それぞれ好きなものが違うので，大変なんです．たぶん，もう少し健康的な食事を作ることはできると思います．
> 臨床家：料理法の面では，少し改善の余地があるとお考えなのですね．（**傾聴**）
> 患者：はい，そう思います．
> 臨床家：それは糖尿病の患者さんに共通したことですし，いくらかの変化

を起こすことを考慮するには，ちょうど良いのです。糖尿病を管理するのに役立つ料理法を考えるために，何かお手伝いしましょうか？(質問)

患者：基礎的なことはわかっていますが，もちろんもっと勉強することはできると思います。

臨床家：それは良いですね。私がお教えすることもできますが，糖尿病の人が料理法を考えるのをお手伝いする専門の職員がいます。(情報提供) そのような知識を持っている人と話をするのはどうでしょう？ (質問)

患者：そうですね。でも日中は働いているので。今日もここに来るのに休みをとっています。

臨床家：試してみるつもりはおありになるのですね。特に，仕事に差し支えのない時間帯に来ることができるなら。(傾聴)

患者：ええ。日中はあまりここに来ることができないので，仕事の後の方がいいという意味です。

臨床家：わかりました。夜間もいくらかでしたら可能だと思います。(情報提供) 電話をしてみて，いつ予約がとれるか聞いてみましょう。それでよろしいでしょうか？ (質問)

患者：はい。

面接中に誘導（案内）形式によって紹介受診のための時間をいくらか余分にとることは，患者が実際そこに行くかどうかということに，決定的な違いをもたらす可能性がある。患者がまだ建物の中にいる時に，あなた自身が同僚に電話をしたり，頼んだりすることも，紹介を有意に強化する。この短いやりとりは，第1章で述べられているMIの3つの原理（患者の動機を理解し，耳を傾け，患者を励ます）を描き出している。患者の反応を振り返って話し合うと，その結果チェインジトークが引き出され，患者が紹介先の専門家を受診する確率は高くなる。この主題については次章で詳しく述べる。

診察中の柔軟性

　ヘルスケアの臨床現場では，面接形式は，頻繁に切り替えられる。それは，望ましい臨床実践の指標の１つでもある。次の例について考えてみよう。

　　ある臨床家には，20分間の面接時間があり，彼は最初の５〜７分間，不安で注意散漫に見える年配の女性に，追従（見守り）形式を用いることに決める。彼は開かれた質問をして，彼女に最近の状態を話す時間を与える。彼が意図的に診察のペースを緩めると，患者は落ち着いてきて，自分の話をすることに集中しはじめる。臨床家が傾聴する目的は，理解することである。彼は，彼女が言っていることを確かなものにするために，時々情報を提供する。彼は，殆どの場合「そうですか，転ぶことを心配しているのですね」（傾聴），あるいは「この薬について心配なことを教えてください」（質問）などと言っている。
　　ある時点で彼は，はっきりと指示形式に変える。彼は，彼女が言ったことを要約して形式の交代を示す。「あなたは，この薬の副作用について心配していますが，自分が適切な用量を飲んでいるのかどうかということについても……」。患者は，理解されていると感じ，これによって臨床家には，より積極的に関与する機会が与えられる。「ここで方向を変えて，服薬とその影響について，あなたにお聞きしたいと思うのですが，よろしいでしょうか？」。そして彼は，治療と薬物の処方においての最善を見出すために質問，傾聴，および情報提供などの技術を用いる。質問は，さらに的を絞ったものとなり，情報は明確で単純になる。傾聴は，提供する情報の内容と量を調整し，患者の理解を明確にするために用いられる。「薬を服用するのは何時ですか？」「薬を服用した後すぐに，どんなことに気づきますか？」。臨床家は助言や方向性を提供する。「新しい薬

を試すことを提案したいと思います。少し強い薬ですが，副作用は殆ど変わりません」（情報提供）。「ええ，これらの錠剤を毎日同じ時間に服用することは重要です」（情報提供）。

患者が新しい治療計画を受け入れることと，家庭ではどのように取り組むかという点について彼女が考えるのを援助するために，彼は誘導（案内）形式に切り換える。質問の内容と意味が変わり，「患者自身のなかから数多くの回答が引き出されるほど，動機が強化される」という信念に基づいて，傾聴と情報提供の技術が用いられるであろう。「今回は，ご自分自身がどのように成功すると思われますか？」「あなたにとっての最善の服薬計画とは，どんなものでしょうか？」「最も困っていることは何ですか？」。その他の技術も用いられる。「はい，そうですね，もっと頻繁に食事をするほうが良いかもしれません」（情報提供），また「あなたは，変化について心配しているけれども，うまくいくように願っているのですね」（傾聴）。臨床家は治療計画を要約して話し，患者は，その計画を再度検討するための来院に同意する。

> ヘルスケアの現場では，面接形式は頻繁に切り替えられる。それは，望ましい臨床実践の指標の1つである。

柔軟性の乏しい面接は，好ましからざる結果を招くことがある。臨床家が，面接の大部分を厳格な指示形式によって行いながら，患者の考えや感情を理解しようと努めたとすれば，患者の取り組む態度は損なわれ，変化への意欲はあまり生じないかもしれない。形式の柔軟な交代は，あなたの経験を有効に用いて，あなたが面接する人の，最善の結果を引き出そうという願いを表すものである。

> 形式の柔軟な交代は，あなたの経験を有効に用いて，あなたが面接する人の最善の結果を引き出そうという願いを表すものである。

結　論

　コミュニケーションをはかろうとする定型的面接に滞りなく答えたり，問題をまとめて説明したりすることができる患者は，殆どいない。質問，情報提供，および傾聴は簡単な作業であり，「技術」と呼ぶほどのものではないかのように聞こえるだろう。それらは，面接のなかで是非とも正しく行う必要のある複雑な事柄に比べると，容易なことに思われる。

　しかし，それらの簡単な作業は，いろいろと異なる方法で，様々な違う目的をもって行われる。それは，臨床現場で，患者の目標を達成するために，適切な方法で質問し，傾聴し，情報を提供するという，相当な熟練を要する重要な仕事になる。あなたの身振り，的確な言葉の選択，沈黙の使い方，面接の全体的な雰囲気は，強力な治療的手段である。あなたの患者とのコミュニケーション法は，彼らの感じ方だけでなく，実際に彼らがすることや，彼らの健康の長期的結果にまで，現実的な影響を及ぼす。あなたのコミュニケーション技術は，それ自体が治療の道具箱なのである。質問，情報提供，および傾聴という技術は，程度の差こそあれ，効率的に，有効に，巧みに組み合わせることができる。使い方は，あなたの目的次第である。それらは，指示，誘導（案内），ないし追従（見守り）のコミュニケーション形式ごとに，様々に組み合わせて用いることができる。

> 質問，情報提供，および傾聴という技術は，程度の差こそあれ，効率的に，有効に，巧みに組み合わせることができる。

第Ⅱ部

動機づけ面接法の中心的技法

# 第3章

動機づけ面接法の実践

　第Ⅱ部では，動機づけ面接法（MI）の中核的技術を紹介する。これらは馴染みのないものではなく，むしろあなたが毎日の診療で使っているものである。相違点は，これらの馴染み深い技術が，MIでは特別の戦略的な方法で用いられるというところにある。その戦略的方法には，健康に関わる行動を変えることについての，明確な目標がある。ここでは患者の健康状態を改善するために，その人の行動を変えようという特別の状況と，熟練した誘導（案内）形式がことのほか有益で効果的な特別の（および一般的な）状況における戦略的方法を解説する。前章で考察したように，誘導には，特定の形式のコミュニケーションが適している。第Ⅱ部では，それらひとつひとつに1章ずつを充てている。

　優れた案内人は：

- その人がどこに行きたいかを尋ね，その人について知ろうとする。
- その人にとって何が適当かを考え，選択肢を提案する。
- その人がしたいことを聞き，尊重し，それに従って援助を提供する。

　第1章で説明したように，MIの誘導（案内）形式は，変化に対する患者の意欲を高め治療の順守を促進することによって効果を表す。なぜ

そのように働くのだろうか？　比較的短い面接が，どのように健康に関わる行動の永続的な変化を触発しうるのだろうか？　この過程を理解するための鍵は，両価性の現象を知ることにある。

両価性

　人々は変わることに対して両価的な思考や感情を持つのが普通である。これは，その人にとって「ためになる」変化について，特に言えることである。殆どの人々は，健康でありたいと思い，自分の健康のためにはある程度のことは進んで行う。大抵の人々は，馴染み深い日課を居心地良く感じており，変わるとすれば不都合なことも出てくる。健康に関わる重要な行動のなかには，不快なものや，苦痛なものもある。例えば，血糖値の測定のために指先に針を刺したり，手術後に運動をしたり，あるいは必要な治療によって生じる継続的な副作用に耐えることなどがある。あなたの患者は，もっと運動をしたり，喫煙を止めたり，あるいはもっと健康的な食事をするなど，あなたが考えるような行動の変化の妥当性について，すでに知っている可能性が高い。患者は，身体を動かさない生活様式，喫煙，ないし不健康な食事など，現状維持も楽しんでおり，変わることの不利益もわかっている。変わりたいと同時に変わりたくない，という相反する動機は，正常であり，一般的である。次の患者の発言における両価性について考えてみよう。

　「痩せる必要があるけれど，運動は大嫌い！」
　「起きたいけれど，痛くて……」
　「禁煙しなくてはいけないけれど，できそうもない」
　「薬を飲むつもりでいるのに，忘れてばかりいる」
　両価性の証拠となり得るのは，中間にくる「でも」である。
　人は，両価的状態に陥ってしまうことがあり，行き詰まってしまう。それは，まるで「でも」をはさんだ両側の議論がお互いを取り消してし

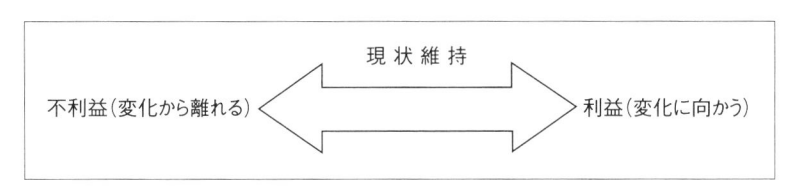

```
┌─────────────────────────────────────────────────┐
│                   現 状 維 持                    │
│  不利益(変化から離れる) ⟵⟹ 利益(変化に向かう) │
└─────────────────────────────────────────────────┘
```

図 3.1　人は両価的状態に陥る可能性があり，また，実際に陥ってしまう

まうかのように，何の変化も起こらない。両価的状態を経験するということは，最初に変わりたい理由について考え，次に変わりたくない理由について考え，最後にどちらについても考えるのを一切止めてしまう，というものであることが多い。

とはいえ状況が人々を動かして，行動の変化を促進したり妨げたりすることがある。あなたの相談業務も，面接の方法次第で行動の変化を促進したり妨げたりする状況の1つである。人によっては，診断を受けて助言を少々提供されるだけで，ただちに重大な行動の変化を起こすのに充分である。しかし，しばしば患者は意識的であれ無意識的であれ，心のなかで行動の変化の良否を秤にかけるという内的過程を経る。すなわちヘルスケアの面接において，患者は，図3.1のように，一方に，あるいはその逆方向に向かって動くと考えることができる。

おそらく面接をしていても全く身動きできないままにとどまる患者もいるであろう！「彼には何度も繰り返して言いましたが，全く変わろうとしないのです」。ヘルスケアの臨床では，このような欲求不満が，どれほどしばしば起こっていることだろう！！　何をすべきか，どのようにできるのか，なぜそうすべきかを患者に何度説明しても，何も起こらない。第1章で考察した「正したい反応」を覚えているだろうか？　両価的状態にある人に対して指示的形式を用いることは，両価性の一方，すなわち変わることを支持する立場のみを取り上げていることになる。

「運動したり，体重を減らすことは，心臓発作の危険を少なくします」
「ベッドから起き上がり，動くことが大切です」

「喫煙を止めてもらいたいと思います」

「薬は，忠実に飲まなければ効きません」

　変わることを支持する，このような議論への一般的な患者の反応とは，「はい，でも……」と，両価性のもう一方の意見を述べることである。このような議論では，患者は，変わることに反対する立場に立って議論をしていることになり，文字通り「変わらないように」自分自身を説得しているのである。しかし，あなたが望むのは，その変化が患者の価値観や願望に一致する限り，彼らが自分自身を変わる方向へと<u>説きふせる</u>ことである。言い換えれば，あなたの課題は，抵抗ではなく「チェインジトーク」を患者から引き出すことなのである。

> あなたの課題は，抵抗ではなく「チェインジトーク」を患者から引き出すことである。

チェインジトークを聞き分ける

　患者の変わりたいという議論を支持する最初の一歩は，チェインジトークを聞いた時，それに気づくことである。あなたは，そのための直感的な感覚を，すでに毎日の社会的な相互関係から学んでいる。

　友人があなたの頼みをきいてくれるかどうか，尋ねることを想像するとしよう。この種類の交渉のために役に立ついろいろな語彙は，生活経験から学ぶ。あなたが頼み事をした友人が，次のように反応することを考えてみよう。

「うん，そうするよ」

「できるかもしれない」

「できたらよかったんだけど」

「やるように努力してみるよ」
「できたら手伝うよ」
「明日やると約束するよ」
「考えてみるよ」

　これらの応答は，それぞれ何を伝えているだろうか？　特に，あなたが頼んだことを，友人が実際に最後までやり通す可能性は，どの程度だろうか？　それぞれの発言は，意図の様々な度合いを示し，私たちはそれが意味するものについて，その人との共通の経験から理解する。このような意味の違いは，それぞれの文化に特有のものであり，異なる文化圏の出身者は，その微妙な違いを理解できずに，伝達された内容を誤解することもあるだろう。

　もちろん完璧ではないが，そのようなコミュニケーションも，彼らの行動を実際に予測できる限りにおいて有用である。人間は意図的に嘘をつくかもしれないし，何らかの理由であなたが聞きたいであろうと思われることを，言ったりするかもしれない。しかし，思いやりと信頼に基づく関係であれば，また何を聞き分ければ良いか知っていれば，そのような言葉のなかにも，価値ある情報が含まれているものである。患者の発言を聞くことによって，彼らがどの程度変わる可能性があるかもわかる。さらに，チェインジトークを耳にするということは，あなたのやり方が正しいということでもある。あなた自身が変わることを支持する議論をし，患者が現状維持を主張しているのに気づいたなら，あなたが軌道から逸れていることがわかる。

> チェインジトークを耳にするということは，あなたのやり方が正しいということでもある。あなた自身が変わることを支持する議論をし，患者が現状維持を主張しているのに気づいたなら，あなたが軌道から逸れていることがわかる。

　では，チェインジトークとは一体どのようなものだろうか？　行動を変えることについて患者と話をしている時に，あなたが耳にする話題が6つある。すなわち，6つの異なる種類のチェインジトークである。**表3.1**にその例を挙げる。それぞれの話題によって，その人の動機が幾らか明らかになる。

1. 願　望
　チェインジトークの最初の話題は，願望である。願望（desire）を意味する動詞には，**したい**（want），**好む**（like），**望む**（wish）が含まれる。これらは，その人が求めるものを示す。以下は願望の発言である。
　「体重を減らすことができ**たら良いのに**」
　「この痛みを取り除き**たい**」
　「運動を増やすという考えが**気に入っている**」

2. 能　力
　チェインジトークの第2の種類は，その人が認識している自分自身の能力の範囲を明らかにする。この場合の典型的な動詞は，**できる**（can）とその条件付きの形，**あり得る**（could）である。
　「週2回は来**られる**と思います」
　「おそらく夕食前に散歩をすることは**可能だと思います**」
　「少しなら減らすことが**できるかもしれません**」

表3.1　6種類のチェインジトーク

●願望：変わることを望む発言
　「……したい」
　「……したいと思う」
　「……できたら良いのに」

●能力：能力についての発言
　「……し得る」
　「……できる」
　「……できるかもしれない」

●理由：なぜ変わりたいかという具体的な議論
　「……したら，おそらく気分が良くなるだろう」
　「私には子供たちと遊ぶための活力がもっと必要だ」

●必要：変わる義務を感じている発言
　「……すべきだ」
　「……せねばならない」
　「実際に……すべきである」

●決意：変化の確実性についての発言
　「……する予定である」
　「……するだろう」
　「……するつもりでいる」

●行動に移す：すでに試してみた行動についての発言
　「実際に出かけて……しました」
　「今週……をし始めて……」

「行動を変えるところが想像できます」
　能力に関連したチェインジトークも，動機の強さを明らかにすることに注目したい。「絶対にできる」は「おそらくできると思う」や「できるかもしれない」よりも，ずっと強い自信を反映している。

3. 理　由

チェインジトークは，特定の変化のための具体的な理由を表す。理由を示す特定の動詞というのはないが，願望を表す動詞が理由の在り処を示すであろう。

「定期的に運動すればきっと気分が良くなるだろう」

「長生きして，孫たちが育つのを見たい」

「この痛みのせいでピアノが弾けない」

「禁煙することは，健康のためになるだろう」

4. 必　要

命令型の言葉は要求，ないし必要性を意味する。ここでの指標となる動詞には，**する必要がある**（need），**せねばならない**（have to），**するつもりである**（got to），**すべきだ**（should），**する義務がある**（ought），**せねばならない**（must）がある。

「睡眠をいくらかとら**なければならない**」

「いくらかの活力を取り戻さ**ないといけない**」

「本当にもっと運動をする**必要がある**」

両価性は，これら4つの動機のテーマ，願望，能力，理由，および必要を含む。以下の例では，変わることを望む最初の表現と，現状維持を望む次の表現が「でも」（but）によって2つに分かれている。

「本当にそう**すべきだ**（必要）。でも**できない**（能力）」

「そう**したい**（願望）。でも苦痛だ（理由）」

「コレステロールを低く**したい**（願望）。でも卵とチーズは好きだ（願望）」

これらの最初の4つの種類のチェインジトークは，頭文字のDARN——願望，能力，理由，必要——と覚えておくことができる。これらには共通点がある。すなわち，それらは，チェインジトークの責任をもって実行する（決意）段階に至る，前段階の言葉である。つまり，変わろ

うとする方向に向かってはいるものの，それだけでは行動の変化は誘発されない。

「……したい」と言うことは，……するつもりだ」と言うことではない。

「……できる」と言うことは，……する意思がある」と同じではない。

変わりたい理由を表現することは，その実行に同意することと同じではない。

「……する必要がある」と言うことは，「そうするつもりだ」と言っていることにはならない。

例として，裁判所で証人として宣誓をしている人について考えてみよう[注]。

「あなたは，真実を，全ての真実を，そして真実のみを告げることを誓いますか？」

次の返答には何が欠けているだろうか？

「そうしたいと思います（願望）」

「そうできると思います（能力）」

「そうしたら役に立つでしょう（理由）」

「そうすべきです（必要）」

これらのどれもが不充分である。欠けているのは，チェインジトークの第5の形である。

5. 決　意

決意とはどのように聞こえるものだろうか？　ここでの典型的な動詞とは，「つもりだ」（will）であるが，決意は多くの形を持つ。強い決意を示す幾つかの発言とは：

「……する**つもりだ**」

「……することを**約束する**」

[注] この例を提供してくださった，Theresa Moyers 博士に感謝いたします。

「……すると**保証する**」

「……する**準備ができている**」

「……する**つもりである**」

　しかしながら，それほど確定的でない意欲も見逃さないようにしよう。なぜなら，それは，実行への途中の段階を示すものだからである。人は，次のような発言によって，その可能性を示すものである：

「それについて**考えてみます**」

「それを**考慮してみましょう**」

「そのように**計画してみます**」

「そう**望んでいます**」

「そう**してみます**」

　これらは，奨励されるべき意義深い発言である。最後の2つ（「そう**望んでいます**」や「そう**してみます**」）は，変わりたい願望を示唆するが，そうするための能力については，いくらか疑いがあることを示している。変わることについての話し合いでは，上述した徴候を数多く含む様々な言葉が認められる。

6. 行動に移す

　長期にわたって何回も繰り返し面接している患者で，特にしばしば認められるものであるが，チェインジトークには第6の形があることに気がつくであろう。これらの発言は，その人が，たとえどたどたしいものであっても，変化に向けた行動を開始したことを示唆する。その人は，変わる方向に向けて動くために，何らかの行動を起こしたのである。

「今週は，2，3日飲酒をやめてみました」

「エアロビクスの本を図書館で借りました」

「コンドームを買いました」

「2月中はずっと肉を食べないで過ごしました」

「1週間禁煙しましたが，また吸い始めてしまいました」

「新しい検査キットを手に入れました」
「エスカレーターを使わないで，今日は階段を上がりました」
　上記のような発言は，いくらかの疑いを誘発しうる：
「ええ，でもそれを読んだのですか？」（エアロビクスの本について）
「それで，それを使っているのですか？」（コンドームについて）
「2月は一番短い月ではないですか！」（肉を食べないことについて）
　見逃すべきでないのは，これらの行動が，変わることに向けた，重要な，試験的第一歩を踏み出すことに関係しているということである。そのような一歩は奨励されるべきである。
　チェインジトークを適切な分類に分けるようなことはしなくてよい。ご覧のように，それらは重複しており，1つの発言が次のように2つ以上の要素を含んでいることがある。
「喫煙が止められたらいいと思うのは（**願望**），もっと白い歯になりたいからです（**理由**）」
「10ポンドならやせることができるでしょうし（**能力**），そうしたほうが外見も良くなるでしょう（**理由**）」
「そうしてみます（いくらかの**願望**を伝えているが，**能力**についての自信のなさも伝えている）」
「体力を取り戻すために何かしなければなりませんし，私にはそれができると思います（**必要**，**能力**，および**理由**）」
　重要なのは，チェインジトークを聞いた時に，それを聞き分け，認識し，肯定することである。
　これら6つの形のチェインジトークは，どのように組み合わせるのだろうか？　その過程は，決意の前段階（DARN）から始まっている。人は，はじめに自分がどうしたいか（願望），なぜ変わりたいのか（理由），どのようにできるか（能力），それがどれほど重要なのか（必要）ということについて話をする。変わることに対する患者自身の願望，能力，理由，および必要を呼び覚ます時，あなたはその人の変化のエン

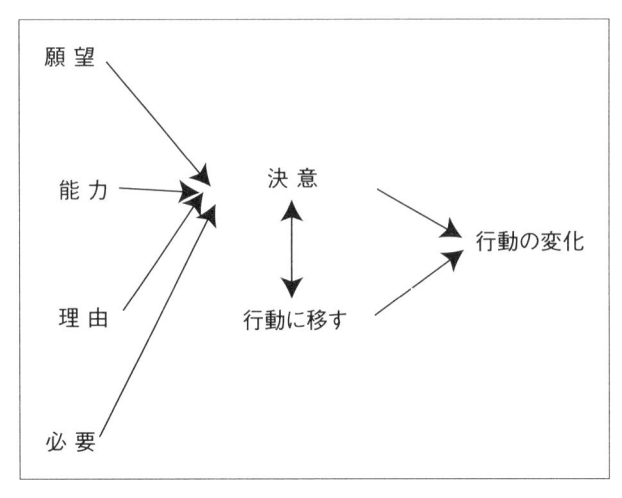

図3.2 チェインジトークはいかに組み合わされるのか

ジンを刺激していることになる。DARNの動機が言葉にされるにつれ，決意が次第に強化され，その人が変化に向けた最初の一歩を踏み出す可能性が高くなる。変化の開始は，持続的な行動の改善を予測させる。前述のように，DARNの発言は，それだけでは変化を誘発しないが，決意が強化されていることを示唆する。図3.2は，その様態を示している。

　特筆すべきは，DARNを探求することが，患者の価値観や願望に触れるということである。DARNの言葉を耳にする時，あなたは患者の望みや彼らが大事だと思うことについて，学ぶことになるのである。それによって，患者のより重要な価値観についての手がかりが得られる。「孫たちのために生きていたい」とか「家族の負担にはなりたくない」などどと言う患者は，その人の優先順位における家族の位置をあなたに告げている。これらは重要な話題なので，素通りせずに探求してみる価値がある。なぜなら，深く心に抱いている価値観は，変わるための強力な動機になりうるからである。あなたは，行動を変えることが，その人の大切な事柄とどのくらい一致しているかを，その人が認識できるように援助する。変化は，喫煙のような行動が，より深く心に抱いている価

値観と衝突する時に生じうる。DARN の発言を求めることが、良い方法である理由の1つは、ここにある。

「なぜ喫煙をやめたいのですか（**願望**）？」
「そうすることにしたとして、どのようになさいますか（**能力**）？」
「あなたにとって、喫煙を止める最も大きな3つの理由とは何ですか（**理由**）？」
「喫煙を止めるということは、あなたにとってどのくらい重要なことですか（**必要**）？」

チェインジトークによって導く

　森に囲まれた広大な草原を想像してみよう。その草原には、あらゆる種類の豊かな草木が育っている。緑の草が一面に広がり、色とりどりの野の花が咲いている。庭園では雑草と思われるかもしれない植物が、一面に広がっている。あなたの色覚は、一面の緑や草のなかにある、いろいろな花を識別している。

　一面の草は、人々の話を聴いている時の背景のようなものである。変わろうとするその人自身の動機は、草のなかからひょっこりと顔を出す花である。雑草は、変わることに対するその人の反論であり、けしかけられれば、花を殺しかねない。MI の誘導（案内）形式は、花を集めて花束を作る行為である。変わろうとする議論をすべきなのは患者であり、あなたの仕事はチェインジトークを集めることである。DARN のチェインジトークの発言は、花のようなものである。あなたは、その花を花束にして、折にふれて患者に見せ、花束を増やし続ける。

　別の例えを紹介しよう。成功する MI では、患者から集めるチェインジトークの発言は、秤の上で「変わろうとする」側にのせられた小さな重りのようなものである。患者が変わろうという立場で議論するように援助することは、徐々にそのバランスを変化の方向に傾けるということ

である。

　患者からチェインジトークを引き出す過程は，必ずしも長時間を必要としない。数分間の会話のなかで，意味のあるチェインジトークが引き出せることもある。おそらく，後の面接で患者に会う時にも，再度その機会はもたらされるであろう。健康に関わる長期的な行動の変化は，あなたの継続的な誘導（案内）と励ましによって，時間とともに徐々に起こる。行動の変化が喚起されるかどうかは，あなたが費やす時間の長さよりも，誘導（案内）形式を用いるあなたの技術によるところが大きい。

　チェインジトークに耳を傾けることは，もう1つの重要な利益をもたらす。それによって，あなたは，誘導（案内）の仕方をさらに学ぶことができる。私たちは，MIの利用手引きを提供することはできないが，あなたの本当の教師は，患者さんたちである。あなたが誘導（案内）形式を用いる時には必ず，ただちにフィードバックを受け取ることができるからである。より多くのチェインジトークを耳にするということは，あなたが正しい方法で面接していることを意味する。変わることに対する反論を引き出しているように思われる時には，患者があなたに取り組み方を変えて，違う形式を試すように促しているのである。

> 私たちはMIの利用手引きを提供することはできないが，あなたの本当の教師は，患者さんたちである。より多くのチェインジトークを耳にすることは，あなたが正しい方法で面接していることを意味する。

結　論

　これまでのところを要約すると，第1章では，MIの全体的な精神（協

働性，喚起性，および患者の自律性の尊重）と，頭文字の RULE（R：正したい反応を抑制し，U：患者の動機を理解し，L：患者の話を聴き，E：患者を励ます）を用いた基礎原理について概説した。第2章は，日常業務で，自然に誘導（案内）形式が用いられる状況での，MI について解説した。本章では，両価性の役割と，チェインジトークに耳を傾けることによって，患者が困難な状況から脱け出すのを援助する方法について説明した。また，6種類のチェインジトークと，それらがどのように組み合わされて，行動が変わってゆくのかという過程を概説した。次の3章では，質問，傾聴，および情報提供という3つの中核的なコミュニケーション技術に戻る。それらの中核的な技術をどのように組み合わせて用いれば，患者が，健康的な行動の変化について話し，決意し，実行するのか，さらに深く検討する。

第4章

質問する

　質問するということは，ごく単純なことに思われる。あなたが質問を投げかけ，患者が答える。そうして情報を得る。そんなに簡単であったら良いのだが！

　本章の内容は2つの部分から構成されている。前半は質問について概観し，後半は動機づけ面接法（MI）においてどのように質問を用いるかに焦点を当てる。

質問する：一般的考察

　系統的診断には選択と推測のために，しばしば「正しい」質問をすることが求められる。それはおなじみの日常業務である。ヘルスケアに援助を求めてくる患者は，あなたが幾つかの質問をして彼らの健康状態を推測すると予想しているが，なかには予想外の質問もある。質問は，相手が答えを出すよう要求することである。しかし患者は，あなたの質問に全て答えさえすればあなたが答を——解決策を出すものと期待している。これはあなたが「はい−いいえ」で答えられる閉じられた質問（closed question）や単純な事実のみを答えればよい質問を続けている時に，とりわけそういう状況に陥りやすい。そのような質問をしている

時には，あなたは主導権を握り，解決策を見つける責任を暗黙のうちに負っていることになる。

1. 閉じられた質問

閉じられた質問は，具体的な情報を集めるための効率的な方法である。閉じられた質問に対して期待される答は，簡単なものである。幾つかの例を紹介しよう。

「どこにお住まいですか？」
「どこが痛みますか？」
「お子さんには熱がありますか？」
「どのくらい以前からめまいを感じておられますか？」
「レンズ１とレンズ２のどちらのほうが文字がはっきり見えますか？」
「どのくらいの頻度で，歯間ブラシを使いますか？」
「このところ薬を飲んでいますか？」
「お酒を飲む時は，通常どの程度飲みますか？」
「朝と夜では，どちらがひどいように思われますか？」

2. 開かれた質問

開かれた質問は，返答の余地をより多く与える。閉じられた質問は，質問者が重要と考える具体的な情報について尋ねるが，開かれた質問は，返答者が自分にとって重要な事柄を述べるよう勧めている。開かれた質問を用いることは，患者の経験や認識を，あなたが理解するのに役に立つ。閉じられた質問も，開かれた質問も，どちらも情報を引き出すが，開かれた質問を用いると，より有益な情報を引き出すことができるし，治療関係を促進することもできる。

「今日のご気分はいかがですか？」
「どのようにして痛みが始まったのか，最初の頃のご様子からずっと今までのことを，話してください」

「私にお手伝いできることが何かありますか？」

「歯磨きと歯間ブラシを，どのように日課になさいますか？」

　幾つかの開かれた質問とその答えに，慎重に注意を払うだけでヘルスケアにおける相談面接の質を変えることができる。患者は開かれた質問を，個人的な関心と思いやりを示すものとして，正しく認識する。臨床家が開かれた質問をして，話を聴いていれば，患者は医師が自分に費やしてくれる時間に感謝し，診察に満足するものである。開かれた質問をする熟練した臨床家は，多くの時間を費やしているように見えるが，実際には効率的に面接を進めている。

　開かれた質問をすることによってあなたは患者がもっと能動的に関与して面接の過程に影響を及ぼす機会を提供している。開かれた質問はあなたが尋ねてはいないけれど潜在的に重要な事実について，患者が話すことを可能にする。そのうえ開かれた質問をすれば，あなたは，忙しい1日のなかで一息ついて立ち止まり，見たり聴いたりする機会が得られる。開かれた質問をする場合には，尋ねる時に相手の視線を捉えて（例えば，カルテを読んだり，書いたりしながらではなく），その人が言うことを注意深く聴くのが，社会的礼儀である。

　開かれた質問に，簡単明瞭に答えることはできない。その質問は答える人の経験や認識を明らかにするよう求めるものである。さらに幾つかの例を挙げよう。

「これは，どのようにあなたの人生の妨げとなってきたのですか？」

「お酒を飲んでいる時の典型的な1日について話してください」

「あなたの頭痛について話してください」

「検査を始める前に，今日あなたが最も心配していることを聞かせてください」

「ご家族の状況はいかがですか？」

「一番ご心配なことは何ですか？」

「あなたはタバコを吸っていて良いことは何ですか？　嫌いなこと

は？」

「この診断には，大変驚かれつらい思いをされているのではないかと思います。どのように対処しておられますか？」

> 開かれた質問をする熟練した臨床家は，多くの時間を費やしているように見えるが，実際には効率的に面接を進めている。

3. 巧みな質問

次の2つの面接の違いについて考えてみよう。どちらにおいても，臨床家は，その年配の患者が処方箋に従って喘息の薬を飲んでいないことを懸念している。どちらも質問によって面接を構成しているが，最初の例は閉じられた質問を用い，2番目の例は開かれた質問を用いている。

a) 望ましくない例：閉じられた質問を多用する

次の例は，私たちが「台無しの」開かれた質問と呼ぶもので始まっている。すなわち後に示すように開かれた質問で始まるが，閉じられた質問で終わる。

臨床家：医師，看護師
設定：外来，プライマリーケア，あるいは喘息外来の予約面接
課題：薬の服用についての簡単な見直し；自己管理の促進

臨床家：服薬の状況はいかがですか？（**開かれた質問**）規則正しく服用していますか？（**閉じられた質問**）
患者：大抵の場合は服用しています。発作がある時以外は調子はまあまあです。

臨床家：予防吸入器は，毎日使うことがとても大切です。規則正しく使っていますか？（閉じられた質問）

患者：はい，大抵は。

臨床家：大抵というのはどういう意味でしょうか？ 毎日ということですか，それとも何日も忘れてしまうことがあるということですか？ そうであれば問題なので。（閉じられた質問）

患者：忘れる日が多いとは言いませんが。必ずしも容易なことではありませんので。

臨床家：あなたは高用量の処方薬で治療中です。ですから，毎日服用することが大切なのです，よろしいですか？

患者：はい，それが大事なのはわかっています。努力しています。本当に。

臨床家：発作が起きたらどうするのですか？（開かれた質問）もう1つの吸入器は役に立っていますか？（閉じられた質問）

患者：まあ。夫は怖がっていますが。

臨床家：彼がいて助けてくれるのは，良いですね。発作の緩和のためだけではなく，毎日予防吸入器を使うことを忘れないでいられますか？（閉じられた質問）

患者：はい。

　この例の臨床家は，役に立つ，開かれた質問を構成する能力を持っているのは明らかであるが，うかつにも閉じられた質問を付加してしまい，開かれた質問の価値を「台無し」にしている。不必要な，余分な言葉を使用しているわかりやすい例は，「発作が出たらどうしているのですか（開かれた質問）？ もう1つの吸入器は役に立っていますか（閉じられた質問）？」である。2番目の質問がなければ，最初の開かれた質問は，吸入器がどのように用いられているかということや，おそらく他のことについて，より多くの情報も引き出したであろう。訓練中の臨床家は，自分の閉じられた質問の使い方を振り返る時に，興味深い事実

を発見することが多い。「本当に疲れます。急がされているように感じて，いつも次の質問を考えていければなりませんので」。

b) 望ましい診療：慎重に選択された簡潔な，開かれた質問
臨床家：調子はいかがですか？（**開かれた質問**）
患者：まあまあ良いです。ありがとうございます。殆どの場合調子はまあまあですが，発作が出る時はそうではなくなりますね。
臨床家：どうなるのですか？（**開かれた質問**）
患者：夫はとても怖がり，私に対して吸入器を使うように怒鳴ります。彼は，怖くなっていつか先生に電話するだろうと言っています。
臨床家：それであなたはどうするのですか？（**開かれた質問**）
患者：私は緩和するための吸入器を使い，落ち着いてきます。ですから何とかやっています。おわかりだと思いますが。私はそれほど怖がっているわけではないので，夫を落ち着かせなければならないのです。
臨床家：予防のための吸入器は使っていますか？（**閉じられた質問**）
患者：はい，まあ。
臨床家：使ってみてどんな感じですか？（**開かれた質問**）
患者：正直言って，あまり好きではありません。沢山のステロイドを身体にとりこむという考えが好きではないので。ステロイドであざができるので，恥ずかしいのです。自分の手を見るとぎょっとします。皮膚が傷つきやすくなっているので，孫たちがあざを見て怖がるんです。でもステロイドを使うべきであることはわかっていますし，使わないと夫が文句を言ってきます。どんな風だかおわかりでしょう。
臨床家：今日私はどのようにしてさしあげるのが一番良いでしょうか？（**開かれた質問**）
患者：もし，現在のような高用量で予防の吸入器を使わないとしたら，どうなるか教えていただけますか？ 毎日そのような高用量で吸入器を使うことが，絶対に必要なのでしょうか？ もし毎日使うことを約束

したら，低用量で試すということはできるのでしょうか？

　熟練した質問にはいろいろな特徴があり，その多くが先の例のなかで，明らかに示されている。質問は簡潔で，言い回しは単純なものである。患者にとっては，それが自分の経験に結びついた普通の会話のように感じられる。重要な情報（あざのできた手に対する困惑について，など）が，開かれた質問を介して引き出されているが，必ずしも診察時間が延長されるわけではない。とりわけ開かれた質問を用いると，臨床家は患者に，心から心配していることを伝えることができる。最初の例のなかの臨床家が，患者に関心を持っていたことも充分考えられるが，乏しいコミュニケーション技術のせいで，それを表現することは妨げられてしまった。

　当然ながら，殆どの面接は，開かれた質問と閉じられた質問の両方を必要とする。一般的な取り組み方では，最初の重要な開かれた質問をめぐって，やりとりが行われる。閉じられた質問は，必要に応じて具体的な情報を選り分け，導き出すためだけに用いられる。

4．有用な開かれた質問

　ある一定の症状を経験しているかどうかなど，幾つかの事実を知る必要があるだけなら，質問することはかなり簡単である。そのためであれば，幾つかの閉じられた質問で事足りてしまうが，ヘルスケア面接はもっと複雑であることが多い。優れた，開かれた質問は複数の目的を果たす。患者の症状を明らかにするばかりでなく，あなたは，不快感の程度，痛みの緩和などの経験，起きたこと（子どもの状態の変化など）に対する彼らの説明，あるいはかなり深い個人的な心配（悪い知らせを聞かされた後で，など）についても知りたいと思うであろう。

　以下に，複数の目的を果たす質問の例を挙げる。熟練した傾聴を加えれば，これらは一連の閉じられた質問よりも，はるかに効果的にあなた

の望みをかなえてくれる。

1. 「この病気について，今日は何が一番心配ですか？」
   これは，面接の中心に患者を置くための，有用な質問である。この心配事に敬意をもって対応すれば，治療関係が改善され，あなたが検討しようとしている課題に取り組むためのしっかりした土台を形成することができる。

2. 「この処方薬について何が一番心配ですか？」
   患者が薬を規則正しく服用しておらず，薬に対して疑問を抱いているようであれば，このような質問によって，患者の気持ちや行動が明らかになり，どこに問題があるかが示される。

3. 「その痛みが出てくると，厳密にはどうなるのですか？」
   ここでは患者が自分の話をするように扉を開く。厳密には，という言葉は，患者の懸念の根底にせまろうという意図を表す。そのようにして，しばらく話を聞いていると，事実に関するあらゆる疑問や，その他の疑問に対する答えが得られるであろう。

4. 「お子さんの状態について，最初にどんなことに気づきましたか？」
   「気づく」という言葉は，極めて有用である。この言葉は，人々が自分の行動や出来事の経験について，専門家として解説するよう誘いかけるので，彼らが望ましい反応をすることが多い。しばしば情報があふれ出してきて，患者は充分聞いてもらっていると感じる。

5. 「……についてもっと話してください」

開かれた質問とは，**招待**である。「……をお聞きしてもよろしいでしょうか？」という質問は，患者の要求を満たすように設計された援助の，丁重で，敬意に満ちた特質をよく表している。

5. 質問と答えの落とし穴

患者がどれほど不安で，どれほど困惑して，どれほど何かの気がかりに心を奪われた状態で面接にきているかということは，簡単に忘れられてしまう。そのうえ，あなた自身が疲れていたり，うんざりしていたり，お決まりの馴染み深い手順を，単にこなしているだけであったりすれば，その面接は機能不全に陥る可能性がある。私たちが質問と答えの落とし穴と呼ぶパターンが生じかねないのである。

質問することは，簡単である。とはいえそれは，情報提供や傾聴に欠けたまま，お決まりの手順として，面接の大部分を占めるほど過度に用いられることもあるだろう。するとあなたの課題が優先され，患者は受動的な調査の受け手になってしまう。それはまた，あなたを，答えを提供する専門家に仕立て上げもする。このような状況は，急性疾患の治療場面では非常に適切である。しかし，当面の問題が患者の行動を変えることである場合にはこれとは違う，指示的でない形式が求められているということを理解する必要がある。

健康的な行動の変化のための面接において，最も一般的な質問と答えの落とし穴は，問題行動の量や頻度について尋ねる場合に生じる。それは「どの程度喫煙していますか？」で始まる。その後に「いつ喫煙を始めましたか？」や「あなたのパートナーは喫煙するのですか？」などの質問が続く。このような状況は患者の抵抗を呼び覚まし，臨床家は欲求不満を覚える傾向がある。あなたには，受動的な患者のために，その後の質問を考えるという負担が生じるので，面接が大変な仕事のように感じられるかもしれない。さらに連続的な質問は，患者の防衛を引き起こし，患者は自尊心を守るために，半分程度の真実しか答えなくなるかもしれない。

> 連続的な質問は患者の防衛を引き起こし，患者は自尊心を守るために，半分程度の真実しか答えなくなるかもしれない。

　当然ながら状況によっては，多くの質問が是非とも必要になることもあるが，殆どの場合患者はそれに耐えられる。連続的に質問する場合には，前もって患者に予告しておき，ある理由によって質問ばかりの会話が始まろうとしていることを説明する。こうしておけば，あなたが，いつも他人を質問攻めにするような人間関係を，つくる人柄ではないということが示される。

6. 所定のアセスメント：「……をお聞きしたいのですが……」(あくび)

　私たちの1人（Rollnick）が，急性疼痛のために，開業医の診察を受けた。診察は次のように始まった。「どのくらい前に喫煙を止めたのですか？」。この質問の目的を尋ねると，その医師はやや防衛的になり，苦笑いをして次のように言った。「それを知りたがっているのは，私ではなくてコンピュータなのです！」。この医師は，生活習慣に関連した行動について，所定のアセスメントを行う義務を負っていたのである。

　標準のアセスメント用紙や初回面接の手順に従って面接すると，質問に次ぐ質問ばかりが続く，というのはよくある状況だろう。そのようなやり方には普通，適切な理由があるが，それが制度化されている時には，患者の要求や心配を無視した面談になりかねない。糖尿病外来で，通常の診察を受ける前に，患者たちがなぜ半ば裸にされ，体重を測られ，質問に答えさせられるという扱いを受けるのかと尋ねたところ，責任者は，「ここではいつもこのようにやっています」と言った。このように所定の手順に慣れてしまうと，患者の被る影響は見落とされやすい。

　所定の質問を幾つかしなくてはならないとしても，決まった手続きで

一方的に質問することが，主な実践形式となるのを避けるように，援助法を考案することはできる。標準化された質問用紙を用いる時も，開かれた質問による自然な面接から始め，その後に具体的な質問をつけ加えるというように設定することもできる。開かれた質問に対する患者の答えは，具体的な閉じられた質問への答えともなることが多い。開かれた質問に対する答えで必要な情報が得られなかった場合に，閉じられた質問を用いてそれを得ればよい。

　おそらく不当な表現ではあるが，ある臨床家が「アセスメントによる死」と名づけたものを避けるためには，より構造化された方法がある。所定のアセスメントを行ううえで特に有用な方法の1つは，「典型的な（普通の）1日」について記録してもらうという戦略を，アセスメント記入用紙の枠組みの一部として用いることである。表4.1はその使い方を示している。当然ながら，その枠組みは最初だけでなく，情報を得たい時には，面接のどの時点でも用いられる。それは，「典型的な痛みのエピソード」，「最近の薬剤の使用」，あるいは他の事柄について尋ねる場合にも用いることができる。

7．まとめ

　どのような問題について話し合うにも，どのようなコミュニケーション形式を用いるにしても，質の良いヘルスケアを追求するには，考え抜かれた効果的な質問をする能力が必要である。質の高いコミュニケーションの基礎となるのは，声の調子，話す速度，言葉遣い，および心からの関心と，優れた傾聴を伴う質問の明確さが求められる。次は，MIの誘導（案内）形式のなかで，質問がどのように用いられているかを，具体的に検討する。

表 4.1　「典型的な 1 日」を用いた所定のアセスメント（評価）

目　的

標準的な質問の多くの答えが含まれるような，活き活きとした患者中心の評価面接を開始すること。2〜10 分間普通の会話をして治療関係を深める。大部分患者に話をしてもらうと，彼らの人となりや社会的背景（変わるための準備状態を含む）について多くを学ぶことができる。正式なアセスメントは，その後すぐに完了できる。

原　理

1. 受容を伝える。裁かないこと。患者が言うことや，することは，何でも受け容れ可能なものとして，あるいは少なくとも驚くようなことではないものとして考える。
2. 評価の手順を知っておく。会話が展開するにつれ，アセスメントのどの領域が取り上げられたか，どの領域が取り上げられていないかについて覚えておく。
3. アセスメントを面接に合わせるのであって，面接をアセスメントに合わせるのではない。評価の記録用紙をテーブルの上や脇に置いておくと役に立つ。
4. 関心を持ち続ける。より詳しい説明を求めるために，話を中断することを躊躇してはならない。
5. 究明したい衝動を抑える。質問に対する患者の説明に侵入すれば，受容と関心の雰囲気を台無しにしてしまいかねない。
6. 行動（「それでどうしたのですか？」）と感情（「ドアを閉めて，店に向かったとき，どのような気持ちでしたか？」）の両方に焦点を当てる。

動機づけ面接法（MI）の質問

　カルロスは，ベテランのプロフットボールのコーチである。彼は 4 歳の娘と公園にいた。彼女は自転車に乗っていて，草の上で転んで泣き出した。彼は，片ひざをついて彼女を慰め，その状態で彼女に一連の質問

表 4.1 （続き）

実　践

1. アセスメントについて確認し，許可を求める。「この記録用紙には沢山の質問があるのですが，私はこれを脇において，あなたの最近の典型的な（普通の）1日について5〜10分間話をしてもらうほうがずっと簡単だと思うのです。その後この記録用紙に戻って，不足があれば幾つか追加の質問をするかもしれませんが，それでよろしいでしょうか？」
2. その1日を見つける。「あなたにとってほぼ典型的な，平均的な感じの，最近の1日は思いつきますか？」
3. 「典型的な（普通の）1日」について話し合う。時間と進み具合に気を配る。患者がその話を駆け足で話すようであれば，速度を緩める。10分以上かかるかもしれないと思う場合には，速度を上げる。
4. 患者が何か付け加えたいと思っているかどうか尋ねる。「昨日のことについて，何か他にもっとおっしゃりたいことはありますか？」
5. あなたが必要と判断した質問をする。
6. アセスメントに戻って，補足するか，あるいは後で補足する。殆どの患者は，「典型的な（普通の）1日」について話し合った後でアセスメントに戻り，補足することに同意するものである。膝の上には記入用紙を置かず，こまごまと究明しなければ，多くの患者は補足作業にかなり意欲的で，あなたを積極的に援助しようとする。
7. 実践する。「典型的な（普通の）1日」の話を中断することが少なくなればなるほど，あなたは熟達してきている。話をする時に患者がどの程度快適であるかということは，あなたの成功の指標である。

Rollnick, S., Mason, P., & Butler, C. によるデータ (19990. Health behavior change: A guide for practitioners. Edinburgh: Churchill Livingston.

をし，彼女が自分なりの判断を下すのを辛抱強く待った。

「なぜ転んだの？」

「ゆっくり走っていたから」

「そうだね。ゆっくりすぎたんだね。じゃあ，どうしたらもっとはやく走れるのかな？」

「舗道でなら」
「そうしたらどうなるかな？」
「転んだら痛いと思う」
「じゃあ，君はどうしたいのかな？」
「舗道に行くわ。じゃあね，パパ」

カルロスは，解決策は娘から生じるべきであり，それが可能であることを明らかにした。彼は，ソクラテスのように質問し，娘を解決策に導いた。彼は，支持的な雰囲気を作り出し，彼女のために問題を解決しようとする気持ちを抑え，一連の質問を，**目的をもって**行うことで情報に基づいた選択を引き出した。これが私たちの言うところの「誘導（案内）形式を用いて質問する」ということの意味である。それはMIの土台の1つである。それはまた，選択を比較しながら，変わることを考慮するようにという招待でもある。あなたは，そのような質問をすることによって患者自身の動機を呼び覚まし，傾聴によって患者の見方や考え方を理解する。これは，第2章で解説した中核原理のうちの2つである。

> これが私たちの言うところの「誘導（案内）形式を用いて質問する」ということの意味である……それはまた，選択を比較しながら，変わることを考慮するようにという招待でもある。

1．検討課題の設定

優れた案内人は，まずその人が行きたいところを検討する。これは患者が，もっと良い健康状態を手に入れるために行動を変えることが目的となる，多くのヘルスケア面接では特に重要であるだろう。もっと良い健康状態に向かう道が複数存在する場合，どの道について話し合うかを，誰が選ぶのだろうか？

私たちは，「agenda setting（検討課題の設定）」を，可能な限り患者の意思決定の自由を尊重した，短い話し合いを意味するものとして，用いている。あなたが特別気にかけている話題があるかもしれない。優れた案内人は，その懸案事項について話し合うことを躊躇しないだろう。しかし，あなたが患者に相談せずに，話題を自分1人で決めてから取り組めば，患者にとって，すでに最も話し合う準備ができている行動について学ぶ機会を失うことになる。心臓疾患の例で，次の臨床家の面接を考えてみよう。

　「そうですか，その薬で調子が良いようですね。今度は，喫煙についてお聞きしてもよろしいでしょうか？　禁煙を考えていますか？」

　これは，私たちが「機が熟する前に焦点を当てる落とし穴」と呼ぶものである。臨床家は，患者に生活場面での他の行動について，話す機会を与えなかった。

　別の形の「機が熟す前に当てられた焦点」の問題は，具体的な行動についての話し合いのなかで，臨床家が早まってその行動に焦点を当ててしまう時に生じる。前述の例において，その患者が喫煙について喜んで話をすることを想定するとしよう。「禁煙を考えていますか？」という臨床家の質問は，その行動に関する即時の焦点を含んでいるが，それほど準備のできていない患者にとっては，時期尚早であるかもしれない。「この時点で，ご自分の喫煙についてどう感じますか？」と尋ねるほうが良かったかもしれない。それは少なくとも，困難な依存症について話し始め，気楽に話すことができるようになる機会を患者に与える。

> 機が熟す前に焦点を当てる落とし穴は、患者に生活場面での他の行動について話す機会を与えない。この落とし穴の第2の形は、具体的な行動についての話し合いのなかで、臨床家が早まってその行動に焦点を当ててしまう時に生じる。

通常は、患者の認識と好みを理解することから始めるのが、賢明である。患者自身の心配事から始めると、彼らの意欲を高めて、その次にあなたの話をしっかり聞くようになる。しばしば病気の予防や回復のための方法には、考慮すべき幾つかの選択肢がある。健康を脅かす行動は、個人のなかでひとかたまりのいろいろな問題行動となっていることが多い。その患者は、食事、運動、喫煙、飲酒、服薬のアドヒアランス、ストレス、怒り、ないし社会的活動において、健康のために行動を変える必要があるかもしれない。傾聴に基づく誘導（案内）形式による質問は、この問題を解決する鍵である。

> 通常は、患者の認識と好みを理解することから始めるのが賢明である。

あらかじめ決めておいた、幾つかの話題を提供し、そこから患者に選んでもらうこともできる。そのための簡単な方法には、「課題カード」を使ったものがある。それぞれの枠内に、話し合いの話題が書かれており、何も書かれていないものには、患者が記入する。例えば、ある心臓病外来での用紙には、図4.1にあるような幾つかの空欄（？マークがついているもの）が含まれる。

そのような課題設定用紙を用意しておけば、臨床家は「もしよろしけ

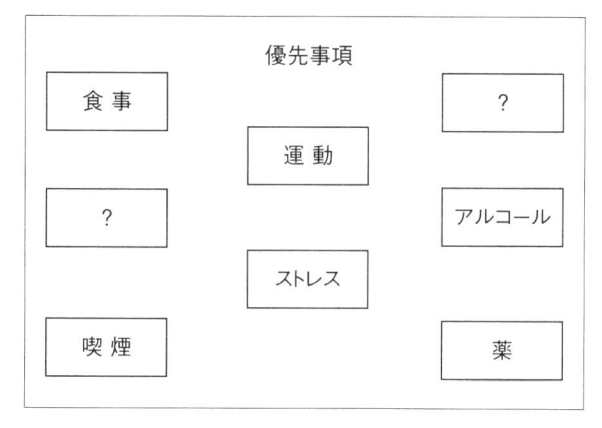

```
┌─────────────────────────────────────┐
│             優先事項                │
│  ┌──────┐      ┌──────┐    ┌──────┐ │
│  │ 食 事 │      │      │    │  ？  │ │
│  └──────┘      │ 運 動 │    └──────┘ │
│                └──────┘              │
│  ┌──────┐                  ┌──────┐ │
│  │  ？  │                  │アルコール│ │
│  └──────┘      ┌──────┐    └──────┘ │
│                │ストレス│              │
│  ┌──────┐      └──────┘    ┌──────┐ │
│  │ 喫 煙 │                  │  薬  │ │
│  └──────┘                  └──────┘ │
└─────────────────────────────────────┘
```

図 4.1　心臓病外来における検討課題の設定用紙の見本

れば，健康を改善するために，あなたが変えられることについて話し合うことができます。こちらが，この病気を管理する上で重要と思われる幾つかの課題です。それは，あなたのような状況にある人々が，しばしば変えようと考える領域を表しています。この領域のなかで，今日取り上げたいことがありますか？　あるいは，今現在，もっと重要だと感じていることが他にありますか？」と，話を進めることができる。

　そして，そのすぐ後に，あなたが話したいことを話題にすることもできる。検討課題の設定は，あなたが，患者の選ぶ1つの話題について建設的な話し合いをしたり，あなた自身の考えを表明する場合にも効果的である。あなたの話題が，患者の選んだ話題と一致しない場合，一般的には，最初は患者が選んだ話題を優先させることが望ましい。検討課題の設定が有効に働くのは，患者が「いいえ，今日はそれについては話し合いたくありません」と自由に言えると感じている時である。

　この短時間の課題設定に要する時間はたかだか1分程度であり，その後であなたと患者は，落ち着いてゆっくりと，合意した行動の変化に焦点を絞って，話し合いを始めればよい。実践を積むと，指針となる記録用紙は不要になるだろう。全ての患者が図や書類を使うことを好むわけ

ではない。面接のなかで，あなたが少し方向性を見失ったり，特定の行動の変化について話し合ううちに，自然に行き詰まってしまう場合には，どの時点でも検討課題の設定に戻ることができる。

> この簡単な戦略は，通常1分程度で完了できるものであり，そうすれば，その後であなたと患者は，行動を変えるために話し合うことに同意した点について，じっくり取り組むことができる。

> 面接のなかで，あなたが少し方向性を見失ったり，特定の行動の変化について話し合ううちに，自然に行き詰まってしまう場合には，どの時点でも検討課題の設定に戻ることができる。

　あなたは，健康を最も脅かす行動について一番良く知っているのは，結局のところあなたであり，話し合いの話題を患者に選んでもらうのは，危険であると心配するかもしれない。患者が選択すること（運動など）が，あなたにとっては他のこと（喫煙など）に比べて，それほど問題ではないと感じられるとする。そう感じていながら，患者が選択した事柄について話し合うということは「患者を見逃してあげる」ことになるのだろうか？　多くの患者は，喫煙について何年もの間同じことを聞かされ続けてきているが，殆どの場合有益ではなかったのである。1つの領域で進歩することは，たとえそれが明らかに重要でないことであっても，失敗して当然の状況のなかで，彼らが成功の習慣を学び始めることにつながる。1つの領域における成功の小さな一歩は，別の領域の進歩につながるのである。

適切な質問をするための実用的な提案

あなたは，健康に関わる行動を変えるように促すための質問を，どのように決定するだろうか？　その人にとって本当に有益な質問とは何だろうか？　その人の矛盾にとって役に立つ見方を提供するものは何だろうか？　何が防衛を引き起こし，何がチェインジトークを引き出すのだろうか？　それは，森のなかで正しい道を見つけるのと少し似ている。なかには，堂々巡りの道や，どこにもたどり着かない道，あるいは崖っぷちにたどり着いてしまう道もある。正しく理解しておけば，相当時間を節約することができる。食事の話題に関する，次の2つの例の違いを考えてみよう。

例1：「悪い」行動を規制する
臨床家：次にお尋ねしたいのですが，お渡しした食事表に従っていますか？
患者：はい，ええ，時々。でも忘れたりもします。他の家族と別の食事を作るのは大変なものですから。

例2：有益な誘導（案内）形式の質問
臨床家：あなたは食事を変えることに取り組んでいますね。今日は何について話し合うのが最もお役に立つでしょうか？
患者：食事を変えるのは大変です。私と家族の両方にとって望ましい食事法を見つけたいのです。そうすれば，自分のために別の食事を用意する必要がなくなると思うのです。

最初の例は詰問調で，閉じられた質問によって始まっており，要するに「良い患者でいましたか？」というものである。閉じられた質問は，詮索されている感覚を引き起こすかもしれない。2番目の例は，開かれ

た質問の形で，話し合うべきことを選択する余地を患者に与える招待で始まっている。その質問は誘導（案内）形式で行われ，患者を主役にするのに役立っている。チェインジトークはただちに始まる。

　チェインジトークへの応答は，MI の中核的な課題の１つである。先の例で，次に言うことを考える時には，第１章で考察した４つの各原理（RULE）が適用される。あなたは，実用的な提案に早く飛びつきすぎないことで，正したい反応（Righting reflex）を避け，患者から解決策を引き出すために，その人の動機を理解（Understand）する。傾聴（Listening）は，最も生産的な次の方法（第５章参照）である。変化の可能性と，一緒になって取り組める解決策を探し出そうという信念を伝えることは，患者を励まして勇気づける（Enpower）。

　本章の残りの部分では，チェインジトークの扉を開くのに役に立つ，効果的な誘導（案内）形式の質問を，どのようにして見出すのかということに焦点を当てている。

> 質問は誘導（案内）形式で行われ，患者を主役にするのに役立っている。チェインジトークはただちに始まる……チェインジトークへの応答は，MI の中核的な課題の１つである。

1．DARN !

　単純な指針の１つは，チェインジトークで答えが返ってくる可能性のある，開かれた質問をするということである。第３章で考察したチェインジトークの種類について覚えているだろうか？　DARN という頭文字は，チェインジトークを引き出す質問を考えるのに有用である。

　・**願望**。「何を望み，何を好み，何を願い，何を期待するのか？」
　・**能力**。「何が可能か？　何ができるか，何をなしうるか？　何をす

る能力があるか？」
・**理由**。「なぜこれを変えようとするのか？ 具体的な利益とは何か？ どのような危険を減らしたいのか？」
・**必要**。「この変化はどのくらい重要か？ どの程度それをする必要があるのか？」

以下は，変化に関する同様の質問である。それらは，6種類のチェインジトーク全てを引き出すように構成されている。
「そのように変わりたいのはなぜですか？」**(願望)**
「そのように変わるとしたら，どのように行いますか？」**(能力)**
「そのように変わることによって得られる，3つの最も重要な利益とは何だと思いますか？」**(理由)**
「そのように変わることは，あなたにとって，どのくらい重要なことですか？」**(必要)**
「あなたはどのようなことをするつもりですか？」**(決意)**
「健康であるために，今までにやってみたことは何ですか？」**(行動に移す)**

> 単純な指針の1つは，チェインジトークで答えが返ってくる可能性のある，開かれた質問をするということである。

上記の質問はそれぞれ，チェインジトークを含む答えを促す。そのような質問は，患者が変わるように励まして，彼ら自身の動機や創造的な考えを引き出す。その答えは，はっきり予測していた結論へと娘を導いたカルロスのように，前もってわかるわけではない。例えば，あなたが最も重要な理由（利益）として思いつくものは，患者を最も動機づける

ものではないかもしれない。すなわち，苛立ちを感じている臨床家が尋ねたがる種類の質問は，防衛を引き起こす。

「なぜ＿＿＿＿したくないのですか？」

「なぜ＿＿＿＿できないのですか？」

「なぜ＿＿＿＿したことがないのですか？」

「なぜ＿＿＿＿する必要があるのですか？」

「なぜ＿＿＿＿しないのですか？」

このような質問に対する答えは，現状維持の防衛である。変わらない理由を尋ねれば，彼らは喜んで答えるであろうが，その過程では現状を維持しようとする彼らの態度が強化される。

> それらの質問は，患者が変わるように励まして，彼ら自身の動機や創造的な考えを引き出す。

本章で提示する誘導（案内）形式の質問は，単なる例でしかない。基礎となる原理（第2章）とは，変わりたいという患者自身の動機を理解し，探求することである。私たちの経験では，自分の動機を探すように指示された場合よりも，この誘導（案内）形式を用いたほうが，患者はずっと健全な方向に向かう傾向がある。

> 私たちの経験では，自分の動機を探すように指示された場合よりも，この誘導（案内）形式を用いたほうが，患者はずっと健全な方向に向かう傾向がある。

次のうちの幾つか，あるいは全てが起こる時には，あなたが望ましい誘導（案内）形式の質問をしているのがわかる。
- 患者との結びつきが感じられ，彼らの返答に関心を持っている。
- 患者は，行動を変えることについて肯定的に話している。
- 患者はなぜ，あるいはどのように変わりうるだろうかと，戸惑いながらも話している。
- 患者は頭を絞って一生懸命取り組み，問題を解決しようとしている。
- どのように，あるいはなぜ変わることができるだろうかと，患者が質問をする。
- 面接時間があまりない時も，せかされているように感じない。

2. 定規（尺度）の使用

1～10までの定規，あるいは評価尺度が役に立つことがある。患者が感じる痛みの程度について，主観的評価を尋ねる場合など，ヘルスケアではすでに用いられている。MIの尺度には2つの目的がある。それは，患者の動機について教えてくれるばかりでなく，チェインジトークも引き出す。1～10までの尺度は，準備状態，願望，ないし決意など，様々な動機の側面について尋ねるのに用いることができる。殆どの患者は，この質問を，言葉によるやりとりだけで理解することもできるが，1枚の紙に線を引き，両端に1と10と書いて，その線を見ながら患者に質問することが有用な場合もある。

例えば，次のような質問によって始めることもできる：
「もっと運動をしたいという気持ちは，どの程度強く感じていますか？ 1～10の尺度上で，1が『全くしたくない』で，10が『とてもしたい』だとすると，あなたはどのあたりにおられますか？」
「このように変わることに対して，あなたはどの程度準備ができていると感じますか？ 1～10の尺度上で，1が『全く準備ができていな

い』で，10が『完全に準備ができている』だとすると，現在あなたはどのあたりでしょうか？」

「あなたにとって喫煙を止めることは，どのくらい重要なことですか？ 1〜10の尺度上で，1が『全く重要でない』で，10が『極めて重要である』 だとすると，どうでしょうか？」

　第2の段階は，その特定の数字を選んだ理由を，患者に尋ねることである。例えば5であるとしたら，それ以下の数字ではないのはなぜかを尋ねる。この質問に対する答えはチェインジトークである。あなたはここで，そのことをいくらか詳細に検討してもよい。別の有益な質問は，選んだ数値を上げるためにしなければならないことについて，尋ねることである。苛立ちや正したい反応から，反対の質問をしてしまうことに注意しよう。「なぜ5であって，10ではないのですか？」。この質問に対する答えは，現状を維持するための防衛である。

　尺度を使うことについては，もう1つの注意がある。評価尺度はあなたと患者の治療関係が良好である時にのみ用いられるのが望ましい。真に患者を理解し励まそうとするのではなく，詮索的なやり方で評価を始めたら，何らかの防衛を引き出すことになるだろう。「ええ，もちろん，禁煙をする準備は充分できています……」など，患者は，あなたが聞きたがっていることを話す場合がある。尺度を使っているからといって，その答えが常に信頼できるわけではない。この方法の信頼性は望ましい治療関係と誘導（案内）形式の使用によって飛躍的に向上させることができる。

　臨床家，および施設によっては，このような評価の結果を保存しておくことがある。患者と再会する場合には，その記録があなた（そして患者）に，それまでにどれほど変化してきたかを示すよすがになるので，特別に有用であることがわかるだろう。

3. 重要性と自信の評価

　最も実りある質問は，患者にとっての変わることの重要性と，その変化に成功する自信についての，単純な2つの質問である。ここでは尺度が非常に役に立つであろう。これらの質問を，理解を深めてチェインジトークを引き出す基礎として用い，変化を最も必要とする領域に，効果的にエネルギーを集中させることが目標となる。あなたと患者の治療関係が良好で，あなたが真心からの関心をもって質問するのであれば，話し合いのなかで患者自身の動機がたやすく生じてくるだろう。

> 最も実りある質問は，患者にとっての変わることの重要性と，その変化に成功する自信についての，単純な2つの質問である。

　最初は，変わることの重要性について尋ね，適切と思われる場合には，数字での評価を引き出すのも，良い方法である。「＿＿＿＿はあなたにとってどの程度重要なことですか？　1～10までのスケール上で，1が『全く重要でない』で，10が『極めて重要である』とすると，＿＿＿＿があなたにとって，どれほど重要か教えていただけますか？」。100人の肥満の患者に，減量についてそのような質問をすると，尺度上の様々な数字が返ってくるが，殆どは3～7の間である。第2は，先述のように，「あなたが自分自身に与えた点が＿＿＿＿であって，1ではなかったのはなぜでしょうか？」と尋ねることである。この質問に対する答えは，患者がその変化を重要であると見なす理由ということになる（すなわち，チェインジトークである）。あなたは，その変化が患者にとって，主観的にいかに重要かということだけでなく，なぜ重要なのかということを学ぶ。

> あなたと患者の治療関係が良好で，あなたが真心からの関心をもって質問するのであれば，話し合いのなかで患者自身の動機がたやすく生じてくるだろう。

　変わるための能力に対する患者の自信についても，同じ質問をすることができる。「1〜10の尺度上で，1が『絶対にできない』で，10が『確実にできる』だとすると，あなたはどの程度自分が＿＿＿＿＿できるという自信を持っていますか？　今自分自身に与える数字は何でしょうか？」その後，数字による評価を得たら，「なぜあなたは＿＿＿＿＿にして，1にしなかったのでしょうか？」と尋ねる。ここで，変わるための能力に対する，患者の自信の根拠が示される。また，尺度上の数字を見て，「より高い点にするために，役立つことは何でしょうか？」，あるいは「尺度上でより高い数字にするために，どのようにお手伝いできるでしょう？」などの質問をすることも有益である。

　その2つの尺度の評価次第で，必要な援助の種類も異なる。次の2人の患者について考えてみよう。どの程度変わる準備ができているかを示す尺度上では，両者ともにおよそ中間あたりに位置する。両者とも禁煙に対する両価的状態とためらいを表現しているが，根本的な動機は極めて異なっている。

　喫煙者A：「私は55歳で，肺気腫と診断されています。本当に喫煙を止める必要があるのですが，でも一体どうやって止めればいいのでしょう？　何度も試しては失敗してきました。もう試すのが無意味に思えます」（重要性：9，自信：2）

　喫煙者B：「もちろん，それが私にとって良くないことだと先生が思っていらっしゃることは承知しています。長い目で見れば，おそらくそうでしょう。でも喫煙は私の社交生活の一部なのです。私は

スポーツ選手として国際試合にも出たことがありますし，何かをしようと思えば，できることはわかっています。禁煙は，私にとって現在の優先事項でないというだけです」(重要性:2, 自信:9)

重要性の認識が充分であっても，喫煙者Aのような自信が少ない患者には，変化が可能であるという励ましと，禁煙法についての具体的な提案が必要である。喫煙者Aは，喫煙者Bのように，自信はあっても重要性があまりないと感じている患者とは，かなり異なる。あなたが，喫煙者Aと**なぜ変わるのか**（重要性）について話し，喫煙者Bと**どのような方法で変わるのか**（自信）について話したら，おそらく時間を無駄にすることになるだろう。それは彼らが，援助を必要としていない領域にいるからである。重要性と自信という側面から患者を評価することは，面接の貴重な時間を患者の要求に最大限一致した形で使うことを可能にする。変わることの主な障害が重要性の認識が乏しいことである場合，上述の質問を用いて，患者の認識を理解し，重要性の問題に有効に取り組むことが可能になる。自信についても同じことが言える。面接時間を延長しなくても，「どのような状況にも使える」形式の介入を，上記のような導入法に換えることにより，はるかに効果的な介入によって患者の取り組み方が大幅に改善され，チェインジトークを引き出す機会が増えるだろう。

> 重要性と自信という側面から患者を評価することは，面接の貴重な時間を患者の要求に最大限一致した形で使うことを可能にする。

4. 利益と不利益

　利益と不利益という話題について話し合う時には，変わることに対して確信がないと思われる患者に特に有益な，一連の鍵となる誘導（案内）形式の質問を用いて尋ねることができる。それは，両価性を探求するための良い機会である。それはまた，自分の内的動機を自由に表現できる受容的な雰囲気のなかで，患者が自分の不確かな気持ちにきちんと向き合う時間でもある。これは正しく MI の核心であると言える。

　まず，患者に現状の良い部分について尋ねる。これを尋ねると，現状維持の良くない部分について尋ねるための弾みがつく。これら2つの一般的な質問は，どのような変化の話題にも該当するだろう。最初の質問が，変わらないことを支持する議論を誘発し，2番目の質問がチェインジトークを引き出すことに注目したい。これらの質問による最も一般的な効果とは，患者が自分の両価性の両面を話すことである。

> 利益と不利益という話題について話し合う時には，変わることに対して確信がないと思われる患者に特に有益な，一連の鍵となる誘導（案内）形式の質問を用いて尋ねることができる。

　喫煙に関しての最初の質問は「あなたは喫煙の何が気に入っているのでしょうか？」かもしれない。この質問が，非難や皮肉を少しも含まないことに留意したい。声の調子が「喫煙に好ましい部分などあり得ない」ということをほのめかしていたら，防衛を引き出してしまうだろう。その質問は，喫煙を続けた場合に利益となるであろうと思われることに対する，誠実な関心と好奇心をもってなされる。行動の好ましい側面に対する患者の認識を引き出したら，さらに第2の質問を続けよう。例えば，「では，あなたにとって不利な面とは何でしょうか？　喫煙の

あまり好ましくないところとは何でしょう？」

　この会話を終了するための有用な方法は，できる限り患者の言葉を用い，その行動の利益と不利益についての彼らの説明に対するあなたの理解を端的に要約することである。「ここまでの話し合いについてどのように思われますか？」などのような鍵となる質問は，しばしば患者に，もう一歩前進し，人生の変化の主人公であるように，促す。

5. 鍵となる質問：次は？

　「鍵となる質問」とは，責任を持って変わろうとする患者の決意のほどを試す質問である。鍵となる質問は，前述の話し合い（DARN の動機，尺度，重要性と自信，ないし利点と不利益）の，どの後であっても良い面接の流れを作る。鍵となる質問の真髄とは，「次は何か？」ということである。その例を以下に挙げる。

　「では，現在，このこと全てについてどう思いますか？」
　「では，この時点で喫煙についてどう考えていますか？」
　「あなたは自分が何をなさると思いますか？」
　「あなたにとっての第一歩とは，どのようなものでしょうか？」
　「もし，あるとすれば何をなさる計画ですか？」
　「何を目的とされておられますか？」

　これらの質問に対する通常の答えはどれも，決意の言葉となることに注目したい。患者によって表現される決意の確かさは，変わる可能性を予測させる。決意が曖昧であれば，その面接，または次の面接において，さらに DARN を検討する必要があるだろう。

　患者が変化しようとする意図を表現するにつれ，より具体的な話をするほうが役に立つ。患者は，いつこの変化を起こす，あるいは開始するのだろうか？　患者は厳密には何をするのだろうか？　患者は，いかにして成功するのだろうか？　調査研究によれば，人々が行動を変える可能性は，自分の意図を，何を，いつ，どのように，といった具体的な言

葉で表現する時に，はるかに高くなることが明らかにされている。しかし患者に準備ができていないことについて，無理矢理決意させようとはしないほうが良い。その人が今，何に対して準備ができていて，意欲的で，実行する能力を持つかということが大切である。

6．仮説を用いる

　変わる準備があまりできていない患者にとっては，あなたが彼らとともに一歩後退して仮説的な言葉で話すことによって，変わることがそれほど脅威でなくなる。それによって彼らは，変化をもっと自由に心に描くことができる。以下にあるのは，仮説的な言葉で表現された，開かれた誘導（案内）形式の質問である。

　「あなたが＿＿＿をしようと決心するためには，何が必要でしょうか？」

　「あなたが＿＿＿を変える場合の利益とは何でしょうか？」

　「あなたが＿＿＿をすることにしたとしましょう。なし遂げるためには，あなたはどのようになさいますか？」

　「あなたが＿＿＿した瞬間を想像してみましょう。あなたの人生はどのように違ってくるでしょうか？」

　「5を8に（重要性において）するには，何をする必要があるでしょうか？」

　「物事がどのように変わっていて欲しいですか？」

　「あなたが＿＿＿を変えないままでいたとしましょう。5年後にはどうなる可能性があると思いますか？」

　患者と良い治療関係があり，その話し合いに患者が明らかに満足している場合には，想像的な飛躍も可能である。次の種類の質問について考えてみよう。

　「現在不可能なことで，もし可能であったら全てを変えてしまうかも

しれないこととは何ですか？」

「あなたが私の立場にあったら，＿＿＿＿＿についてあなたにどのような助言をするでしょうか？」

「（この行動は）あなたが成長したり，進歩するのをどのように妨げてきたでしょうか？」

「今後，今から1年後，5年後，あるいは10年後にあなたの人生に最も起きていて欲しいことは何でしょうか？」

> 変わる準備があまりできていない患者にとっては，あなたが彼らとともに一歩後退して仮説的な言葉で話すことによって，変わることがそれほど脅威的でなくなる。

結　論

　本章では一般的な質問の用い方と，誘導（案内）形式における質問の方法について概観した。誘導（案内）形式では，あなたの時間を割くことが，しばしばより速い進歩をもたらす。行動を変えることについての面接では，そのような姿勢が求められる。有意義に使われた数分間が，後の変化の種を撒くのである。久しぶりに会った患者に「全てを変えたのは，先生が言ってくれた一言です……」と言われた経験を持つ臨床家は数え切れない。MIを適用するにあたって，その真髄は，殆どの答えは患者のなかに備えられているという確信にある。そのような観点から見れば，通常は適切な質問が自然に生じてくる。

第5章

傾聴する

　ヘルスケアに科学的な根拠が見出されるずっと以前から，注意深く話を聴くことを学んだ臨床家たちがいた。充分な思いやりをもって注目され，傾聴され理解されることは，それ自体が治療的である。そのような傾聴は，患者が，代替医療の臨床家や話をよく聴いてくれるヘルスケアの臨床家による援助を求め，高く評価する理由の1つであると，私たちは信じている。傾聴の才能を持って生まれた人もいるようであるが，私たちの調査研究によれば，訓練によって経験を積めば同様の結果が得られる。すなわち，傾聴に熟練し効率的に用いることができるようになると，面接の長期的結果に違いが生じるばかりでなく，それ以上の波及的効果も期待できる。

　本章では，やや詳細に傾聴の技術全体について紹介する。まず，全般的な考察から始めて，その次に動機づけ面接法（MI）の核心である誘導（案内）形式における傾聴の用い方を検討する。

傾聴の実例

　確かに，業務が多忙であれば，一見すると「非生産的」と思われる時間を割くことはためらわれるであろう。しかし，傾聴の技術を磨くこと

には，幾つかのもっともな理由がある。

- 傾聴は，普通であれば見逃すかもしれない重要な情報を収集するのに役立つ。
- たとえ，傾聴の質がわずかに向上しただけでも，患者との関係は著しく深くなる。それには1～2分しかかからない。長い時間が経って具体的な詳細を忘れた後でも，しばしば患者は，本当に耳を傾けた看護師・医師やソーシャルワーカーのことは覚えているものである。
- 傾聴された患者は治療に満足し，居心地良く感じるので，心を開いて正直になり，より忠実に助言に従うようになると，私たちは信じている。
- 時間をかけて話を聴くと，患者は，実際よりも長い時間を費やしてもらったように感じる。反対に，質問や情報提供ばかりの面接は実際よりも短く感じられるので，患者はあなたの費やした時間を過少評価しやすい。
- 優れた傾聴そのものに，極めて有益な何かがあるということが，おそらく最も重要なのである。あなたは，自分が「何もしていない」という印象を持つかもしれないが，優れた傾聴は治療の重要な「非特異的」側面の大きな構成要素である。傾聴するだけで，変化が可能になるのである。

　本章で取り上げる，あらゆる技術的な側面の基礎にあるのは，平易な概念である。傾聴している間は，話をしている患者に対する関心と，受容の姿勢が必要とされる。あなたが熟達すると，通常の面接で短い傾聴に時間を割くことが，容易に感じられるようになる。あなたは患者の心配事の本質を，素早く捉える能力が身につくので，時間が節約できるし，次の話題に移るのも容易になる。

> 時間をかけて話を聴くと，患者は，実際よりも長い時間を費やしてもらったように感じる。

> あなたは，患者の心配事の本質を素早く捉える能力が身につくので，時間が節約できるし，次の話題に移るのも容易になる。

傾聴：全般的考察

　たとえ1分間だけでも，傾聴する臨床家は，患者の観点と経験を理解することだけを，最も重要な課題として考えている。介入したり，修正したりする意図は存在しない。その臨床家は，単に「その人と一緒にそこに居て」，その人が経験していることや言いたいことが，どのようなことであっても，心を開いて聴こうとする。

> たとえ1分間だけであったとしても，傾聴する臨床家は，患者の観点と経験を理解することを，最も重要な課題として考えている。

　傾聴を用いるのはどのような時だろうか？　簡単に言えば，傾聴は面接のどの時点でも用いられる。傾聴は，通常の業務に組みこまれ，あなたが実行している普段のあらゆる評価，診断，ないし管理業務の一部を形成する。傾聴は，質問や情報提供と組み合わせれば，指示形式においても極めて有効に用いられる技術である。以下に，傾聴の利用に適した

主な状況を示す。

- 面接の最初の部分。実を言えば，面接の最初の部分で傾聴しないことは危険である。傾聴を妨げることは，機能不全の種を撒き散らすに等しい。患者は，ひきこもり，苛立ち，あるいはあなたに最初から無視された面接という懸念を，持ち帰るかもしれない。患者は，ヘルスケアの予約に来ることや，臨床家と話をするのに相当の勇気を振り絞っていることが多い。ヘルスケアに対する患者の一般的な批判の1つは，自分の話を聴いてもらえないということである。早い段階で患者の話に割って入ると，話を聴いてもらっていないという気持ちが募りやすい状況を作ることになる。
- 面接中の短い傾聴。患者は，混乱したり，不安になったり，退屈したり，気分を害したり，あるいは苛立ったりした時には，傾聴を求める合図を送ってくる。診断や管理上の問題で，不確実な点がある時にも，傾聴は，面接のなかで起きていることを解明するための，有力な方法である。
- 開かれた質問をした後。傾聴は，患者が話をするようにと誘うことであり，あなたが話を聴いて，理解するための機会である。

指示形式ではなく，追従（見守り）形式が必要とされる状況もある。そのような状況では，傾聴が最も重要である。以下に具体的な例を挙げる。

- 面接室に入ってきた患者が「今朝，大変つらい経験をしたところなんです」と言う。
- あなたは，患者に悪い知らせを告げなければならず，今，患者にそれを受け入れて対処するように要請する時がきている。
- あなたは，ちょうど目を覚ましたばかりの，死を間近にした患者のベッドのそばに座っている。患者は微笑み「こんにちは」と言う。尋ねるべきことや，行うべきことは当面何もない。

ただ患者のそばに座って話を聴き，理解することが，最も重要で何よりも治療的であるという状況がある。その場合には，追従（見守り）形式を用いる。情報を提供し，質問をするかもしれないが，主な目的は患者の求めに応じることである。例えば，それは，悪い知らせを告げる時や，特別の苦しみや不安を抱えている人に話をする時などである。

次の項では，ヘルスケアにおける傾聴の，実践的な問題点について考察する。傾聴の用い方を検討し，幾つかのコツを提示して，避けるべき落とし穴について触れる。

1. 扉を開く

傾聴の扉は，招待の言葉によって開かれる。多くの場合それは，あなたが話を聴くつもりでいるという合図を伴った，開かれた質問の形をとる。「ご機嫌いかがですか？」は，相手が実際に詳しい話を始めるという期待を伴わない，通りすがりのうわべだけのあいさつともなりうる。それでは，不誠実な「ご機嫌いかがですか？」と，傾聴への本当の招待を区別するものは何であろうか？　普通の会話では，その違いが，どのようにしてわかるのだろうか？

それは主に，視線を捉えることと注意を集中することの2つによって表される。以下の状況で「ご機嫌いかがですか？」と尋ねられた場合の，意味の違いを考えてみよう。

・立ち止まらずに，あるいは視線を合わせずに廊下ですれ違う人
・カルテをめくりながら，血圧計カフを準備している看護師
・面接室に入ってきて，視線を合わせ，微笑み，持っているものが何であれそれを脇に置き，椅子を引き寄せる医師

後者は，その瞬間の検討課題において，言葉（「ご機嫌いかがですか？」）だけではなく，非言語的にも傾聴が最も重要であることを伝えている。これらの非言語的な合図は，招待の言葉よりも重要なことさえある。一般的な面接訓練の練習場面では，聞き手による最小限の支持し

か得られなくても，ある程度の時間は話し手によって続けられるはずである。聞き手のなすべきことはより難しい。聞き手は，自分が傾聴している，耳に入っている，そして理解しているということを話し手に伝えるのであるが，**それを一言も話さずに**，あるいは「ええ，ええ」などの声さえ出さずに行うのである。聞き手は，視線，表情，頭の動き，などの非言語的な合図だけで傾聴と理解を伝える。

傾聴する姿勢を示す，始まりの言葉は簡単である。幾つかの例を紹介する。

患者：今朝，大変つらい経験をしたところです。
臨床家：それについて話してください。
臨床家：（ベッドの脇に来て）こんにちは。今夜の気分はいかがですか？
臨床家：（診察室に入って来て）おはようございます！　今日気がかりなことについて話してください。
臨床家：（尋ねるべき幾つかの標準的な質問がある場合に）のちほど，あなたに具体的な情報について幾つかおうかがいしますが，その前に少し，今日あなたがここにおいでになった理由について，お話を聴かせてください。

2. 質問は，傾聴ではない

良い聴き手とはどんな人だろうか？　扉を開けて招き入れ，注意を向けたら，次は何をすべきなのだろうか？

多くの人々は，話を聴くことと質問することを混同している。それらは2つの異なるコミュニケーション技術である。質問は，その人に答えを要求する。質問はまた，その人の注意を特定の方向に向けて，質問者が関心を持っている特定の話題や領域に光を当てる。心理学者 Thomas Gordon は，質問を傾聴に対する「障害物」と呼んだ。質問される前に辿っていた道を歩み続けるためには，障害物に対処し，その周りをまわって

進み，元の道筋に戻らなければならない。続けて2つか3つの質問をされれば，間違いなく本来の軌道から逸れてしまう。責任を取るべきなのはあなたであって，話し手ではない。それは必ずしも悪いことではない。尋ねることはあなたの仕事の一部だからである。もし急性疾患にかかった患者が来院したとすれば，あなたは診断のために，系統的な精神医学的手続きに沿って，一連の質問をしなくてはならない。しかし，純粋な傾聴に必要な唯一の質問は，最初の招待のみである。

> 質問することと傾聴は別である。

3. 沈　黙

沈黙はしばしば良き導き手である。沈黙していれば，たとえそれが一瞬であっても，人々が通常お互いの道に投げ込むあらゆる障害物を，声に出してはいないことになる。傾聴の障害物には，同意，不同意，指導，質問，警告，判断，同情，議論，提案，分析，説得，承認，羞恥，保証，解釈，などがある。これらを口にして話し手の邪魔をするのを思いとどまることが，望ましい真の傾聴への第一歩である。

> 傾聴の障害物には，同意，不同意，指導，質問，警告，判断，同情，議論，提案，分析，説得，承認，羞恥，保証，解釈，などがある。

次の段階では，心に浮かぶ言葉を脇に置いて，相手を理解するために，全ての注意を集中させる。障害物を口に出してはいなくても，考えてはいるかもしれない。話を聴いているように見えても，次にすべきことを

先回りして考えているということは非常に多い。相手の話に充分に耳を傾けるには，心に浮かぶ思いつきに気を取られることなく，耳を傾け，話を聴き，理解するために全ての注意を向けることが必要である。新たな意味での，積極的に参加する医師（attending physician）というわけである。

> 障害物を口に出してはいなくても，考えてはいるかもしれない。心に浮かぶ様々な思いつきに気を取られることなく，傾聴しなくてはならない。

4．促進的な応答

全くの沈黙は，人を不安に陥れるかもしれない。言葉以外の身振りなどで注意を向けていることを示していても，一言も話さないと，患者によっては，あなたが何を考えているのか，あるいは本当に話を聴いているのかどうかと疑問に思い始める人もいる。その場合の簡単な方法は，少しだけ声の調子を変えて，「ええ，ええ」や「そうですか」や「それについてもっと話してください」といった簡単な，幾つかの小さな促進的応答をすることである。もちろん，そのような応答は，コンピュータにプログラムすることもできるので，話を聴いているという確証にはならない。

5．いくらか違った言葉で：振り返りによる傾聴

耳を傾け，話を聴き，理解していることを証明するには，その人が言ったことを理解して要約し，振り返ることである。これはオウムにはできない。それには，単に繰り返す以上のことが求められる。役者［訳注：面接訓練のために治療者役を演じてみせる人］でさえも，特別な訓練なしにはできないことである。役者は，沈黙し，注意を払い，促進的な応

答をすることはできるが，振り返りの傾聴は，特別な練習を必要とする特別な技術である。役者は，要求に応じて話を聴いているように見せかけることはできるが，現実に傾聴するのは非常に難しい。

> 耳を傾け，話を聴き，理解していることを証明するには，その人が言ったことを理解して要約し，振り返ることである。それは単なる繰り返し以上のものを含む——オウムにはできないことである。

では，本物の傾聴とはどのようなものなのだろうか？ それを明らかにするために，臨床家が開かれた質問をした後，振り返りの傾聴以外は何もしないという例を検討しよう。

臨床家（ソーシャルワーカー，心理学者，栄養士，看護師，理学療法士，カウンセラー）：私たちの面接も終わりに近づいてきましたが，あなたは先ほどちらっと，何かしっくりこない感じがするとおっしゃいましたね。

患者：ええ，そうです。あまり気分が良くありません。約１カ月か２カ月前からなのですが，最初はただの想像ではないかと思ったのです。忙しく働いていて，運動もあまりしていなかったものですから。

臨床家：忙しく働いていて，気分があまり良くないのですね。

患者：ただそれだけかと思ったのですが，激しい運動をした時など，何だか疲れて，弱っているように感じたのです。それまで経験したことのないような息切れもしました。体調を崩していない時でもそうだったのです。家で階段を上る時でさえ，そうでした。

臨床家：それはあなたにとって本当に珍しいことなのですね。

患者：ええ，そうです。階段でも感じましたが，時々ただ座って何もして

いなくても，そう感じることがありました。最初はストレスだと思ったのですが。今は肺か心臓のせいではないかと思っています。

臨床家：あなたは，何が起きているのか100％確かではなく，少し怖くなっているわけですね。

患者：ええ，徐々にそう感じています。普段私は，家族のよりどころなのです。職場でもそうです。それがこんなことになってしまって。

臨床家：あなたは責任者であることに慣れているのですね。

患者：必ずしも責任者というわけではありませんが，当てにされてはいます。でもそれも難しくなってきました。物事が手に負えなくなってきているように感じます。

臨床家：自分自身に気を配る充分な時間がないのですね。

患者：全くそのとおりです。どうにかしなくてはいけません。

臨床家：あなたは，何が起きているのかを理解し，それについて何かしたいと思っているのですね。

患者：私はここに来ることが，最初の一歩だと自分自身に言いきかせました。そのことをお話ししておきたいと思います。

ここでは何が起きているのだろうか？　この臨床家は，コミュニケーションの過程において極めて積極的で，患者独自の観点や懸念を理解することに1〜2分時間を割いている。このような傾聴をするためには，臨床家は患者に注意を払い，言葉を正確に聴き取り，患者が伝えようとしていることについて（文字通りそれを振り返って）仮説を構築し，それをいくらか違う言葉で返すようにしなくてはならない。臨床家が患者に，そのような「違う言葉」を返すと，興味深いことが起こる。患者は，臨床家の仮説を確証するか，反証する。要するに，患者は「はい，そうです」と言って，詳しく述べ続けるか，「いいえ，そうではありません」と言って，詳しく述べ続けるかのどちらかである。ここでは，誤った推測をしても罰というものはない。いくらか異なる言葉で振り

返る限り，どちらにしても患者はさらに話をする。全くの繰り返しでもこの効果が得られることはあるが，通常，オウム返しはすぐにうまくいかなくなる。振り返りは，時には「その文章の続きを言う」形をとることがある。それは，患者が次に言うかもしれないが，まだ言っていないことを予測して行われる。

> それぞれの振り返りは，その時に起きていることの短い要約である。

複雑そうに聞こえるだろうか？　確かに複雑で，練習が必要である。その良い点は，それが学習可能で，臨床的にかなり有益な技術であるということである。さらに，患者はあなたの教師である。すなわち振り返りを試すたびに，あなたは振り返りの正確さについて，ただちにフィードバックを得ることができ，時間とともに熟達してゆく。

> 臨床家は，患者が伝えようとしていることについて仮説を構築し，患者に「違う言葉」で返す……すると興味深いことが起きる。患者は，臨床家の仮説を確証するか，反証する。要するに，患者は「はい，そうです」と言って，詳しく述べ続けるか，「いいえ，そうではありません」と言って，詳しく述べ続けるかのどちらかである。

次はいくらか長い面接の例であるが，ここでも傾聴の効果を明らかにするため，臨床家は振り返りの傾聴のみを用いる。あなたも試してみたければ，そのページを紙で覆い隠し，1行ずつ覆いをずらして見ていくこともできる。患者のそれぞれの返答に対して，臨床家が次に何を言う

かを見る前に，あなたなら患者の言ったことを，どのように振り返るだろうかと考えてみよう。

> 患者はあなたの教師である。振り返りを試すたびに，あなたは振り返りの正確さについて，ただちにフィードバックを得ることができ，時間とともに熟達してゆく。

　ある入院患者は，手術をするかどうかを決める必要がある。はっきりした返答が聞けないため，あなたの同僚は苛立っている。「彼は，私が尋ねると，いつも泣き出してしまうんだ。彼と話をしてくれないか？」と言う。

臨床家（心理学者，ソーシャルワーカー，看護師，医師，カウンセラー）：あなたはご自分が受けるかもしれない手術について心配しておられるそうですね。
患者：心配という言葉では足りません。とても複雑なのです。どこから始めたら良いかわかりません。
臨床家：そのことであなたは大変お困りでいらっしゃるのですね。（その文章に続けて）
患者：昨晩は殆ど眠れませんでした。心配で心配で。（泣き始める）
臨床家：（沈黙したまま，彼にティッシュを渡す）山場にきているようですね。
患者：こんなふうに泣くなんて自分ではないみたいです。
臨床家：これは非常に重要な決断です。
患者：大変なことです。（泣きつづける）
臨床家：どちらか一方を選ばなくてはいけない，大変な決断を下さなけれ

ばならないと感じていらっしゃるのですね。

患者：そのとおりです。日が経つにつれて，ますます決断を迫られているのです。

臨床家：でもまだはっきりとは決められない……。（ここでも，推測して続けている）

患者：それが問題なのです。もし手術をすれば，その後あまり長く生きられないかもしれないことはわかっています。リスクが大きいのです。そう言われています。単純なことです。

臨床家：そして，手術をしない場合も，それほど簡単なことではありませんね。

患者：簡単ではありません。時間の問題ですよ。数カ月しか残されていないかもしれないと言われています。わかっているのは，家族のために生きていたいということです。

臨床家：あなたにとって今最も大切なのは，そのことなのですね。

患者：息子に会ってみてください（笑）。彼は私が昔と同じがさつな男で，何も変わっていないと言います。具合はとても悪いはずなのですが。

臨床家：普通の状態に戻ったような感じになることがあるのですね。

患者：息子といる時は良いのですが。現実にはこの決断を回避することはできません。

臨床家：あなたは身動きがとれないように感じているのですね。

患者：はい，そのとおりです。ここで横になったまま，手術をするほうに賭けてみることを考えていたのですが，悪い結果を想像してしまうので，手術については考えないことにしたのです。

臨床家：どうしていいかわからないのですね。

患者：先生たちは普段から同じような手術をしているのだから，自分もそれを信頼すべきだと思う時もあります。

臨床家：手術をして，うまくいったら，それで結構ということですね。

患者：おそらく，手術をするとは思いますが，その考えに慣れるまでいく

らか時間が必要なだけです。そうしたら，お知らせします。
臨床家：手術を決意するのに，いくらか時間が必要なのですね。
患者：じきに決断します。
臨床家：（これまでの話をいくらか長めの要約にまとめる）あなたがおっしゃったことを，私が理解したかどうか検討してみたいと思います。何か見落としていることがあれば，どうぞ教えてください。

この決断は誰にとっても簡単なものではありません。どちらの道をとるにしろ，あなたが家族のために生きていることができないかもしれない危険を伴います。あなたは手術をしなければ，数カ月の命であると告げられてきましたが，その手術も危険を伴うものです。でもあなたは決断に近づいてきています。あなたには，そのことをよく考えてみるための時間が必要です。あなたは家族に会う時に特に気分が良くなります。あなたは，自分自身について考えるのと同じくらい彼らのことを思っています。

患者：ええ，全くその通りです。これ以上の情報は必要ありません。これは他人に下してもらえる決断ではありません。役に立つのは，これについて，先生とお話できるということなのです。

この例の振り返りについて，幾つかの点に注意してみよう。まず，どれもが質問ではなく断定である。臨床家は「こういう意味ですか？」と尋ねてはいない。録音テープを聴けば，優れた振り返りの終わりの部分では臨床家の声の調子が下がり，質問をする時のように上がってはいないことに気づくだろう。これは，最初は奇妙に感じるかもしれないが，それはあなたが感じることであって，患者はそうは感じない。振り返りを質問ではなく断定文として提示すると，患者の居心地がより良いものになり，彼らは話を続ける。患者は，次のように言われるとより詳しく話をすることが多い。

「あなたはこれが不安であると感じています」（**最後のところで声の調**

子が下がる）
次の場合はそうではない：
「あなたはこれを不安に感じているのですか？」（**最後のところで声の調子が上がる**）

　上記の例における臨床家の巧みな応答は，患者が実際には言っていないが，患者が伝えようとしている，あるいは考えているであろう内容の振り返りを含む。振り返りは，その人が直接言ったことだけに限る必要はない。時には，前の文を単に繰り返すばかりでなく，まだ述べられていない次の文が何であるかを推測して，続けられることもある。

> 臨床家の声が振り返りの終りの部分で，質問をする時のように上がらずに，下がると，良い反応が得られる。

6. 要約の技術

　先述の例の最後で，臨床家は患者の持ち出した主要な話題を集め，それをまとめて要約している。ある意味でそれぞれの振り返りは，その時起きていることの短い要約である。しかし全てを寄せ集めてまとめるタイプの要約では，会話の一部，ないし全てに目を通して，概要を提供する。そのような要約が何を含むべきかを知るには，技術が必要である。本章では後に，MIにおいて傾聴が用いられる時に要約に含めるべきものを選択するための，具体的な指針を提供している。しかしながら先述の例では，臨床家は，患者が提起した主な話題を取り上げようと試みたのみであった。

　要約は幾つかの極めて有用な機能を果たす：
- 優れた要約は，患者の言ったことを注意深く聴いており，それを覚えていることを効果的に示す。要約すること自体が，治療関係を強

化する肯定的なメッセージである。
- 要約を提示することは，その状況の断片を寄せ集め，何か重要なことを見落としたかどうかを調べることになる。これは，要約に続いて「何か他にありますか？」と尋ねることで行うことができる。
- 要約は，そのなかにテーマを含めたり強調したりすることで，患者が言ったことの特定の側面を，再び強調することを可能にする。要約のこの側面は，誘導（案内）形式において特に有益である。
- 要約によれば面接の方向を自由に変えられる。要約は，傾聴の時間を終わりにし，次の作業に移るための穏やかで，肯定的な方法である。

7. 質問と傾聴

　質問と傾聴はコミュニケーションの2つの異なる技術を表すものの，それらは自然に組み合わせられ，お互いを補足し合う。心理学者 Carl Rogers によって開発されたクライアントまたは個人中心カウンセリングとして知られる治療態度は，主に質問と傾聴の巧みな組み合わせに依拠したものである。その組み合わせはヘルスケアにおいても自然に用いることができる。

　殆どの人にとって，質問をすることは，振り返ることよりもずっと容易である。結果として臨床家は，良い聴き手であろうとする時でさえ，しばしば立て続けに質問をするばかりで，その間に殆ど，あるいは全く振り返りを行わないことがある。

　私たちは，**傾聴しながら**質問するための3つの実際的な提案をする。
1. 閉ざされた質問でなく，開かれた質問をする。
2. 2つの質問を立て続けにしない。
3. それぞれの質問に対して少なくとも2つの振り返りを提供する。

　そうすれば，あなたが開かれた質問をするとクライアントが答え，そ

れに対してあなたは振り返りの傾聴を2つ行うという，心地良いリズムが生じるであろう。例えば：

臨床家（看護師，医師，足の専門医）：それでは足がかなり痛むんですね。それについて話してください。

患者：時々，痛んで歩くのが難しいことがあるのです。職場では階段を上ったり降りたりしなければならなくて，それがとても大変です。

臨床家：そしてその痛みはずっと続いていて，毎日痛むのですね。(**振り返り，推測**)

患者：だいたい，そうですね。週末は仕事をしないので，あまり痛まないのですが。

臨床家：週末はいくらか違うのですね。(**振り返り**)

患者：さっきも言いましたが，仕事が休みなので職場に行きません。だいたい家にいます。

臨床家：週末にはどのような靴を履かれるのですか？(**開かれた質問**)

患者：ふつう，家のなかでは寝室用のスリッパを履くか裸足です。

臨床家：そして，そのほうが気持ち良いと。(**振り返り**)

患者：それでも足は痛みますが，たいしたことはありません。でも土曜の夜に出かける時は，スパイクを履きます。

臨床家：ハイヒールですね，仕事に行く時に履くよりも高い……。(**振り返り**)

患者：少しだけ。仕事の時もヒールの靴は履いていますので。

傾聴する時には，それぞれの質問に対して少なくとも2つの振り返りを提供する。

8. 傾聴に関する懸念

　真の温かさと関心をもって行われる傾聴が，害になることはまずあり得ない。とはいえ，あなたの振り返りがその人の言ったことに似すぎていたり，全くの繰り返しが多すぎれば，堂々巡りとなってしまうことはある。

　しかしながら，傾聴にも否定的な面が存在する可能性があり，あなたもすぐにそれを発見するだろう。多くの人々は，人生において良質の傾聴を経験することが殆どないため，聴いてもらうことを渇望している。時間をかけて耳を傾け，話を聴き，理解してくれる人に出会うということは，それだけで気持ちの良い経験なので，人は文字通り何時間も話をしてしまう。私たちは，これこそが傾聴するにあたって臨床家が特に心配している点であることを見出した。それは理解可能な心配であるが，実際には対処できるものである。大抵の臨床家は，その時が来れば，診療を終わりにするための望ましい，穏やかな方法をすでに知っている。最後の要約は，その1つである。真実を述べるのも効果的である。「そのことを私に話してくださってありがとうございます。あなたが今日お話ししてくださったことは，その状況をよく理解するのに大変役立ちました。もっと長くお聴きできたら良いのですが，次の予約の人を診なければなりませんし，私は人を待たせるのが嫌いなのです。このお話の続きは次にお会いする時に聴かせてください」。

　臨床家のなかには，瓶の栓を抜いて，中身があふれだしてしまうことを心配する人もいる。「そのように患者の話を聴いていたら，彼らは診察室で崩れてしまうのではないだろうか？　結局のところ，私は心理学者ではないのだから」。この場合も，懸案事項となるのは時間であることが多い。たとえ少しであっても，思いやりのある傾聴者が理解するために時間を割く時，相手が感動して涙を流すということは確かに起こりうる。それはバランスの問題である。患者の話を聴かないことを支持する人はいない。一方，時間を延長して他のなすべきことができなくなる

のを正当化する人もいない。患者のほうも，必ずしも激しい恐れ，怒り，悲しみ，ないし苛立ちを経験したいと思っているわけではない。

> 傾聴を終了するための有用で，穏やかな方法：
> ・理解したことを要約し，方向を変えることを提案する
> ・時間の制限について正直に言う
> ・患者が話してくれたことの価値を認める

閉じこめられたランプの精を解き放つように，心に秘めていたことを話し始めて止まらなくなるのではないかという懸念は，幾らかの時間を純粋な傾聴に費やして得られる臨床的価値に補われて余りあると，私たちは信じている。私たちは傾聴の治療的効果や，臨床家と患者の関係に対する肯定的な影響について指摘してきた。傾聴は，あなた自身の面接の質を高めるためにも大変役に立つ。優れた聴き手は稀にしかいないので，少々の良質な傾聴でさえ，あなたが援助を提供する人々の内的経験を豊かに開花させる。他者の内的世界を親しく分かち合える特権を持つ人はそう多くない。そのような経験は，決まりきった日常業務の励みとなる。優れた傾聴は，贈り物として受け取る人だけでなく，与える人をも豊かにする。

動機づけ面接法（MI）における傾聴

振り返りの傾聴そのもの──純粋な傾聴の技術──は，人々の変化を援助するために驚くほど有効である。もし本書に触発されて，あなたが傾聴という技術に熟達し，良い聴き手となれば，あなたは他者に与える重要な贈り物を手に入れるであろう。振り返りの傾聴に習熟すると，優

れた傾聴の中心にある純粋な関心と思いやりを保ちながら，傾聴の技術に対して，より意識的にまた意図的になることができる。MI では，振り返りのために選択する事柄が違いをもたらす。本章の残りの部分では，健康に関わる行動の変化を勧めることが目標である時に，振り返るべきことと，その理由について考察する。

> MI では，振り返りのために選択する事柄が違いをもたらす。

1. 振り返る内容を選択する

たとえ短い時間であっても傾聴してみれば，あなたは，決定すべきことが幾つかあることに気がつくであろう。患者が自分の経験について話す時，彼らは豊富な題材を提供する。それを全て振り返ることはできない。どの意見を選べば良いのか，またどのようにそれを決めたら良いのだろうか？　次のやりとりについて考えてみよう。臨床家は，扉を開けて招き入れ，純粋な傾聴を続ける。

臨床家（小児科の看護師または医師）：息子さんの腕は大丈夫でしょう。傷を縫っておきましたので，すぐに治るはずです。看護師が隣室で息子さんに最新の破傷風ワクチンを接種しています。ところで，あなたは彼の行動全般を心配しているとおっしゃっていましたが，私は次の患者さんを診るまで数分ありますので，それについて少しお話ししていただけますか？

患者（母親）：彼はますますコントロールがきかなくなっているように見えるのです。彼は私たちの言うことをききません。宿題，食事，寝る時間，何もかも大変なんです。彼はじっと座っていられなくて，自分がしていることにも気がついていないように見えます。今回腕を切ったのも

そのせいなんです。彼は自分の行く先を見ておらず，錆びた釘が飛び出したフェンスにぶつかって行きました。そのフェンスを直すように何度夫に言ったかわかりません。(**あなたはこの時点で，どの部分を選択して振り返るだろうか？**)

臨床家：あなたにとって彼を育てていくのは大変なことなのですね。(振り返り)

患者：はい，夫と私は彼のしつけについて意見が違っています。夫は息子を叩きますが，私はそれは間違っていると思うのです。最近私たちはよく喧嘩をします。

臨床家：あなたとご主人が。(振り返り)

患者：はい。(涙が出る)すみません，先生。最近，何もかもつらくて……。ADHDについて聞きました。息子のクラスにADHDの男の子がいるのです。息子もADHDかもしれないと思っています。

　1分間の傾聴の間に，その小児科医は，突如として選択すべき多くの問題を手に入れる。苦しんでいる母親の感情に焦点を当てるべきだろうか？　それとも，宿題や就寝時間，注意力についての懸念，ないし活動の程度に焦点を当てるべきだろうか？　夫が息子を叩くことや，夫と妻の間の衝突に焦点を当てるべきだろうか？　振り返る事柄はどのように決めるべきだろうか？

　この具体的な状況には，第4章で説明したように，質問形式によって，傾聴から検討課題の設定に移ることもできるだろう。しかしながら，ここでは，臨床家が傾聴する場合には，しばしば多くの選択肢のなかから振り返る内容を選ぶ必要があるという例として，この会話を提示している。MIでは，いろいろな選択肢のなかから振り返るべき内容を決定するために有益な規準が幾つかある。

2. 抵抗を振り返る

変わることについて両価的状態にある人と話をしていると，抵抗や現状維持を支持する主張を耳にする。正したい反応は，それらに反証し，効果的に反論し，その人を正そうとする。しかし，前述のように，変化を支持して議論すれば，患者はそれに反論する。両価的状態にある人々は，自分のなかに両方の立場〔ある意見とこれに反対する意見（例：変わりたい」と「変わりたくない」など）〕を持っているからである。そのため，抵抗を批判せずに振り返ると，彼らは抵抗を止めることが多い。たとえそうでなくても，患者のためらいについて，もっと詳細な内容を把握することができる。以下に，問題飲酒者と私たちの典型的な面接を紹介する。

臨床家：あなたの飲酒について少しお話ししてください。（開かれた質問）

患者：殆どの日は飲んでいますが，それほど飲むわけではありません。

臨床家：あなたはそれほどは飲まないわけですね。（振り返り）

患者：それは，どうでしょうか。かなり飲むこともできます。

臨床家：あなたはかなりの量のお酒を飲むことができますが，あまり影響を受けないのですね。（振り返り）

患者：ええ，そうです。かなり飲むことができます。

臨床家：そして時々は飲むわけです。（振り返り，文章の継続）

患者：ええ，仕事から家に帰る途中で5本から6本のビールを飲みます。

臨床家：〔この時点で，正したい反応が叫びを上げているが，臨床家は誘導（案内）形式を堅持し，どうなるか見ている〕それだけ飲酒をしていることについてはどのようにお考えですか？（開かれた質問）

患者：それについてはあまり考えません。

臨床家：時々は考えるけれども，それほど頻繁には考えない，と。（振り返り）

患者：年をとってきているので，減らすべきだと考えることはあります。

臨床家：どのようなことが気になるのですか？（開かれた質問）
患者：このところ胃が痛むんです。朝のうちは，あまり頭が働かないこともあります。でも誤解しないでください。私には飲酒の問題があるわけではありませんから。
臨床家：飲酒はそれほど問題を引き起こしてはいないと。（振り返り）
患者：そうとは言いませんが……。

> 両価的状態にある人々は，自分のなかに両方の立場〔ある意見とこれに反対する意見（例：「変わりたい」と「変わりたくない」など）〕を持っている。そのため，抵抗を批判せずに振り返ると，抵抗を止めることが多い。

　指示形式の使用に飛びつきそうになる誘惑は大きいものの，現にそうすることも全く不適切ではないかもしれない。ヘルスケアの専門家による明確な情報と助言は，違いをもたらしうるからである。例えば，この患者に安全な飲酒の限界について話をすることは可能であり，理解できる（情報の提供に関する第6章を参照）。しかしながら，私たちは，患者のためらいに対しては，このような振り返りで応答することを試してみるようお勧めする。そうすると殆どの場合，議論のもう一方の立場について患者が話し始める。それはちょうど，あなた自身が言おうとしていたことであるかもしれない。

3．チェインジトークを振り返る

　指示形式において，変化を支持する議論を展開するのは，通常は臨床家である。誘導（案内）形式においては，患者が変化について述べる。チェインジトークが生じたら，あなたはそれを振り返る。

第4章においては，質問の戦略的な使用，すなわちチェインジトークが答えとなるような質問をする方法について考察した。そのような開かれた質問は，チェインジトークと他の言葉が混じり合った答えを呼び覚ますことが多い。本書で先に用いた森の草原の例について考えてみよう。あなたは花を探し，それらを見つけるたびに，いくらか摘み取る。言い換えれば，チェインジトークは，あなたが特に振り返りたいこと（願望，能力，理由，必要，決意，および行動開始の発言）である。チェインジトークを聞いたら，それを拾い出して振り返る。次の例においては，患者のチェインジトークが，**ゴシック体**で強調されている。臨床家が振り返りの傾聴を用いている部分は（R）で表示している。

臨床家（聴覚学者）：サンチェスさん，検査が終わりましたが，あなたには，明らかにあまりよく聞こえていない周波数帯域があります。奥様がお気づきになっていたのはそのことでしょう。あなたの年齢ではそれほど珍しいことではありませんが，これらの特定の不可聴域は，通常の加齢以外に何かあることを示唆しています。神経伝導性の検査は正常で，何も問題は見られませんでした。今までの人生で騒音に曝されたのはいつですか？　どの程度前のことでしたか？

患者：若い頃は，もっと頻繁にトラップ射撃に行っていましたが，いつも耳栓を使っていたわけではありませんでした。また，オートバイにも乗っていました。今も時々乗りますし，音がうるさいこともあります。

臨床家：あなたは射撃をしたり，オートバイに乗った時に騒音の近くにいたことがあったわけですが，今でもそういうことをなさるのですね。（R）その他には？

患者：電気のこぎりやリーフブロワーなどの電動工具を使うことがあります。それらはうるさい音がします。

臨床家：そうですね。そしてあなたは常に耳の保護をしているわけではありません。（R）

患者：工具を使う時には，したことがありません。

臨床家：(なぜ保護すべきかということをすぐに彼に告げたい誘惑を抑え，その代わりに振り返る) そのことはあなたにとって重要なことには思えなかったわけです。(R)

患者：それについてあまり考えたことがないのだと思います。それほどうるさいわけではないですよね？

臨床家：(情報提供の招き入れに応じて) 私は50デシベル以上の場合は必ず，耳を保護することをお勧めしています。それらの道具は確かにその範囲に入っていると思います。でもそれらの道具を使いたい時にいつも防音保護具をつけるのは面倒ですよね。(R：抵抗に異議を唱えるというよりも，まだそれに同調している)

患者：それほど大変なことではありませんよ。それが大事であるなら，まあ簡単なことですよ。

臨床家：ではそれが重要なことであると思えれば，耳栓をすることもできるということですね。(R)

患者：もちろん。できますよ。(能力，まだ決意ではない)

臨床家：問題は，あなたがそれをそれほど重要であると思えなかったことです。(R)

患者：あるいはそれについて心配していなかったのだと思います。考えていませんでした。

臨床家：それについて今ちょうど一緒に考えていますので，質問をさせてください。聴力の低下はこれまでどのような時に不便でしたか？ (この開かれた質問は，特に行動の変化に対する患者自身の動機を喚起するためのものである)

患者：それほど不便でもありません。**妻は私には彼女の言っていることが聞こえていないと苛立っていますが。**(理由)

臨床家：彼女はいらいらするわけですね。(R) その他には？

患者：**人が言ったことを理解できない時は，恥ずかしいことがあります。**

1，2回尋ねなければなりません。それは最近になって頻繁に起きている気がします。（理由）

臨床家：2度も尋ねることがあるわけですね。（R）

患者：その人になまりがあったり，騒がしいレストランにいる時には特にそうです。2度目で理解できない時にはわかったふりをします。全く尋ねないこともあります。そして間違いをすることもあります。そうなるのは嫌なのですが。（理由と願望）

臨床家：奥様は，あなたに補聴器が必要かもしれないと考えているということでした。おそらくあなたもそうお考えなのでしょう。（R）

患者：いいえ，そうなったらとても恥ずかしく思います。耳に機械をつけて歩きたくはありません。

臨床家：あなたは補聴器の外見が気に入らないわけですね。（R：それに対して反論するよりもまだ抵抗に同調している）

患者：それをつけると年寄りに見えますし，電池やら何やら面倒くさいです。それに人前でキーキー鳴ったり，高い音を出したりすることがあるので，人に見られることもあります。

臨床家：あなたは補聴器をつけないですむことを願っているようですね。（R）

患者：遅かれ早かれ，必要になるでしょう。でも遅いに越したことはありませんが。（必要）

臨床家：今は，残りの聴力を保護するために，何かすることに関心があるかもしれないということですね。（R）

患者：ええ，そのとおりです。（行動を変えることについて決意し始める）

臨床家：騒音のそばで耳を保護するものをつけなかったのは，恥ずかしさからというよりもそれについて考えていなかったり，それが重要であることに気づいていなかったからのようですね。（R）

患者：そうです。補聴器をつける必要がなくなるのであれば，それもできます。（能力）

臨床家：そうすることは，それだけ価値のあることだと思います。代償も少なそうですし。(R)

患者：もちろん，やります。（決意）

チェインジトークを耳にしたら，それを見極め，患者に対して振り返りを提供する。

4. 両価性の克服

ここで，変わろうとする患者自身の動機を振り返るのは，なぜだろうか？　なぜなら，生活様式のパターンは本質的になかなか変わらないものであり，既定のパターンは変わらずに継続されるからである。すなわち，過去の行動から未来の行動が予測できる。私たちは生活様式のパターンがなかなか変わらないということを，いつも見せつけられているが，ただそれは，何らかの方法で現在の行動パターンを取り除かない限り，そのパターンが継続されるであろうというだけである。

それならば，患者を自らの行動の結果に直面させるためには，彼らに不快感を経験させ，変わるように強制的に説得するべきではないだろうか？　それは論理的には妥当であるように聞こえるが，そのような正面からの攻撃は，実際には，喫煙などの定着した行動を除去するよりも，逆に強化する可能性が高い。振り返りの傾聴は，誘導（案内）形式のなかで用いられる時に，行動が変化する可能性が高くなる。

両価性は，ぬかるんだ草地と考えられよう。そして人は，しばらくの間そこにはまりこんだままになってしまうことがある。先に述べたように，変わるほうが良い理由について考えた後で，変わることの不利益でそれを相殺すれば，しばしば人はそれについて考えることを止めてしまう。傾聴における誘導（案内）の過程は，患者が話し続け，変わる方向

へと向かってゆくのを援助する。あなたは，その人が変わることの利益と不利益の間を行ったり来たりした後で，変わることを止めてしまうのではなく，変わる理由（および願望，能力，必要）について考え，検討し続けるように援助する。

　それはどのように成し遂げられるのだろうか？　人が言ったことを振り返る時は，それに対する関心を表現し，その人がもっと話すように，さらに詳しく話すように誘いかける。あなたは，行動を変えることに対するその人自身の動機（草原の花）に関心を持ち，焦点を当てることによって，その人が動機を探求し，拡大し続けることを奨励する。

　前もってどんな花が咲くかを知ることはできないが，それは，あなたが尋ね，傾聴する時に開花する。チェインジトークを引き出す質問をすると，患者は変わることに対する自分自身の動機を述べる。そして彼らは，自分自身がそれらを表現し，探求しているのを耳にする。あなたが彼らのチェインジトークを振り返ると，彼らはあなたが彼らの言ったことを（わずかに違う言葉で）話しているのを，もう一度聞いて，それをさらに探求する。それは傾聴によって変化を促す，もう1つの基本的枠組みである。

> 振り返りの傾聴は，誘導（案内）形式のなかで用いられる時に，行動の変化が起こる可能性はより高くなる。

5. 要約：花束

　傾聴においては，相手が言ったことを折に触れて，要約のなかに取り込むことを覚えておこう。MIにおけるこれらの要約は，その人自身の変化の動機を含むため，特に有用な機能を果たす。あなたはこれらの花を集め，その人独自のチェインジトークの発言を花束にし，それを時々

彼らに返す。変化に対する動機を，集めてまとめたものを聞くのは，おそらくその人にとって初めてのことであり，大変有益である。これは通常の両価的状態によって動きがとれなくなる過程（変化に関わる一方の意見を考え，次に正反対の意見について考えて，身動きできずに固まってしまう）とは異なる。

> 傾聴においては，相手が言ったことを折に触れて要約のなかに取り込む。MIにおけるこれらの要約は，その人自身の変化の動機を含むため，特に有用な機能を果たす。

要するに，これら全ては，チェインジトークの花を見た時，あなたがそれを認識する能力を身につける必要があるということを意味している（第3章）。MIにおいては，質問によってチェインジトーク（そして，最終的には決意）を引き出し，傾聴によってチェインジトークを選択的に振り返る。チェインジトークは要約にまとめられる。次は，本章で前述した聴覚学者による面接の，簡単な要約である。

臨床家：それではサンチェスさん，あなたのおっしゃったことを私が正しく理解しているかどうか検討してみましょう。あなたは，聴力にいくらかの問題があります。またあなたは，過去にその原因となりうる騒音に曝されたことについて話してくれました。あなたは，人の言っていることを理解するのが，前より困難になっています。相手になまりがあったり，騒がしい場所にいたりする場合には，特にそうであることに気づいています。時には，人に繰り返して話すように1度か2度頼まなければならず，あなたにとっては気持ちの負担になっているようですね。またこれは，あなたと奥様の衝突の原因にもなっています。

奥様は自分の言ったことを繰り返さなければならないことに苛立っているからです。奥様は，あなたが補聴器をつけるべきではないかと考えています。でもあなたは恥ずかしいので，まだあまりつけたくはありません。自分が年をとって見えてしまうかもしれませんし，いくつかの現実的な問題もあります。あなたは，やがてはそれが必要になると思っていますが，できるかぎりそれを先に延ばしたいと思っています。あなたの希望は，補聴器が必要になるまで，残っている聴力をできるだけ良い方法で，できるだけ長く保護したいということです。ここまでは，よろしいでしょうか？

患者：そのとおりです，はい。ご立派です！ 先生の聴覚には何も問題はないようです。（にこやかに笑う）

臨床家：あなたは，騒音のあるところに行く時に必ず耳の保護器具をつければ，聴力が保護できることについては納得しています。保護器具をつければ，ダメージを防いで聴覚を保つことができますし，聞こえなくて恥ずかしい思いをすることが増えるのも，防ぐことができます。あなたがなさるつもりでおられることは，そのようなことでしょうか？

患者：はい，耳の保護器具を使い始めるつもりです。（決意）

臨床家：それはいいですね！ 私も賛成です。では私はどのようにお手伝いしましょうか？ 使用可能な耳の保護器具の種類についての情報など，何か必要だと思われることはありますか？ いつそれを使うべきかを知る方法のようなものは必要でしょうか？（次章で取り上げる技術であるが，情報を提供することについて許可を得ている）

結 論

本章では傾聴を誘導（案内）形式のなかで用いることを強調しつつ，傾聴の幅と深さについて述べた。傾聴には，慎重な機敏さと忍耐，および選び抜かれた幾つかの言葉によって患者の経験を捉える能力が求めら

れる，臨床的な技術である。実際に行うことは単純である——振り返りの傾聴によって話すことだけである。しかし詳細な点や感情の微妙な違いに注意して話をすれば，患者はそれを認めて，理解の深さを喜ぶであろう。このような振り返りによって，患者は両価性を解決し，行動を変える自由を手に入れる。

第6章

情報提供

　情報の提供は，おそらくヘルスケアのコミュニケーションにおいて最も一般的に用いられる技術であり，殆どの面接に織り込まれている。本章は，情報の提供についての全般的な考察から始めて，次に動機づけ面接法（MI）における情報提供の方法を解説する。

全般的考察

　情報の提供は，広範な状況で行われる。以下に幾つかの例を挙げる。
- 何が起こったかを話す
- これから起こるはずのこと，あるいは起こるかもしれないことについて説明する
- 何かの意味を明確にする
- 悪い知らせを伝える
- 証拠を共有する
- 情報を提供し充分な理解を得てから同意を得る
- 医療機器の操作などの作業を習得する
- 助言を与える

「患者のなかには理解できる人もいるが，何回話をしても全く理解できない人もいる」。患者に情報を提供するのはどのくらい難しいことなのだろうか？　残念ながら，この作業では行き違いが生じることもある。あなたが実際には明確に指示したつもりでも，患者は処方薬をもらわなかったり，次の予約に来なかったりする。あなたは，その医療的処置に必要とされること，または必要であろうことについて全て話したにも関わらず，患者は不満足で，あなたがそれについて充分に説明しなかったと苦情を言う。多くの医療訴訟は，コミュニケーションの断絶から生じる。一般に，あなたが提供する情報は，患者の希望や期待には，そぐわない。患者は，あなたがその人の病状管理について長い説明をした後で，「では，先生はこの症状に対して，私に何の薬もくれないのですか？」と言う。「何もしてくれないのですか？」と言うのである。

　常識的な指針によれば，友好的な態度で，明快で簡潔な方法で情報を提供することが望ましい。情報提供と患者の順守に関する長期間の研究によれば，情報を提供するにあたって，幾つかの本質的な要素が明らかにされている。それは，患者に多くの情報を与えすぎないこと，簡単な情報を何回かに分けて提供すること，専門用語や技術用語は慎重に使用すること，患者が理解したかどうかを再度確認すること，などである。情報を提供する――技術を改善する訓練を殆ど，あるいは全く受けていないヘルスケアの専門家は，これらの指針を守っていても，事態はもっと複雑になってしまうことがすぐにわかる。

> 情報提供においては，行き違いが生じることもある。あなたが完全に明確な指示を告げたつもりでも，患者は処方薬をもらわなかったり，次の予約に来なかったりする。

簡単に言えば，患者は，あなたが言いたいことを聞く準備ができていないか，あるいは，その情報の重要性について同意できないかもしれないのである。彼らは，様々な文化，経歴，および言語集団の出身であり，あなたの提供する情報に対する関心や，それを吸収する能力には，様々な要素が影響している可能性がある。それらには以下のものが含まれる。

・**困惑**。あなたは情報を提供するが，患者はただ混乱し困惑しているように見える。これは情報処理の速度の問題だろうか？ それとも，患者の認知機能，あなたに対する彼らの態度，あなたの言葉，あるいは何か他のことが原因なのだろうか？

・**受動性**。患者を注意深く観察しなければ，何も問題はないように見える。しかし，よく見ると患者は椅子に深く腰をかけ，その眼は，あなたが日常業務を終えるのを待って，どんよりと曇っている。あなたは，患者に大量の情報を伝えなくてはならない場合がある。たとえば，患者に医学上の法的な，またはその他の適切な理由から情報を与えることが義務づけられている時などである。「理解を求める」過程では，あなた自身も気持ちが入らず，不安・焦り・退屈を感じるかもしれない。そのような時は，患者が「スイッチを切った」兆候を見逃し，途中のどこかで患者を置き去りにしやすい。情報提供の最中に，患者が「ついてきていない」ことを発見することもあるだろう。

・**不安定な情動**。面接が滞りなく穏やかに進んでいる時，良く考えながら取り組む余裕がある時に情報を提供する。あなた自身，または患者の不安定な情動は，情報交換を難しくしてしまう。患者は怒っていたり，恐れていたり，あるいは大きな期待を抱いていたりする。あなたは，焦り，心配，疲労，あるいは苛立ちを感じるかもしれない。不安定な情動は，正しい理解を阻む。

・**抑うつ気分，集中力の低下**。抑うつ状態にある患者は，あなたの話

を明確に聞いたり理解したりできないだろう。また，最近の出来事や心配によって気持ちがそれたり，集中力が低下している人もいる（同じことがあなたにも起こりうる）。アルコール，年齢，薬，あるいは違法薬物の影響によって，患者の理解力や記銘力が損なわれているかもしれない。

1. 関係のなかで取り組む

望ましいコミュニケーションは，専門的知識の伝達ばかりでなく，対人関係の技術も必要とする。たとえ数分であっても，クライアントとの人間関係は情報提供の中核を成すものである。他の2つの技術：質問と傾聴も，患者との意思の疎通を図るのに必要である。患者の懸念，願望，および混乱は，面接のなかでいろいろな形で表現され，治療の進展に影響を及ぼす。診療において実際に行われることに対して，「情報提供」という表現は不適切である。より正確な表現は「情報交換」である。あなたは自分の理解を深め，患者の理解を向上させて，当面の懸案事項について同意に至るよう努力する。それは相互的な過程である。

> たとえ数分であっても，クライアントとの人間関係は情報提供の中核を成すものである。

情報交換を改善するための，実際的な指針を幾つか紹介しよう。

a) 速度を落とせば進歩が早まる

あなたが，急かされていると感じれば感じるほど，患者の提示する難問を理解して対応できる可能性は低くなる。一般的で，理解可能な傾向とは，「自動操縦装置」のスイッチを入れ，単に基本的な作業をこなし，

自分の義務と考える情報を，患者に提供することである。しかしながら，少し速度を緩め，お互いが内省的になる機会を作ると，その短い沈黙は患者に余裕を与え，情報を伝える最善の方法について適切な判断を下す時間が得られるので，極めて有用であることがわかるであろう。

> 診療において実際に行われることに対して，「情報提供」という表現は不適切である。より正確な表現は「情報交換」である。

　より良い判断は，時間を節約する。あなたの質問と，慎重に選択した情報を丁寧に真剣に伝えると，患者は注意を集中して聞く。私たちの1人（Rollnick）は，心配そうな配偶者とともにやってきた外来患者の面接に同席した。その席では産科医が10分程度診察した。その産科医は診察しながら私たちの質問に答え，懸命に対処した。彼が私たちのために費やした時間は，実際よりも長く感じられた。彼は，ゆっくりと時間をかけ，思慮深かった。ある同僚は，このような姿勢を，アヒルや白鳥が水面を穏やかに滑るように渡りながらも，水面下では一生懸命に足をばたつかせている様子に喩えた。その産科医の面接技術の中心を成すのは，優れた情報提供である。

　b）人間は情報の単なる容れ物ではない
　この原則は，慌しい日常業務のなかでは，容易に見過ごされてしまうので，当たり前のことではあるが，述べておく価値がある。情報が充分に「浸透する」ように「伝え」，「理解させ」ようとする善意の努力は，受動的な情報の受け手という不運な印象を患者に刻みつけてしまうことがある。患者の個人的な必要性に忠実に従って情報を提供しようとする，配慮の行き届いた熟練の技は，しばしば受け容れられないものであ

る。

c) 患者の広範な優先事項を考慮する

あなたの懸念は，必然的に専門知識の範囲内のものだが，患者の優先事項はもっとずっと幅広いものである。患者は，情報を取り入れて日常生活に適用しなければならない。あなたにとっては単なる情報に過ぎなくても，患者にとってはそれ以上のものであるかもしれない。あなたがこの現実を受け容れていることを，ありのままに伝えるだけで長期的結果に本質的な違いがもたらされる。あなたの提供する情報は，患者の生活や将来の展望に，どのように取り入れられるのだろうか？

d) 肯定的な情報の重要性

しばしばヘルスケアにおける情報は，良い知らせとあまり良くない知らせに分類できる。例えば，新しい診断を患者に伝える時，肯定的情報がいくらか含まれる苦渋の内容であったりする。その2つの間の均衡をとるには，どうすれば良いのだろうか？　臨床家によっては，肯定的な情報を提供することが「困難な事実を覆い隠し」，率直さを損なうのではないかと懸念する人もいる。しかしながら，真実の肯定的な情報が含まれていると，患者は困難な事実を受け容れられやすくなる。以下の例における違いを考えてみよう。

「喫煙を続けたら，呼吸をするのがさらに困難になるだけです」
と，
「喫煙を止めたら，呼吸が楽になったと感じられるでしょう」

e) 情報の量を考慮する

情報に対する欲求は人それぞれである。外科的処置をしなくてはならない場合には，患者によっては，行われることについて多くの詳細な情報を求めることがある。彼らは，期待すべきことについて厳密に知りた

いと望み，彼らの苦痛は多くの情報を得ることで軽減される。治療機関によっては，ビデオを用意して，一般的な医学的処置について見せたり，詳細を求める患者に貸し出したりしている。また，詳細はできる限り知りたくないという患者もおり，多くの情報を得ると怖くなる人もいる。そのため，情報の提供について患者の好みを尋ねることは理にかなっている。ある具体的な話題に関して，患者はすでにどれだけ知っているのだろうか？　彼らは何を，どのくらい詳細に知りたいのだろうか？　情報を差し控える，あるいは提供するかどうかについては，あなたが決めるべきではない。患者の願望を知るために努力することが大切である。

f) 配慮しながら情報を伝える

　情報はわかりやすい形で伝える。その情報が話し言葉によって伝えられるのであれば，その言葉が患者にとって理解可能であるように心がけなくてはならない。ヘルスケアの専門家がよく使う略語は避ける。できる限り専門用語を避け，避けられない時は，その意味を患者が知っているかどうかを確かめる。患者が「幼稚」だと思うような言葉は避ける。資料を用いる場合には，患者の教育レベル，視力，時間，および不安の状態に適したものを用意すべきである。

　言葉による指示が最善と思われる場合もある。またメディアと組み合わせると良いこともある。例えば，小冊子，ウェブサイト，および書籍が，最初の口頭指示を補う。患者のなかには，あなたの指示をテープに録音することが役立つと感じる人もいる。患者に最も適した媒体，あるいはメディアとの組み合わせについて，彼らに尋ねてみよう。

　情報の提供は，常に質問と傾聴の組み合わせによって行う。その情報は患者に受け止められているか？　彼らはあなたの話を聞いているだろうか？　彼らはあなたが伝えようとしていることを理解しているだろうか？　その情報提供の速度は，その患者にどの程度適しているか？「こ

こまでのところは大丈夫ですか？」などの簡単な質問は，最も良い面接の進め方を決めるのに役に立つ。

2. 注意深く指示する

通常の診療においては，情報を極めて効果的に交換するために指示形式が用いられる。熟練した情報提供は明確でわかりやすいだけでなく，それ以上のものでなければならない。慌しい診察室で観察できる数多くの望ましい臨床実践が，その事実を証明している。それは，あなたと患者双方の気持ちや必要性に配慮した，慎重な熟練の応答が含まれる。

> 熟練した情報提供は，明確でわかりやすいだけでなく，あなたと患者双方の気持ちや必要性に配慮した，慎重な熟練の応答が含まれる。

動機づけ面接法（MI）における情報提供

MIは，誘導（案内）形式に基づく。有能な案内人は，適切な情報を提供するが，それを特定の形で行う。本項では，MIにおける情報提供の方法に関する具体的な指針を紹介する。

1. 許可を求める

患者の許可を得て情報を提供することは，誘導（案内）形式を用いるにあたっての基本である。情報は，患者がそれを受け取る準備ができていない時や，受け取る気持ちがない時に，間違って受け取られたり，抵抗を引き出したりする可能性が高い。患者の自律性を尊重する原理（第2章）に従い，臨床家は許可が得られた場合にのみ，情報を提供し，助言する。そのような許可を得るには，3つの方法がある。

最初の，最も簡単な許可は，患者があなたに情報や助言を求める場合である。この場合には，患者があなたのために扉を開く。この状況下では，まだ少し慎重ではあるものの，まずは患者がすでに知っていること（情報），あるいは面接の進め方について患者が持っているかもしれない考え（助言）について尋ねる。一般に，患者が情報を求めてきた時には，それを提供してかまわない。

　第2の方法は，情報を提供する許可を求めることである。これは，部屋に入る前にドアをノックするのと似ている。情報や助言を提供する行動に突入する前に，そうしても良いかどうか患者に尋ねる。

「他の患者さんが実行したことについてお聞きになりたいですか？」

「この計画に関して私が持っている懸念についてお話ししてもよろしいですか？」

「血糖値の管理を続けるためにできることが，幾つかあります。それについて知りたいとお思いですか？　それとも，他にあらかじめ話し合っておくべきことがあるでしょうか？」

「提案をしてもよろしいですか？」

　このように許可を求めることには，幾つかの好ましい効果がある。まずそれは，ヘルスケアに対する患者自身の自律性と積極的な関与を直接尊重し，強化することになる。またそれは，抵抗を減少させる。情報や助言を提供する許可を求めると，多くの患者が進んで耳を傾ける。さらに，許可を求める過程で重要な情報が得られる。患者の心のなかに，差し迫ったことがある場合，あなたがそれを知る可能性も高くなる。

> このように許可を求めることには，幾つかの好ましい効果がある。まずそれは，ヘルスケアに対する患者自身の自律性と積極的な関与を直接尊重し，強化することになる。

大抵の状況では，上記のような最初の2つの方法で充分である。残っているのは，それほどよくあることではないが，あなたが情報や助言を与えなくてはならないために，許可を求めるが，患者の拒否を受け容れる用意がないという状況である。その場合にできることは，幾つかある。

- **明言**。良い選択肢の1つは，単に真実を告げるということである。「ここであなたにお話ししておくべきことがあります」
- **第1希望**。別の可能性としては，それを今すべきか，それともその前に話しておきたいことがあるかどうかを患者に尋ねることである。これは，遅かれ早かれ，情報を与え，助言することになるものの，それをいつ行うかを決める自由が患者に与えられている。
- **前置き**。望ましい別の方法は，患者の自律性を直接承認する言葉によって情報や助言の提供を始めることである。患者は，あなたが言うことを無視する自由があると知らされると，どういうわけかもっと話を聞きたがる。

「これが，あなたにとって納得のいくことかどうかわかりませんが……」

「これは，あなたに関係があるかもしれませんし，ないかもしれませんが……」

「この考えについてあなたのご意見をおうかがいしたいのですが……」

もちろん，これら3つの要素は組み合わせて用いることができる。

「私はあなたの計画に，少々気になる点があります。あなたが同意なさるかどうかわかりませんが，私は今言っておいたほうが良いように思うのです。今お話ししてもよろしいですか？　それとも，それより先に話したいことがありますか？」

以上3つの方法のうちのいずれかによって，患者の許可を求めることが，MIにおける情報提供の基礎的要素である。

2. 他の選択肢を提案する

　情報を提供する時には，できる限り複数の選択肢を提案する。これは，患者の自律性を支持することになる。たとえば，人々が自分自身で判断して学ぶのを援助することに全力を傾けているロッククライミングの指導者は，「左上を見ると，尖った石が見えますが，それは不安定かもしれません。1つの選択は，それに手を伸ばし，試してみることです。もう1つは，右に移動して，その出っ張りに手を伸ばすことです。あなたは，どちらが理にかなっていると思いますか？」と言うかもしれない。専門家の情報は，情報に基づいた選択をするために用いられる。私たちが誘導（案内）という形式で情報を提供するのは同様の意味を持つ。あなたは，その人がどうすべきか話すことを止め，そのかわりにその人のために有益な，適切に整えられた選択肢を提案する。

　「運動が再度心臓発作を引き起こすのではないかというのは一般的な恐れです。穏やかに行う場合に運動が有害であるという証拠は全くありません。問題は，何があなたに適しているかということです。私たちの患者さんのなかには，毎日少しずつ距離を長くして歩いている人もいます。家で運動機器を使う人もいますし，私たちの機器を使うためにここに来る人もいます。それはあなたの選択です。今あなたにとって納得のいくことは何でしょうか？　それとも，そういった選択をするのは，まだ少し早すぎますか？」

　これは，MIにおいて選択肢を提供する場合の，より広範な指針の例である。選択肢について話し合う時には，幾つかを同時に提案する。選択肢について1つずつ話し合うことには，明らかな落とし穴がある。あ

なたがある可能性について提示すると，患者は気に入らない点について告げる。そこで，あなたは別の選択肢を持ち出すが，患者はなぜそれが役に立たないかと説明する。突然，あなたは，再度説得の落とし穴にはまり込み，変わるように論じ，患者はそれに反論する。「カードを選んでください。どのカードでもかまいません（どれでもいいので選択してください）」は，「この可能性についてどう思いますか？」とは異なる心構えを導く。

> 選択肢について話し合う時には，幾つかの選択肢を同時に提案しよう。

3. 他の人の経験について話す

情報を提供する時，特に行動に影響を与えることが目的である場合には，患者にどうすべきか指示することを避け，その情報が他の患者にもたらした効果について説明するほうが良い。これは正したい反応を抑える例である。すると患者は，自分に効果がありそうなことをチェインジトークの形で話す自由を手に入れる。するとあなたは自然に中立的な立場に立つことができる。言い換えれば，あなたが提案し，患者が解釈するのである。例えば，次の2つには違いがある。

「明らかに，脂肪分の多い食べ物の摂取を減らす必要がありますが，喫煙を止めることも同じくらい重要です」

と，

「あなたのような状況にある患者さんのなかには，脂肪分の多い食べ物の摂取を減らす人もいますが，喫煙の問題に取り組む人もいます。あなたには，どれが理にかなっていると思えるでしょうか……」

情報を与える時，特に行動に影響を与えることが目的である場合には，患者にどうすべきかを指示することを避け，その情報が他の患者にもたらした効果について説明することにより，正したい反応を避けることができる。するとあなたは，自然に中立的な立場に立つことができる。言い換えれば，あなたが提案し，患者が解釈するのである。

4. 情報提供の2つの戦略
a)「投げかける[注]―確かめる―投げかける」

学生にヘルスケアを教えるにあたって，患者に情報を提供する時には一般的に「投げかける―確かめる―投げかける」という姿勢をとるよう推奨する。あなたは，まとまった情報を提供し，患者が理解したかどうかを確認し，また別の情報を提供する。その価値は，次の情報に移行する前に，患者が理解したかどうかを調べて確かめる点にある。これは，指示形式において最も多く用いられ，「調べて確認する」段階は，単に患者が，その情報を理解したかどうかを確かめるためだけに用いられる。多くの状況においては，それが適切である。行動を変えることや誘導（案内）形式の使用において，「調べて確認する」段階は「わかりましたか？」と尋ねること以上のものを必要とする。むしろそれは，患者の見方を知るために立ち止まることを意味する。患者はその情報についてどう思っているのか？　患者は，理解できなかったであろうか？　あるいは，もっと質問したい部分があるだろうか？

[注]　この場合ひとかたまりの「情報」を提供すること。内容は診断，説明，治療法，予防など多岐にわたる。

> 「投げかける―確かめる―投げかける」は，指示形式において最も多く用いられ，多くの状況においてはそれが適切である。しかし行動を変えることについて話すために誘導（案内）形式を用いる場合にも「投げかける―確かめる―投げかける」方法を使用することができる。

臨床家：あなたの足にはいくらか神経損傷が見られるようです。足を保護するためにしたほうが良いことが幾つかあります。私は裸足で歩き回らずに，家のなかでもスリッパを履くことをお勧めします。お湯には注意してください。パッドの入った靴下を履いて，1日1度は傷，水泡や他の損傷がないか見るために足を調べてください。必要であれば足の裏を見るのに鏡を使ってください。（**投げかける**）私からかなり多く提案をしましたが，これらのことはあなたにとって納得のいくことでしょうか？（**確かめる**）

患者：はい，そう思います。

臨床家：このことについて，何か私に質問なさりたいことがありますか？（さらに**確かめている**）

患者：お湯に気をつけるようにとおっしゃいましたが。温かい風呂には入るべきではないということですか？ お湯は私の足に悪いのでしょうか？

臨床家：質問していただいてありがとうございます。いいえ，お湯が悪いというわけではありません。風呂の温度を確かめるのに足を使うのが危険なのです。それが問題なのです。お湯が熱すぎるのに気づかずに足を入れて，重度の火傷を負った糖尿病の患者さんがいます。足の神経が損傷して，無感覚になるので，熱いと気がつかないで火傷してしまうのです。（**投げかける**）ご理解いただけますか？（**確かめる**）

患者：はい，そうですか。気づかずに足を火傷しないようにということで

すね。わかりました。気をつけます。手か何かを使うことにしようと思います。
臨床家：それはいいですね。さて，足に切り傷，水泡，またはその他の傷を見つけたり，あるいは足に関して他に心配があれば，すぐに私のところに来てください。（**投げかける**）そうしていただけますか？（**確かめる**）
患者：はい。足のことで問題が起きるのは嫌ですから。毎日チェックして，何かあればおうかがいします。
臨床家：そうですね。わかりました。パッドの入った靴下については大丈夫ですか？（**確かめる**）

　「投げかける」と「確かめる」の間に患者の返答を求める，このリズムが望ましい理由は幾つかある。まずそれは，たとえあなたが情報提供をしている時でも，患者を自分自身のケアに積極的に取り組むよう促し続ける。それは忍耐と敬意を伝え，見逃してしまうかもしれない誤解を感知し，誤解を解くのに役立つ。ヘルスケアにおける情報提供の過程は，臨床家から患者へと，主に一方向であることが多い。患者は，受動的な受け手として扱われるので，誤解が見落とされ，変わろうとする動機の探求や表現が抑制されてしまいやすい。少なくとも「調べて確かめる」によって，患者の理解と認識を真摯に調べるならば，「投げかける―確かめる―投げかける」過程は，情報提供の講義ではなく，話し合いに変えることができる。

b)「引き出す―提供する―引き出す」
　この段階は，MIの原理にさらに一致した，情報交換のためのもう1つの別な指針を提供する。それは患者が必要とすること，知りたいこと，および患者にとって新たな情報が意味することを，彼らから引き出すことに重要な価値を置いている。これも，患者自身のヘルスケアにお

いて彼らの積極的な関与を重要視し，行動を変える動機を強化しようとするものである。「引き出す―提供する―引き出す」（Elicit － Provide － Elicit：EPE）は，この順序で1回だけ行うことではなく，情報交換を通した誘導（案内）の循環的過程を意味する。EPEは情報提供を中心に展開しながらも，質問（開かれた質問が多い）と傾聴をも必要とする。

　EPEにおける情報のやり取りは，情報提供に焦点を当てるための開かれた質問で始まる。私たちは，患者から情報を引き出すために通常2種類の質問形式を推奨する。最初の質問は，「＿＿＿についてあなたが最も知りたいのは何ですか？」と尋ねることである。これは，患者自身の観点から見て最も重要と思えることを話すように促す。「＿＿＿について，すでにご存知のことは何ですか？」。この後者の形には幾つかの利点がある。それは患者がすでに知っていることをあなたが解説するという無駄を省き，あなたの時間を節約するであろう。また，あなたが見過ごしてしまうかもしれない患者の誤解を，正すことも可能にする。さらに，自分の知識について述べることは，少なくとも健康に関わる行動を変える必要性や，そうしない場合の結果について患者自身が言わず語らずのうちに述べることになるために，チェインジトークとして分類できる話を聞くことができる。

　EPEサイクルの第2の部分（提供する）では，情報を患者にとって利用しやすいひとかたまりの情報として提供することが求められる。患者が知りたいことについて返答したなら，あなたはすでに情報を与える許可を得たことになる。第2の開かれた質問（患者がすでに知っていることについての質問）は，情報提供の要望につながることが多い。それがはっきりしない場合には単純に許可を求める。「……について少しお話ししましょうか？」。最初は，その情報が患者にとってどんな意味を持つかというあなたの解釈よりも，情報そのものに焦点を当てる。このような情報を提供する段階の一部として，他の患者の経験について話す

こともある。

> 最初は，その情報が患者にとってどんな意味を持つかというあなたの解釈よりも，情報そのものに焦点を当てる。このような情報を提供する段階の一部として，他の患者の経験について話すこともある。

　EPEの第3の部分でも，あなたが第2の部分（provide）で提供したひとかたまりの情報に対する，患者の反応を引き出すための，開かれた質問をする。可能性としては次のようなものがある。
「それをどのように理解していますか？」
「これはあなたにとって，どのような意味を持ちますか？」
「もっと知りたいのはどういう点ですか？」

　指示形式を用いることと，「引き出す―提供する―引き出す」枠組みを使うことの違いは，あなたの姿勢にある。「投げかける―確かめる―投げかける」においては，あなたがた専門家には，ある一定量の情報を患者に提供したいという思いがある。殆どの場合「確かめる」質問では，患者があなたの言ったことを理解しているかどうかを，確かめる。あなたが情報を提供し，患者の仕事はそれを理解することである。
　一方，EPEは，健康に関わる行動を変える話題を扱う場合に適切な，より協働的な心構えを必要とする。あなたの心にあるのは，情報をいかにして伝えるかということよりも，患者がそれを理解し，行動の変化についての良い決断をして，行動の変化をなし遂げるのを，どのように援助するのか，である。そのためには，患者自身の懸念，現在の知識の基盤，およびさらに知りたいという関心について調べることが必要である。この均衡をとるために，次のことを覚えておこう。あなたは，今ま

で同じような状況にある他の患者にとって適切であった専門知識を大量に持ってはいるが，その一方で，患者自身にとって最も効果的なことに関しては，彼らのほうが「専門家」である。これを覚えておくことは，極めて有用である。あなたは情報の不足を補って，患者がどのように理解するかを見守るのである。

> あなたは，今まで同じような状況にある他の患者にとって適切であった専門知識を大量に持ってはいるが，その一方で，患者自身にとって最も効果的なことに関しては，彼らのほうが「専門家」である。

　MIの最初の適用の1つは，まさにこのEPEの枠組みを用いたものであった。私たちは「アルコールが自分にとって有害なのではないかと考えている飲酒者のための無料検診」を受けられるという広告を出した。その広告は，治療プログラムではないことと，個人的な健康に関して提供される情報をどう扱うかという決定が自由にできることを明確にしていた。驚くほどの多くの人々がこの「飲酒者検診」に応募してきた。その検診には，大量飲酒によって早期に影響を受けやすい生理学的，および心理学的な機能に関する様々な測定法が含まれていた。その後，臨床家は，検診の結果を提示するために一度だけ患者に会い，患者の点数を正常域内のものと比較した。助言を与えたり，患者がすべきことを断定する代わりに，臨床家は，その結果についての患者自身の解釈と判断を求め，尋ねられれば，さらに情報を与えた。事実上，応募した人々全員が大量飲酒者であり，すでに有害な影響を経験していた。無作為化試験では，飲酒者検診を受けた患者は，待機群に振り分けられた人々に比べて，追加的介入をせずに飲酒が有意に減少していた。臨床家によるフィードバックの提示の仕方も重要であった。共感的なEPE形式にお

いては，より指示的，対決的な形式に比べて，患者が述べたチェインジトークの量が2倍であり，抵抗は半分であった。現実に，臨床家が対決技法を用いるほどに，経過観察時のクライアントの飲酒量は増えていたのである。

> あなたが情報を提供し，患者が解釈し判断する。

役に立つ指針の1つには，「教えられる瞬間」と「学習的機会」の違いを考えてみることがある。前者が，情報を提供するために無理にでも差し込もうという意図によって行われるのに対して，後者は，EPEの枠組みに含まれる様々な特徴的性質を持っている。

5. 「正したい」反応に気をつける

ここでも，情報を提供する時には「正したい」反応を抑えるのが賢明である。臨床家のなかには，患者がひどく恐れていればそれだけ変わる可能性が高く，提供された情報に注目する可能性がより大きいと信じる人もいる。しかしながら，恐れは複雑な動機であり，脅しの戦略は裏目に出ることがある。恐れに対する一般的な反応とは，防衛的になり，情報を遮断することである。それは，健康に関する悪い知らせを聞いても，最初の機会に飛びついて，ただちに飲酒したりタバコに火をつけたりする人を見れば，わかるだろう。私たちが面接したある患者は，「診察のたびに，医師は喫煙が良くないことだと言うのです。まるでそれが新しい驚異的な秘密であるかのようにです。でも，健康被害の警告ならタバコに火をつけるたびに見ていますよ」。人を充分に後悔させれば（怖がらせれば，恥ずかしがらせれば，恥をかかせれば）変わるという信念を証明する事実は実際には少ない。逆に，行動の変化を引き起こす際に

最も有効なのは，支持的で，思いやりのある，共感的な臨床家なのである。

「正したい」反応のもう１つの落とし穴は，機が熟す前に焦点を当てることである。あなたの観点，ないし解決策を押しつけると，患者はやる気を失くしてしまうかもしれない。「あなたの逆流性食道炎を，実際に治療するにはプロトンポンプ阻害薬を服用しなければなりません」。臨床家の観点からは，大した問題ではないかもしれないことでも，患者にとっては一大事であり，またその逆も同様である。多くの状況において最善の解決策は，患者から生じるものであり，問題を解決しようと先を急ぐ臨床家から生じるものではない。「実を言うと，薬を飲むのは嫌いなのです。すでに体重が落ち始めていますし，私の逆流性食道炎はすでに随分改善しています。もう結構です！」。

> 人を充分に後悔させれば（怖がらせれば，恥ずかしがらせれば，恥をかかせれば）変わるという信念を証明する事実は実際には少ない。逆に，行動の変化を引き起こす際に最も有効なのは，支持的で，思いやりのある，共感的な臨床家なのである。

臨床実践の例

　ここで日常的な臨床実践の例を幾つか紹介しよう。行動を変えることを話題にする場合，「投げかける―確かめる―投げかける」枠組みを指示形式で用いると，いかに易々と「正したい反応」に引きずりこまれるかを明らかにし，次に EPE を用いる面接がいかに効果的であるかを対照的に示す。

1. アドヒアランスの促進

　薬物療法のアドヒアランスに関する研究は，服薬についての明確なコミュニケーションの重要性と患者の心配事に対する考慮の必要性を指摘している。これは，時間が限られている時には特に困難であり，文化的価値観，社会的条件，個人的習慣，記憶など，アドヒアランスに影響する診療以外の部分の効力に関しては，殆ど何もできないことがわかる。EPE の枠組みは，そのような困難な問題を理解し，建設的に対処する，あなたの能力を高めるために用いられる。これは誘導（案内）形式とEPE の適用がそのような問題に対処する患者自身の動機を引き出すのでアドヒアランスが向上するという仮説に基づいている。

　以下の例は，指示形式で用いられる「投げかける─確かめる─投げかける」枠組みと，誘導（案内）形式で用いられる EPE 戦略の対照性を明らかにしている。

a）「投げかける─確かめる─投げかける」
臨床家：看護士，カウンセラー，医師，薬剤師，患者の権利擁護者
設定：HIV/AIDS の治療

臨床家：薬を正しく飲むことはあなたの健康のために極めて大切です。（**投げかける**）薬をきちんと飲んでいますか？（**確かめる**；閉ざされた質問）

患者：はい，全てを正しい時間に飲むのは大変ですが。少しだけ気分が良くなってきているので，嬉しいです。

臨床家：薬を毎日，きちんと決まった時間に飲む必要があることはおわかりですよね。気分良く感じても，薬を減らして服用してはいけません。（**投げかける**）薬はどの程度の頻度で飲んでいるのですか？（**確かめる**；閉ざされた質問）

患者：ええ，でも苦労しています。もし母が私が薬を飲んでいるのを見たら，何が起きているのか見当をつけて，大騒ぎするでしょう。私には耐え

られません。母は私の病気を知らないのです。

臨床家：洗面所に行って飲むこともできるかもしれませんね。(**投げかける**)

患者：ええ，でも赤ん坊もいますし，とても忙しくて何もかも正しい時間にするのは難しいのです。

臨床家：薬を飲むのを忘れることはどのくらいありますか？（**確かめる：閉ざされた質問**）

コメント：心配する臨床家の善意の努力にも関わらず，正したい反応には限界がある。あなたが心配すればするほど，この落とし穴に陥りやすくなるものである。形式を変えれば，「投げかける―確かめる―投げかける」法は，この種類の面接に構造的に適用できる。次の例では，EPE戦略の用い方を紹介する。

b)「引き出す―提供する―引き出す」
臨床家と設定：同上

臨床家：あなたは服用している薬についてどのように感じていますか？（**引き出す：開かれた質問**）

患者：先生がおっしゃったように飲んでいますが。

臨床家：あなたのようなご事情の人たちは，たいていの場合薬を規則正しい時間に飲むのが大変だと感じています。(**提供する：他者がしていること**)あなたにとって薬を服用する最善の方法は？　どのように服用していますか？（**引き出す：開かれた質問**）

患者：先生がおっしゃったように試していますが，母がいつもそばにいるので，簡単なことではありません。母は私の病気を知らないのです。

臨床家：この病気を秘密にしたままで，薬を正しい時間に飲むのはあなたにとって大変なことでしょう。(**傾聴**)

患者：そうです。今は母には言えません。薬を飲み忘れることは大変な問題ですか？

臨床家：実のところ，それは問題です。薬が有効であるためには，忠実に飲み続けていなければなりません。そして時間通りに飲むことが重要なのです。（患者が許可を与える質問をした後で**提供している**）ご理解していただけますか？（**引き出す**：開かれた質問）

患者：では，具合が良くなったとしても，薬をきちんと飲まなくてはいけないのですか？

臨床家：そのとおりです。たとえ具合が良くなり始めても，処方通りきちんと薬を飲むことがとても大切なのです。（**提供**）そうするためにはどのような方法が一番良いでしょうか？（**引き出す**：開かれた質問）

患者：いつも私のことを見ているのが母です。母に私がHIVであることを告げたら，大騒ぎになるでしょう。母は私を追い出すかもしれません。または赤ん坊を取りあげようとするかもしれません。

臨床家：あなたはこの病気について彼女に話す準備がまだできていないと感じているのですね。（**傾聴**：抵抗を振り返る）

患者：はい。今はできていません。もしかしたら後で変わるかもしれませんが，それほど強くなれないんです。

臨床家：それでは，必要に応じて薬を飲むようにするにはどのようにしたら良いでしょうか？（**チェインジトークを引き出す**）

患者：薬を飲む時間になったら寝室に行って，ドアを閉めるということもできます。（**チェインジトーク**）

臨床家：そういうこともできそうですね。他の人たちがどのようにしているかお話ししましょうか？（**提供する許可を求めている**：他者がしていることについて話す）

コメント：第2の例は，実際1分間ほど長くかかっている。しかしながら，必ずしもこの面接に時間をかける必要はない。殆どの患者は，あ

なたが忙しいことを理解している。数分間引き出して，提供した後，通常は彼らが言ったことを要約して，他の話題，ないし問題に移行できる。この患者の場合であれば，HIVについて母親に打ち明けるという困難な問題を，話題にしなくてはならないかもしれない。

2. 検査結果を分かち合う

　検査結果を患者に伝える場合にもEPEの枠組みが用いられる。急性疾患の治療でも慢性期の症状管理でも，そのどちらにおいても検査結果について話し合う機会はある。そのような機会は，しばしば服薬，アドヒアランス，健康に関わる行動の変化に関連している。第2章では，糖尿病クリニックに通う14歳の少年ステファンについて述べた。彼は，そこで血液検査の結果を聞く。それを説明する臨床家は，真の気遣いから，その情報が彼の今後の福祉と健康に影響しうることを強く感じている。指示形式において用いられる「投げかける─確かめる─投げかける」枠組みでは，臨床家にとって関心のあることのみに注意が制限されることが多い。患者は通常それを感知し，それに応じた反応をする。対照的な枠組みを用いたステファンの経験を以下に示す。

a)「投げかける─確かめる─投げかける」
臨床家：医師，または看護師
設定：糖尿病の治療
課題：臨床家は，検査結果が健康に重大な影響を及ぼすと強く感じている。

臨床家：（準備としての友好的な日常会話の後）さて，ステファン，もしよければ，検査室から来たばかりの血液検査の結果に移りたいと思います。これは以前にも行っていますが，あなたの状態を知るためには，検査結果に注意していることが大切です。（**投げかける**）よろしいで

すか？（確かめる）

患者：はい，大丈夫です。

臨床家：今日は，11.5ですので，この前の時より上がっています。たしか，あれは3カ月前で，9.2でした。かなり大きく上昇しています。(**投げかける**）わかりますか？（**確かめる**）

患者：はい。

臨床家：さて，この検査結果についてできることを話し合う必要があります。あなたに数年後色々な合併症を抱えて病院に戻ってきて欲しくはありません。あなたに会いたくないという意味ではありませんよ（笑）。でもおわかりですよね。この結果はあなたの糖尿病がきちんと管理されていないことを示しています。(**投げかける**）私の言っていることがわかりますか？（**確かめる**）

患者：ええ，努力してはいるのです。先生が言ったように注射もしていますし。

臨床家：最も重要なのは，自分の血糖値を監視し，私たちが合意したように1日4回インスリンの注射をしっかりやることです。前回は，今後あなたの目や他の臓器に問題が出てくるのを避けるのに一番良いということで，厳格な管理をしていくことに合意しました。(**投げかける**）

患者：はい，そうです。最善を尽くしています。

臨床家：少し問題が出てきています。この検査結果は前回にお会いした時に比べて上昇を示しています。(**投げかける**）これが何を意味しているかわかりますか？（**確かめる**）

患者：ええ，そうなってしまうこともあると思いますが，僕としては努力しています。

コメント：この例においては，明らかに心配している臨床家は，時間の差し迫っているなかで，はじめの数分間を傾聴と意志の疎通性を図ることに費やし〔追従（見守り）形式〕，情報を即座に導入する姿勢をとっ

ている。しかしながら，正したい反応が優勢となり，患者はこの面接で学校長の部屋を訪れる時のような気持ちになって，すぐに情報を遮断した。「投げかける―確かめる―投げかける」法の使用は，「確かめる」の段階でさらに傾聴するよう心がけると，より大きな効果が得られる。このように，EPE のほうが実りあることが多い。

b）「引き出す―提供する―引き出す」
臨床家と設定：同上

臨床家：〔患者が日常生活について報告し，追従（見守り）形式を用いてうけた後〕血液検査の結果についてお話ししたいのですが，まずあなたの生活と糖尿病についてお話ししましょう。学校や家でどのようにお過ごしですか？（簡単に検討課題を設定する）

患者：まあまあです。何とかやっていますが，学校では決まり悪い思いをしています。サッカーのコーチに何かを食べてきていいかと聞かなければならない時などです。

臨床家：あなたはサッカーがお好きなんですよね。それは決まり悪いですね。（**傾聴**）

患者：まあ大丈夫です。大抵の友人は理解していますが，コーチは大げさなんですよ。

臨床家：彼はあなたを普通でないと感じさせ，人目につかせるのですね。
（**傾聴**）

患者：はい。ですから，何もしないでおくようにしています。

臨床家：そしてそれは常に楽なことではないわけですね。（**傾聴**）

患者：殆どの場合はいいのですが，時々は休憩しなくてはならないこともあります。すると彼は大げさに騒ぎ立てて僕にバツの悪い思いをさせるのです。

臨床家：私がその先生に話をしたら役に立つと思いますか？　それとも，

あなた自身で話したいですか？

患者：はい，自分で話します。

臨床家：それでは，血液検査の結果についてですが，何について聞きたいですか？（**引き出す**）

患者：それほど知りたいことはありません。今日の値が高くなることはわかっていましたから。

臨床家：この検査結果については少し心配だったのですね。（**傾聴**）

患者：はい。（神経質に笑う）

臨床家：前回が9.2でしたが，今回はどのくらいだと思いますか？

患者：10ですか？

臨床家：もう少し高いです！

患者：そんなに悪いのですか？

臨床家：11.5です。通常よりもかなり高いですね。若い人たちのなかには厳密に血糖を管理しようとするのであれば，管理しやすい小さな事柄を幾つか積み上げていくのが役に立つと考える人もいるのですが，あなたはかなりきちんと管理していましたよね。（**提供**）

患者：ええ，まあ。

臨床家：あなたはこの検査結果について，あまり驚いていませんが，どんなふうに理解しているのですか？

患者：きちんとした食事をしていませんでしたし，血糖値もあまり頻繁にはチェックしていませんでした。血糖値の検査は大嫌いです。学校のトイレでチェックするのはとても嫌です。

臨床家：あなたは糖尿病と勇敢に戦っておられますが，普通であるように感じたいのですね。（**傾聴**）

患者：はい，それは僕にとっては難しくて。あまりうまくできないんです。ちゃんと正しく食事もできませんし。

臨床家：あなたは自分自身のケアを怠ってきたことに気づいているのですね。（**傾聴**）私はどのようにお手伝いしたらよいでしょうか？（**引き**

出す）

患者：……をどう思いますか？

コメント：患者の懸念に注目した臨床家は，患者が仲間の間で目立ってしまうことなく管理できる方法を，見つけるように導く機会を得る。簡単な解決策というのはないかもしれないが，この少年に提供される援助は，少なくとも彼の要求に応じたものである。情報提供は，その過程の中心部分である。

3. 私にとってその情報はどのような意味があるのか？

患者は，情報自体は充分に提供されていると感じるものの，個人的な影響については，はっきりわかっていないことがある。そこで，その情報についての彼ら自身の考えを引き出す，あなたの能力が重要になる。これはたった1～2分で行うことができる。従うべき指針は，あなたが，情報を提供し，患者がそれを解釈し判断するよう勧めることである。

臨床家：医師，または看護師
設定：プライマリケア，コレステロール値検査の結果
課題：臨床家の考えている単純な解決策は，患者にとってはより困難なもののようである。短い診察のなかで行動を変える決断を引き出すにはどうしたら良いか？

臨床家：ブレイザーさん，コレステロール値の検査結果が返ってきました。まだ少し高いようです。悪いことばかり話したくないので，高いコレステロール値についてあなたがすでに知っていらっしゃることや，お尋ねになりたいことについてうかがいたいのですが。今それについてお話ししてもよろしいでしょうか？（引き出す）あるいは，今日は資料を差し上げることにして，次の時に奥様も一緒に話し合うことにし

たほうがよろしいでしょうか？

患者：いいえ，今話してかまいません。実のところ，コレステロールについてはかなり知っているのです。私の兄が検査をした時に，コレステロール値が少し高く，一緒にインターネットで調べましたので。

臨床家：あなたはコレステロール値が高いことに伴う問題について理解しておられるのですね。この検査結果は，あなたにとってはどのような意味があると思われますか？

患者：それについて何をするのが最善かはよくわかりません。

臨床家：この検査値のことでよくわからないのはどの部分ですか？（引き出す）

患者：そうですね，値が高いというのはわかりますが，喫煙を止めたり，食事を変えたりせずに，コレステロール値を低くするにはどうしたらよいのでしょうか？ それとも，私は何か間違って理解していますか？

臨床家：いいえ，あなたの言うことは間違っていません。そのような変化は大きな違いをもたらす可能性があります。（提供）

患者：でも喫煙を止めることによる食事への影響が心配なのですが。

臨床家：では，あなたは喫煙を止めることで体重が増えれば，身体に良くないと心配しているのですね。（傾聴）

患者：はい，そうです。私の体重は，去年禁煙した時に急増しました。少し体重が増えることになっても喫煙を止めるほうが良いのでしょうか，それとも今は食事に焦点を当てて，喫煙については後で対処するほうが良いのでしょうか？

臨床家：平均すると，殆どの人が脳血管障害や心臓発作を起こす最大の危険因子は，喫煙です。特にコレステロール値が高い場合はそうです。コレステロール値の高い喫煙者は，たとえ正しい食事をしていても，心臓病や脳血管障害を起こす危険がずっと高くなるのです。（提供）このことはご理解いただけますか？（引き出す）

患者：食事は重要であるけれど，全体的には喫煙が食事よりも悪いことは

何となくわかっていたと思います。たとえ体重が増えても，喫煙を止めれば，全般的には良くなるのでしょう。正直言って，自分の喫煙について心配するようになってだいぶ経ちます。父は心臓発作で亡くなったのです。彼は確かに年をとっていましたが，今度は兄のコレステロール値が高かったり，今度は私が……。

臨床家：あなたと似たような他の患者さんがどのようにして喫煙を止めたかお話ししましょうか？ それが役に立つかもしれません。興味はありますか？

患者：はい，あります。

コメント：引き出すことと提供することを交互に行って，臨床家は患者の懸念に配慮しながら，行動を変える方向へと話し合いを移行している。

4. 60秒間の希望のメッセージ[注]

毎日の臨床業務では，しばしば多くのことについて患者と話し合わなくてはならないが，だからといって行動を変えることについて全く話し合わずに済ませるわけにはいかない。第1章でMIの4つの中核原理について述べたが，そのうち最後の原理は，変化に対する楽観的な態度と希望を援助するものである。たとえ患者に変化する準備ができていなくても，違いをもたらすためにできることについての話し合いは役に立つ。それは希望の種を播くことになるからである。

臨床家：医師，または看護師
設定：プライマリケア
課題：うつ病と生活習慣の変更。ある男性は，1人暮らしで，仕事に就

[注] 本節を執筆するにあたり，ご助力いただいたGary Rose博士とChris Dunn博士に感謝いたします。

いており，落ち込んだ気分が理由でプライマリケアを訪れる。彼は，薬物療法に同意し，経過観察の予約に再びやってくる。彼の状況について話し合うが，彼は肥満でもあるため，誘導（案内）形式を用いて生活習慣を変えることに関する助言を 60 秒で提供する。

臨床家：あなたはエネルギーがなくなってしまったように感じているとおっしゃいましたが，あなたの食事と運動について簡単におうかがいしてもよろしいでしょうか。(**引き出す**)

患者：いいですよ。

臨床家：2つのうちどちらかを少し変えると，ちょっとした新しい習慣があなたの気分を良くするのに役に立ちますよ。あなたの減量にもなりますし。(**提供**) そのことについては私も心配しています。体重の問題は全てに関連しているのです。ご理解いただけますか？

患者：はい，わかります。

臨床家：これは現実にはあなたの選択です。このお話があなたの気に障らないとよろしいのですが。あなたは実際にはどう感じていらっしゃるのでしょうか。(**引き出す**)

患者：先生のおっしゃることはわかりますが，本当のところ，時間通りに起床して，1日をやりすごすだけで精一杯なのです。

臨床家：1日を切り抜けるには，たくさんのエネルギーが必要ですよね。あなたは，自分に多くの選択肢があるとは感じられないのですね。(**傾聴**)

患者：ええ，いろいろなことをするのが大変で……自分自身が変わるとは思えないのですが……。

臨床家：あなたはもっと元気でいたいのに，実際にはそれだけのエネルギーがないのですね。(**傾聴**)

患者：まさにそのとおりです。

臨床家：気分を良くしたり，エネルギーを感じるためにあなたにもできる

ことが幾つかあると思いますが，試してみるのに適した時期はその時がくればわかると思います。あなたは次回の面接を予約なさいましたが，今のところ，あなたは食事と運動をどのように変えたらよいか決心なさっておられませんね。でも，変化を始めていないからといって，後ろめたい気持ちになる必要はありません。時間はありますし，おそらくは，あなたにとって納得できる小さな変化であれば，考えることができるでしょう。次回は，それについてもっとお話しできますし，この困難な時期をあなたが乗り越えるお手伝いをするために，私もできるだけのことをしましょう。

患者：どうもありがとうございます。

コメント：もう数分間かければ，食事と運動を改善しようとする患者自身の動機をいくらか喚起し，さらに探求することもできるが，種を播くだけでも有益である。

すぐそこにある解決策

　現代のヘルスケアでは，多くの場合患者に情報を提供することが中心となっているが，その情報は行動の変化を喚起できない形で伝えられることが多い。より効果的に患者に情報を伝えるための，新たなメディアによる補助や技術が開発されている。一方，解決策は手近なところにあるかもしれない。つまり優れた情報提供の枠組みを用いて，患者自身の観点について質問し傾聴することによって，行動の変化をもたらすことができる。あなたは適切な時に，指示から誘導（案内）に面接の形式を変えることができる。そのためには患者の行動の変化，その理由や方法への彼らの理解（および言語化）をもたらさなくてはならないという責任感から，自由になる必要がある。「このように変わらなくてはならない」という行動処方は，実際には意味がない。患者には言われたことを

する必要などないからである。彼らは選択をするのである。それでも，あなたの専門知識から情報を与えることは，MIの重要部分である。あなたは，患者が「この情報は私にとってどのような意味を持つのだろうか？　私はどのような変化を起こすべきであり，また起こすことができるのだろうか？」と自分自身に問うように誘導（案内）する。この観点からは，情報の提供は有力な手段であると考えられる。話し合いにおいて患者は積極的であればあるほど良い。

結　論

　本章では，MIの優れた実践の核心部付近にある，情報の用い方についての論拠を説明してきた。EPE（「引き出す―提供する―引き出す」）の枠組みは，行動を変えるという決断において，患者が積極的な参加者であるように話し合いを実行する方法として，提示されてきた。第Ⅲ部では，MIにこれらの技術を取り入れることについて述べ（第7～9章），この方法が患者に対するより広範囲の援助に，どのように適合するかに注目して締めくくる（第10章）。

第Ⅲ部

全ての技法を併せて使う

第7章
技術の統合

　これまで，普段の診察であなたが一般に用いるコミュニケーション技術——質問，傾聴，情報提供——が，行動を変えるように患者を導くうえで，どのように適用されるかを考察してきた。また，多くの状況においては適切な，正したい反応や指示形式も，患者に行動を変えることを考慮してもらいたい時には，裏目に出る可能性があることについても考察した。誘導（案内）形式に切り換えると，あなたは健康に関わる行動の変化に対する患者自身の動機を探究することができ，それを言葉にしてあなたに伝えるよう，患者を励ますことができる。誘導（案内）形式は長時間を要するものではなく，単に行動の変化を奨励するという困難な課題を扱う時には，しばしばもっと有効な，もう1つのコミュニケーション法である。

　動機づけ面接法（MI）という，誘導（案内）形式の特殊な使用法において，あなたは検討課題を設定し，その後に禁煙など，変化を起こすための具体的な事柄，すなわち，患者自身の願望，能力，理由，および必要（DARN）について尋ねる（第4章）。患者に，なぜ喫煙を止めないのかと尋ねる代わりに，彼らがなぜ喫煙したいのか，どのように喫煙したいのか，その理由は何か，および喫煙が彼らにとってどれほど重要なのかということに，関心を向ける。

> MIでは，患者自身の願望，能力，理由，および必要（DARN）について尋ねる。患者になぜ喫煙を止めないのかと尋ねる代わりに，彼らがなぜ喫煙したいのか，どのように喫煙したいのか，その理由は何か，および喫煙が彼らにとってどれほど重要なのかを尋ねる。

そのような各質問の後には傾聴が続く。それは，その人が言ったことをいくらか異なる言葉で振り返ったり，聴いた事柄の表面下にあるものを予想することである（「文章を続ける」；第5章参照）。あなたは，特に「花」，すなわち患者自身のDARNの発言を聞こうと耳を澄ます。あなたは，それを聞くたびにそれらを記憶のなかにとどめ，「花束」の要約でその人に差し出して返す（第5章）。情報提供も行われるが，おそらく通常の面接ほどではない。誘導（案内）形式における情報の提供とは，許可を得て，患者が自分にとっての情報の意味を表現するように，援助しながら行われるのである（第6章）。

創造的な組み合わせ

1つのコミュニケーション技術のみを用いる人はいない。面接は，質問，傾聴，そして情報提供の間の柔軟な交代を必要とする。3つの中核的な技術の，次のような組み合わせを考えてみよう。ここでの目的は，これらの組み合わせを，面接を構成する際の指針として提案することではなく，単に様々な技術の使用法のパターンを理解するよう勧めることである。

1. 情報提供と質問

臨床家：看護師，医師，カウンセラー

設定：外傷治療センター
課題：若い女性患者が，自動車事故におけるアルコールの影響を考慮するよう働きかけること。

臨床家：（若い女性のベッドのそばで）ヘザー，あなたの状態は安定してきていますが，あなたはこの集中治療室に1日か，2日いることになります。その後，家に帰っても良い状態になるまで，おそらくあと数日間は病院にいることになるでしょう。（**情報提供**）何が衝突を引き起こしたのか，お話ししてもらえますか？（**質問**）

患者：事故そのものについては覚えていません。ベッドの上で，足がこのようになった状態で目を覚ましたのです。車に乗り込んだのは覚えています。パーティーに参加して，男の子たちと会って，家に向かうころには真夜中を過ぎていました。お酒を飲みすぎたわけではなく，私はビールを2，3杯飲んだだけですが，運転していたリサはもっと飲んでいました。私が運転すべきだったのです。（泣いている）

臨床家：あなたがたはどちらもひどい損傷を負っていますが，あなたの怪我のほうがひどいのです。リサは帰宅しました。彼女は大丈夫でしょう。でもあなたは内臓が傷ついていて，足も数カ所骨折しています。家に帰っても少なくとも2,3カ月は松葉杖が必要になるでしょう。（**情報提供**）何か私にできることはありますか？　痛みはどうですか？（**質問**）

患者：大丈夫です。かなり鎮痛剤が効いていますから。退院させてください。

臨床家：もちろん，あなたができるだけ早く家に帰れるようにします。おわかりでしょうが，こういうことはよくあるんですよ。運転をしてはいけない人の車に乗ってしまう人は多いんです。（**情報提供**）

患者：ええ。リサは運転してはいけなかったのです。

臨床家：彼女の車に乗り込んだ時，そのことに気づいていましたか？（**質**

問）

患者：何となくはわかっていました。彼女は私よりもずっと酔っていました。

臨床家：私はあなたのことが心配です。怪我のことだけではありません。怪我はもっと重症になっていた可能性もありますが。ここに来る人たち全てのうち，1年以内に怪我をして戻ってくる人は何人ぐらいだと思いますか？（質問，情報提供のための間接的な許可）

患者：わかりません。それほど多くはないと思いますが。

臨床家：この外傷治療センターでは，1年以内に4人中の1人に再会することになります。

患者：えー，本当ですか！　なぜでしょう？

臨床家：飲酒運転をする人というのは，他の危険も犯しやすいものですが，最大の危険は，また別の事故に遭うということです。それは飲酒運転をする人に限ったことではありません。あなたのように，飲酒運転をする人の車に同乗する人は，自分自身がシラフであっても，運転手たちと同じ割合でここに戻ってくることになるのです。（情報提供）このことについてどう理解されますか？（質問）

患者：わかります，本当に。それが私であった可能性もあるわけです。酔っ払って運転して家に帰った夜は数え切れません。

2. 質問と傾聴

　ヘザーと臨床家（外科医）の会話は，質問と傾聴を混じえながら続く。第5章で考察したように，傾聴は受動的な過程ではなく，聞き手が相手の言ったことを，積極的に振り返る過程であることを思い出そう。この振り返りの過程は，患者が実際に言ったことに限定されるわけではないことにも注意したい。優れた傾聴の発言は，文章を続けたり，語られていない意味について推測したりもするのである。

臨床家：それについてもう少しお話ししてください。（質問：開かれた質問）

患者：昨夜は……昨夜ですよね？　あまりお酒を飲みたい気分でなかったので，ビールを数杯飲んだだけです。

臨床家：あなたは気分が良くなかったので，2杯か3杯だけ飲んだのですね。（傾聴，および推測）

患者：気分が良くないといっても，病気というほど悪かったわけではありません。ただがっかりしていただけです。

臨床家：何についてですか？（質問；開かれた質問）

患者：ボーイフレンドです。私が警察を呼んだので，彼は困った状況になっています。彼は私を傷つけたんです。

臨床家：あなたを殴ったわけですね。（傾聴）

患者：そんなところです。彼は私をひっぱたいて，手荒く扱いました。私は怖くなったのです。

臨床家：それは以前にもあったことですか？（質問：閉じられた質問）

患者：ええ。彼は以前にも私を傷つけたことがありますが，こんなにひどかったことはありませんでした。

臨床家：徐々にひどく，前より深刻になってきていて，あなたは怖くなっているのですね。（傾聴）

患者：彼はお酒も飲みます。私のことを殴った夜も飲んでいました。彼が何をするかわからなかったので，警察に電話したのです。

傾聴は受動的な過程ではなく，聞き手が相手の言ったことを積極的に振り返る過程であることを思い出そう。優れた傾聴の発言は，文章を続けたり，語られていない意味について推測したりもするのである。

3. 傾聴と情報提供

ここで臨床家は方向を転換し，傾聴に情報提供を交えて用いる。

臨床家：あなたは正しいことをしたのです。私はここで，限度を見極めるのが遅すぎた女の子たちを見てきました。（傾聴）

患者：私たちはまだ一緒にいますが，彼は私に対して怒っています。

臨床家：それは怖いでしょうね。（傾聴）

患者：彼が私に対して怒っているからということですか？

臨床家：私が言っているのは，この男性はあなたを殴ったことがあり，今度はあなたが警察を呼んだことに対して怒っているということです。そのような悪循環というのは，エスカレートする傾向にあります。消えてなくなりはしません。（情報提供）

患者：わかっています。彼と別れて，私にもっと優しくしてくれる人を探すべきですよね。

臨床家：そのように考えているのですね。（傾聴）

患者：実は，昨晩も何となくバーを見回していたのです。

臨床家：あなたには自分自身を大切にして，ここで再びお会いすることのないようにしていただきたいと思っています。あなたは自分をかなり危険な状況においてきているのですよ。（情報提供）

患者：はい，これは，警告のようなものですね。

臨床家：こんな有様になってみてあなたも気づいたのですね。この機会に目を覚ましたほうが良いかもしれないと考えているのですね。（傾聴）

先の会話は，明らかに私たちが説明してきた MI の誘導（案内）形式の範囲に入る。しかし，全く同じコミュニケーション法でも他の用いられ方をすれば，誘導（案内）形式とは異なったものとなる。次の例を考えてみよう。この例も，質問，情報提供，および傾聴を用いてはいるが，患者を信頼しておらず，指示形式をとっている。

臨床家：医師，看護師，理学療法士
設定：心臓病のリハビリテーション，ないしプライマリケア
問題：患者の生活習慣をそのままにしておくと，心臓病がさらに悪化する危険がある。

臨床家：こんにちは，ベルさん。バイパス手術から3カ月経ちましたね。あなたの検査結果を見て嬉しく思います。あなたの心臓は今の時点では良く機能しているようです。（情報提供）でも記録を見ると，あなたはまだ喫煙されているようですが。本当ですか？（質問）

患者：はい，しています。

臨床家：それは問題です。ご存知のように，喫煙は心臓に負担をかけます。（情報提供）まだ止めていないのですか？　禁煙については聞いていらっしゃるはずですが？（質問）

患者：喫煙を止めるのは大変です。試してみましたが，本当にやってみたのですが，私に禁煙は無理のようです。

臨床家：それが再度心臓発作を引き起こす危険を高めることになるのはおわかりですか？（質問）

患者：先生から言われたように，ほぼ毎日歩いています。

臨床家：運動はほぼ毎日されているのですね。（傾聴）でもまだ喫煙はされています。私が提案した食事表についてはどうですか？（質問）

患者：まだ家にあります。正しい食事を心がけています。

臨床家：それを使っていますか？（傾聴）

患者：はい，いくらかは。

臨床家：その食事法を守っていますか？（質問）

患者：そのレシピの幾つかは試しましたが，あまり好きではありません。レシピ通りに調理するのは長い時間がかかります。慣れるまではしばらく時間がかかるでしょう。

臨床家：では，努力はされているわけですね。それは良いことです。（傾聴）

このまま健康でいたいならば，もっと生活習慣を変えてゆくことをお勧めします。心臓発作を再度起こしたくはないですよね？
患者：はい。
臨床家：それなら，喫煙を止めるようにすべきです。私たちが勧める食事をし，できるかぎり早いうちに運動を始めることです。(**情報提供**)

　この臨床家は，質問をし，情報を提供し，傾聴してはいるが，面接の調子は，MIの誘導（案内）形式からはほど遠い。その調子は対決的であり，臨床家が運転席に座り，患者に何をすべきか，また，なぜそれをすべきかを告げている。臨床家は，質問をしてはいるが，変化させることについて責任を担っており，患者独自の観点を理解することには，興味がないように見える。尋ねている質問は，行動を変えることに対する患者自身の動機を引き出してはいない。臨床家は，患者の応答を聞くだけの最低限の時間しか話を聴いておらず，その後はそれに反論している。

　ここで欠けているものは，患者の自律性の尊重と並んで，第1章で述べた協働的な，喚起の形式である。繰り返して言うのではなく誘導（案内）し，恥じ入らせるのではなく励まし，命令するのではなく話し合うために3つのコミュニケーション手段が一体となるのは，動機づけ面接法のこの「精神」においてである。誘導（案内）形式は，行動を変える必要がある時には，講義するよりもはるかに効果的であり，臨床家にとってもはるかに興味深く，楽しめるものである。

> 3つのコミュニケーション手段が一体となり，繰り返して言うのではなく誘導（案内）し，恥じ入らせるのではなく励まし，命令するのではなく話し合う。

両価性を解決する

　両価性を協働的に探求することは，行動を変える過程をどのように開始させるのだろうか？　患者は，自分自身の変化に対する動機について話し，それを振り返るなかで，何かが患者を突き動かす。それは，均衡が破れること，ないしスイッチが入ることとして考えるのが適切かもしれない。変化の重要性について話し合ううちに，患者は，それが本当に重要であると理解し決断する。患者は，変わることのもっともな理由やいかにしてそれを成功させるかを表現することで，変化が可能であるという気持ちになる。彼らは，ひらめきを経験し，行動の変化が究極的には努力に値するものであるという決断を心のなかで静かに下す。文字通り，彼らは変化するよう自分に言い聞かせているのである。

　これは，通常それとわかる大きな徴候を伴わない。実際に何かが起きたことは，あなたがたにははっきりしないかもしれない。予約を守って通院し，変化を起こしたと話すように仕向けるだけで，全く変わらないように思われる患者と，誘導（案内）の過程を成し遂げることができる。ある臨床家は次のような話をしてくれた。

「何年も失業中で，うつ状態の患者を診ていました。彼に対しては，薬物療法，助言，運動のすすめ，就職，社会的サークルでの活動と，殆ど全てのことを試しました。何も役に立っているようには見えませんでした。彼は行き詰っているように見え，私自身も行き詰まりを感じ，やる気をなくしていました。自分がどれだけ落胆しているかに気づいた私は，彼を見て，彼の方がずっと落胆しているに違いないことに気づいたのです。私は他にすべきことがわからなかったので，簡単な振り返りを提供しました：『あなたはこの病気に対してかなりうんざりしているに違いありません』。いつもどおりむっつりとした表情で彼が言ったのは『はい』だけ

で，その後，診察室を出て行きました。

　数カ月後，ちょっとした医学的な問題に関することで彼に再会し，最近はどうしているかと尋ねました。すると彼は，素晴らしいです！　と明るく言いました。『バスの運転手の仕事に就き，素晴らしい気分です！』と。私はびっくりしました。

『何があったのですか？』私は訊きました。

『先生が前に言ってくれたことです』と彼は言いましたが，私は自分のどの発言がそのような影響を及ぼしたのか，全く見当がつきませんでした。彼は『先生の診察室を出た時，先生が正しいことに気づいたのです。私は実際，自分の生活にうんざりしており，それをどうにかする必要がありました。新聞の広告で，市がバスの運転手の訓練生を募集しているのを見た時，電話をしました。今は規定の路線を運転しています。素晴らしい気分です』と話してくれました」

1. 確かな決意を聞き分ける

　上記のように驚くようなことが起こることもあるが，患者と話をする時には，目に見える手がかりも存在することを覚えておこう。特に，第5章で述べたように，変化が起きているという合理的な，信頼性のある指標が存在する。それが，決意の言葉である。MI を実践する時，それは自然発生的に生じることもあるが（「これをやってみようと思います」），その人が先に進む準備ができているかどうかを評価する方法もある。患者自身が述べた変わろうとする動機（DARN の花束）の要約を提供した後，「ではこの時点ではどのようにお考えですか？　どのようにするつもりですか？」といった本質的な，簡単な質問をすることである。

　どのように尋ねるかで，微妙な違いが生じる。決意を評価する時には，次のような尋ね方を使い分けよう。

「どのような**決心**をなさいましたか（What *will* you do）？」
「何を**なさるつもり**ですか（What are you *going* to do）？」
「どんなことなら，**できそう**ですか（What are you *willing* to do）？」
「どんなことを**する用意**ができていますか（What are you *prepared* to do）？」

それは，単に次のDARNの発言を引き出す質問をすることとは異なる。
「何を**したい**ですか？」（願望）
あるいは，
「何が**できます**か？」（能力）
あるいは，
「何をする**必要**がありますか？」（必要）

ある同僚が報告した次の例を考えてみよう。

「私は，飲酒が理由で子供と一緒に出て行くと妻に脅されている男性を治療していました。彼は献身的で家庭的な男性で，仕事は成功していましたが，全般的には過剰飲酒の損害を数回経験していました。彼の肝機能の検査は，過度の飲酒をする人がまず最初に経験する高いGGT値以外は，ほぼ正常でした。彼は日常的に驚くべき量の飲酒をしており，家では大きないざこざを引き起こしていました。私が彼にMIを試すと，チェインジトークの話題を幾つか引き出すことができました。しかし彼の最大の心配は，妻と子供を失うことでした。彼はその可能性について話した時『飲酒を止めなければならないと思います』と自分から言ったのです。さらに数分間話を聴いた後，私は彼に次の要約を提供しました：
あなたは自分が，まさかアルコール依存症である，あるいは問題飲酒をしているとは考えていません。主な問題は家庭のことで，あなたと奥様は多くの

言い争いをしています。それは大抵，あなたの飲酒のことについてですが，それだけでもありません。彼女がお子さんを連れて出ていくと言ったことは，あなたをひどく動揺させました。彼らを失うことは，起こりうる最悪のことだとあなたは言いました。あなたがどれだけ飲酒をしているか合計を出してみると，あなたは驚いてもいました。また，あなたが夜飲むアルコールが分解されるのにかかる時間を考えると，殆ど毎朝，あなたは法律上は酔っぱらった状態で運転していることもわかりました。何よりも，あなたは家族を失いたくないと思っておられますし，そのために，ここへおいでになったのですね。あなたは，少なくとも半年かそこらの間飲酒を止めて，その時にどう感じるかを検討すべきだという決断を下したようです。あなたがしたいと思っていらっしゃるのはそういうことでしょうか？

彼は『いいえ』と応えました。

いいえ？ いいえ？ 参ったな！ 私の思考は駆け巡っていました。私は，彼のチェインジトークを使い，彼が自分の計画として述べたことにつなげ，まさに最高の誘導による要約をしたところでした。彼が『いいえ』などと言うことがどうしてあり得るでしょうか？

彼は再び『いいえ』と言いました。『それは，私の**したい**ことではありません。それは私が**しようとしている**ことです』

そして彼はそれを実行したのです」

　あなたが聞こうとしている返答は，患者の準備状態について心のなかで起きていることを示す，いくらかの決意の言葉である。要するに，あなたは患者が，健康に関わる行動を変える方法を実行する準備がどのくらいできていて，どのくらい実行する意思があり，どのくらい実行できるかを聞き取ろうとしているのである。しかし，無理強いしてはならない。ただ患者が，そこに到達する機会を提供するのである。患者にまだ準備ができていない場合には，無理強いすることで抵抗を喚起する可能性がある。その代わりに，少し時間があるのなら，DARNの話題を探

求し続け,可能性を残しておくことである。患者に再会するのであれば,いつでもその話し合いを再開することができる。

> 要するに,あなたは,患者が,健康に関わる行動を変える方法を実行する準備がどのくらいできていて,どのくらい実行する意思があり,どのくらい実行できるかを聞き取ろうとしているのである。

　患者があなたに向かって嬉しそうに話し続けたり,行動を変えようとする自分自身の願望,能力,理由,および必要を表現する時には,あなたが誘導(案内)形式を上手に実行していることがわかる。優れた誘導(案内)形式が行われたならば,患者が自分自身の健康のためにそれまでと違う方法でできそうなことを考えるよう促し,実際に実行する段階へと導くであろう。臨床家は,患者のためにそれらの決断を下すことはできない。それができるのなら,私たちの多くは,おそらくそうしてしまうだろう。しかしながら,両価的状態の草原で花を摘むことに時間を費やし,花束を作り,その過程において患者がより健康的な生活に続く,自分自身の道を見つけるように援助することは可能である。
　おそらく,この誘導(案内)形式を考慮するにあたり,あなたは「ただ何をすべきかを教えてもらいたい」患者について考えることであろう。そのような患者はいるものである。彼らは恐れを抱いており,良くなるためにできることは何でもする準備ができており,そうする意思があり,またそうすることができる。彼らが望んでいるのは,カウンセリングではなく,自分の健康を回復させる,あるいは改善するためにできることについての明確な指示である。すでに変わろうと決めている患者と,変わるべき理由について話し合うことに時間を費やすのは,非生産的である。誰かが「喫煙を止める必要があります。どうしたらそれが可

能でしょうか？」と言う時の適切な応答とは，最も有効な戦略についての助言である．明らかに，それが患者の求めていることでもある．しかしながら，その決意した行動を起こすところまで達していない患者も，沢山いる．「喫煙を止めるつもりです」と言う患者のうち，本当にその準備ができているのは，5人のうち1人くらいである．患者は，自分の健康のために何を変える必要があるかということについては，ある程度わかっているものである．

結　論

　MIは，変わろうとする動機を自分のなかに見つけることについて，両価的状態にある大部分の患者を，援助するためのものである．次章では，幾つかの事例を紹介する．そして，あなたがMIの技術を上達させる方法に注目し（第9章），個々の面接外の問題の改善に焦点を当ててまとめとする（第10章）．

第8章

誘導（案内）形式の事例

本章では，毎日の実践における誘導（案内）形式が，どのようなものであるかを明らかにするために，私たち自身の臨床経験から長期的な事例研究を紹介する。

ケース1：「胃が痛むんです」

設定：病院の一般病棟
臨床家：医師，カウンセラー，看護師，ソーシャルワーカー，心理学者，
　　　　依存症の専門家
診察時間：4分間
問題：52歳の既婚女性が，腹痛と吐血のため病院に入院する。臨床家は，
　　　血液生化学検査でGGT値（過剰な飲酒によって上昇することの多
　　　い肝臓の酵素）が上昇しているのに気づき，飲酒との関連性を疑う。
　　　彼は以前にもこの女性を一度見かけたことがある。彼女は，問題飲
　　　酒について突きつけられると，挑まれたように感じ，防衛的になる
　　　ことがある。再入院の予防と健康促進は，価値ある目標ではあるが，
　　　それをどのように話題にしたらよいのだろうか？　臨床家は，ちょ
　　　うど彼女の状態を概観したところである。

臨床家：随分驚いたと思いますが，少なくともここで身体を休めることができるでしょう。　　　　　　共感的な発言で始める。

患者：はい，ありがとうございます。少し気分が良くなりました。家ではあまり休めませんので。あちこち車で走り回ってそれはもうとにかく忙しくて忙しくて……やらなくてはいけないことがいろいろあって……子どもの世話でしょう，仕事でしょう，食事の支度もあるし……。

臨床家：やらなくてはいけないことが沢山あって，それをきちんとやり遂げてこられたのですね。　　　　　　傾聴。

患者：先生が，そんなことをおっしゃるなんておもしろいわ。そう，スーパーママと呼ばれているの。職場で，誰が何をするかとか，どうやって締め切りに間に合わせるかとかで，すごいストレスで言い合いになって皆メチャクチャになったら，何とかするのは私なの。

臨床家：あなたの生活について，ちょうど少しお聞きしたいと思っていたところです。はっきりとはわかりませんが，あなたの胃の状態と関係があるのかもしれないのですよ。そのことについて少しお話しいただけます　　　　　　簡単な検討課題の設定：全般的な生活様式の話題を取り上げる。

許可を求める。

か？

患者：もちろん，いいわよ。スーパーウーマンが窮地に陥っているの。先生はどのようにお考えですか？

最初のチェインジトークの兆し。

臨床家：まだ確かなことはわかりません。食事，アルコール，忙しく動き回りすぎている？　どうなのでしょう。一番よくわかっているのはあなただと思うのですが。おうかがいしたところ，あなたは相当お忙しい生活を送っておられるようですね。

簡単な情報提供をするのみ。自律性を促し，生活様式の話に戻る。

患者：忙しいなんてものではありませんよ。

臨床家：あなたはきっと追い越し車線にいるのが好きなのでしょう。

傾聴：推測。

患者：何かを成し遂げるのは好きです。次から次へと片づけていくと，ちょっとした達成感を味わえるんです。

臨床家：走行車線に移ることはあるのですか？

質問：誘導質問，運転の隠喩を利用する。

患者：いいえ，それは無理です。冗談じゃないわ。やらなくてはいけないことが本当に沢山あるんですから。リラックスなんてできません。

かなり感情的になっているように見える。

臨床家：で，自分自身のためにはどのようなことをなさいますか？

質問：誘導するための質問，アルコールの役割を理解しようとする。

患者：夜，子供たちが寝てから，時々映画を見たり，ワインを飲んだりします。

彼女は，普段の日常生活の話として飲酒の話題を

それが私の時間……たった1つの私のための時間ね。本当に。	持ち出す。
臨床家：そうやってペースを落として，夜には少しリラックスできるのですね。	傾聴。
患者：週末には友人と出かけて，何杯かお酒を飲むこともあります。	
臨床家：飲酒は，あなたのリラックス法なのですね。アルコールが胃に与える影響について，ご存知のことを話していただけますか？	傾聴。 情報交換；彼女が知っていることを尋ねて引き出す。
患者：アルコールを飲むとお腹が空きます。前菜を食べるのと同じよね。先生はお酒のせいでこうなったとお考えなのですか？　そういう意味かしら？	少しばかり防衛的。
臨床家：それは起きていることの一部かもしれません。あなたの血液検査で，ある値が異常な範囲まで上がっていることがわかりました。アルコールによって上昇することの多い，肝臓の機能検査値です。	情報交換；提供する。
患者：なんてことでしょう！　たった1つ私のためにしていることなのに，それを取り上げようとなさるのね。	防衛的。
臨床家：早合点しないでください。どんな場合でも，何をすべきかを決めるのは，あなたが選ぶことです。私があなたのために決めたりはしません。	時期が熟す前に焦点を当てることを避け，選択肢と自律性を強調する。

患者：普通の生活がしたいんです。胃の痛みがなくなって，ここから出ていきたい，それだけです。

臨床家：最近のあなたの生活は，かなり大変なものでした。私もあなたに普通の生活を手に入れて欲しいと思っています。あなたが満足できて，あなたが再び病院に戻ってくることのない生活です。　　　　　傾聴と励まし。

患者：ところで，先生のおっしゃった血液検査というのはどういうものですか？　少し怖くなりました。　　　　　質問は，情報を提供する許可を与える。

臨床家：それは，身体が対処しきれないほどの飲酒によって上がりやすい検査項目です。あなたはかなり痩せておられますから，少しのアルコールでも影響が大きいのです。女性は男性ほど肝臓でアルコールを分解できませんし。　　　　　選択と自律性を強調する。情報提供。

患者：私は飲酒を控えたほうが良いということかしら？　　　　　質問は，情報を提供する許可を与える。

臨床家：それはあなた次第ですが，あなたの身体はそう言っているようですね。ストレスの多い生活は胃に負担ですし，アルコールが加われば問題が起こっても不思議ではありません。　　　　　情報提供。

患者：どういうことでしょうか？

臨床家：アルコールそのものは，食道と胃　　　　　情報提供。

の粘膜を刺激します。お酒をストレートで飲んで，灼けつくような感じがしたことはありますか？

患者：ええ。

臨床家：その灼けつく感じは，アルコールの作用です。また胃酸も出ますので，食欲が増進されます。ストレスのために，すでに胃が弱っていれば，問題は大きくなりかねません。潰瘍になってしまうこともあります。この時点ではどんなことをお考えでしょうか？　　情報提供。

情報交換：彼女の個人的な解釈を引き出す。

患者：潰瘍を作りたくはありません。先生は私に潰瘍があると思いますか？　　チェインジトーク―何かをする理由。

臨床家：可能性はあります。それを調べるための検査もあります。もしそうだったら，どうなさりたいとお考えですか？　　開かれた質問。

患者：先生から薬をいただけると思っています。でも潰瘍がないとしても，飲酒を減らす必要はあるのでしょうね。　　チェインジトーク（必要）。

臨床家：それは，どの程度難しいことでしょうか？　　誘導（案内）するための質問―チェインジトークを求める（能力）。

患者：それほど難しくはありません。リラックスするために別の方法を見つけなければならないというだけです。　　チェインジトーク―能力。

臨床家：では，その気になればあなたは飲　　振り返りの傾聴。

酒を減らすこともできるということですか？	誘導（案内）する質問。
患者：確かではありませんが。	
臨床家：では，減らしたり，止めたりしたいのはなぜですか？	誘導（案内）するための質問。
患者：健康のためです！　自分の胃に穴を作っているかもしれませんし，肝臓も壊れてきています。そういう時期に来ていると思います。	チェインジトーク。
臨床家：私もそう思いますが，どのようにしてゆきましょうか？	決意を求める。
患者：私が誘惑に負けないように家のなかにアルコールを置かないようにすることができます。たぶん私はそうするでしょう。	チェインジトーク。決意の最初の兆し。

ケース２：安全な性行為の推奨

　次の脚本は，世界中で起きていることである。HIV/AIDS の感染・発病率が高い地域において，臨床家は，患者ばかりでなく，彼らが性的接触を持つ人々にとっても重要な，生死を分かつ，健康促進上の難題に直面している。

　設定：HIV/AIDS 罹患率の高い地域にある，混雑したプライマリケアクリニック
　臨床家：医師，看護師
　診察時間：5分間

問題：ある男性が性行為感染症のためにクリニックを訪れ，検査を受けて，抗生物質を処方される。臨床家は，彼がHIVに感染しているのではないかと考え，彼が複数のパートナーを持っている可能性や，コンドームの使用に対する彼の価値感を疑う。彼は，40代の独身男性で，殆どいつも無職で，大都市の郊外に大家族で暮らしている。臨床家は，情報交換を用いて，コンドームを使用しない性行為に対する懸念を表明する。

....

臨床家：今後10日間この薬をきちんと飲めば，この感染を抑制できると思います。きちんと飲めますか？	決意を求める。
患者：はい。	
臨床家：いいでしょう！　全部飲み終えることが大切です。あと数分間お話しできたらと思うのですが。私はあなたが医学的問題に対処するのを手助けするだけでなく，あなたの健康維持にも関心を持っています。よろしいですか？	許可を求める。
患者：ええ，もちろん。何について話すのですか？	
臨床家：私の仕事の一部は，HIV/AIDSを含め，あらゆる種類の感染の予防についてお話しすることです。あなたは，HIVについてすでにどのようなことをご存知でしょうか？	検討課題の設定，扱いにくい話題を取り上げる。 質問（情報交換：引き出す）
患者：そうなったら，死ぬということです。	

　　　　でも私はかなり注意深いので。コン
　　　　ドームを使わなかったのは今回1回
　　　　だけです。こういうことってよくあ
　　　　りますよね。
臨床家：わかりました！　では，あなたは　　　確認する。
　　　　普段はコンドームを使うのですね。
　　　　でも使わないことも時々あり，今回　　　振り返りの傾聴。
　　　　感染したわけです。
患者：運が悪かったんでしょうね。その女
　　　の子には会ったばかりだったのです
　　　が，彼女は具合が悪いようには見え
　　　ませんでした。彼女がその病気をど
　　　こでもらってきたかはわかりません。
臨床家：よくわからないわけですね。彼女　　　傾聴。
　　　　も知らなかったのかもしれません。
患者：私は運が悪く，彼女からうつってし
　　　まったんですね。よくあることですよ。
臨床家：あなたは，それが単に運や偶然の　　　傾聴。
　　　　問題であるということを何回かおっ
　　　　しゃっています。これらの感染はた
　　　　だ単に広まってゆくものであるとい
　　　　うことですね。
患者：ええ，今までこんなことはありませ
　　　んでした。つきあっている彼女がい
　　　ますし，あれは単にその女の子との
　　　一夜限りのことだったのです。
臨床家：それについて私のお尋ねすること　　　許可を求め，自律性を尊
　　　　が，あなたの気に障らなければよい　　　重する。

のですが。あなたの個人的な生活についてお聞きして，あなたに不愉快な思いをさせたくはないのですが，あなたの健康を心配しているのです。

患者：はい，どうぞ。

臨床家：あなたはこの女の子とコンドームを使わないでセックスをしたわけですが，あなたには付き合っている女性がいるのですね。あなたは彼女とはどのような避妊法を用いているのですか？

傾聴。

質問。

患者：だいたいいつも，コンドームを使います。

臨床家：使わないこともあるけれど，殆どの場合は使うのですね。では，HIVのような悪性の感染症がどのように広がるか，ご存知のことをお話しください。

傾聴。
質問（情報交換；引き出す）。

患者：えー！ 冗談ですよね。私がAIDSに感染したと思っているのですか？

臨床家：どこかであなたがHIVに感染したかどうかは，私には全くわかりません。もし希望されるなら，今日ここで，血液検査をして知ることもできます。でも，私がお尋ねしているのは，人々がどんなふうにHIVやAIDSに感染するかについて，あなたがどんなことを知っているかとい

機が熟す前に焦点を当てない。

選択肢を知らせる。

さらに引き出す。

うことです。

患者：そうなるのは，運が悪いからで，すごく具合が悪くなるっていうことですよ。AIDS に感染した人を見たことはありますが，私は不潔な女の子たちと何回も関係を持ったりするような生活を送ってはいません。

臨床家：あなたにおわかりいただけるか，あるいはあなたにとって重要かどうかはわかりませんが，HIV のような感染症は，具合が悪くなるまで何年間も健康そうに見える人々の間で，静かに広がってゆくものです。この感染症は，HIV 保持者も，彼らと性的関係を持つ人も，どちらも知らないうちに，感染していることがあります。それについてどう思いますか？
　　　　　　　　　　　　　　　　　　許可を求める。

　　　　　　　　　　　　　　　　　　情報交換；提供する。

　　　　　　　　　　　　　　　　　　情報交換；引き出す。

患者：私は初めて会った女の子と一晩過ごしただけですよ！

臨床家：では，あなたはそれについて全く心配してはいないわけですね。
　　　　　　　　　　　　　　　　　　傾聴，文章を続ける（声の調子に皮肉が含まれてはならない）。

患者：もっと注意深くならないといけないのでしょうね。
　　　　　　　　　　　　　　　　　　最初のチェインジトーク。

臨床家：どのようにですか？
　　　　　　　　　　　　　　　　　　尋ねる。

患者：あまり多くの人と性的関係を持つべきではないということ。性的関係を
　　　　　　　　　　　　　　　　　　チェインジトーク。

持つ時は必ずコンドームを使うということです。

臨床家：1人のパートナーだけにすることで，危険が少なくなるというのは確かです。コンドームも同じです。常に使用すればのことですが。これはあなたにとってどの程度重要なことなのでしょうか？　　　情報を与える。
チェインジトークを求める。

患者：わかりません。

臨床家：次の質問をさせてください。1から10のスケール上で，1が全く重要でない，10が極めて重要である，だとしたら，あなたにとって毎回コンドームを使うことは，付き合っているパートナーとの場合でも，どの程度重要なことなのでしょうか？　　　重要性尺度を使う。

患者：たぶん8か9でしょう。　　　チェインジトーク。
振り返りの傾聴。

臨床家：そうですか。少し疑念はあるけれど，コンドームの使用はあなたにとって，自分自身の健康を守るためにはとても重要なことなのですね。そしてそれは他の人々を守ることにもなりますね。

患者：ええ，私のパートナーにこの病気をうつしていなければ良いのですが。彼女には耐えられないと思います。

臨床家：そうですね，感染というのは，全く健康に見える人々や，健康である　　　傾聴。

と感じている人々の間で素早く，静かに広がるものです。あなたは，他の女の子とセックスした後で，パートナーとコンドームを使用しないでセックスしたのですね。

患者：いいえ，コンドームを使いましたが，でもいつも効果的だとはかぎらないわけですよね？

臨床家：100％有効ではありませんが，優れた保護をしてくれます。あなたのパートナーに何らかの症状が出たら，私は彼女の治療もできますよ。　　傾聴。

患者：あの女の子がHIVに感染していなければいいと願うだけです。

臨床家：私もそう願っています。おわかりのように，1回だけでも感染する可能性はあるのです。結果が出るまでにはしばらくかかりますが，HIVのテストは簡単です。やっておきましょうか？　　情報を与える。　　質問。

患者：信じられません。わかりません。その可能性は低いと思います。

臨床家：おそらく，感染していないかもしれません。その人を見ただけではわかりません。そして，具合が悪くなるまで長い間健康でいることもあります。最近では，より優れた治療ができます。陽性かそうでないかを，早　　議論したい誘惑に抵抗する。　　情報を与える。

　　　　いうちに知っておくことは，治療計
　　　　画に役立つ可能性があります。
患者：知っておくべきなんでしょうね。　　　チェインジトーク。
臨床家：わかりました。血液検査をして，再　　短い要約を提供する。
　　　　診の予約をとりましょう。次にお会
　　　　いする時に，その検査の結果につ
　　　　いて話し合うことができます。
　　　　では，まとめてみると，あなたは，
　　　　殆どの場合コンドームを使っていま
　　　　すが，いつもではありません。あな
　　　　たは一度だけコンドームを使わな
　　　　かった時に，この病気に感染したか
　　　　もしれない。そしてあなたはそれを
　　　　あなたのパートナーにうつしていな
　　　　いように願っています。
　　　　考えてみるのも不愉快だけれど，
　　　　感染しているかどうか知っておくた
　　　　めに，HIVの検査を希望されていま
　　　　す。コンドームを使うことについて　　決意を求める。
　　　　はいかがですか？
患者：常に使う必要があると思います。　　　チェインジトーク。
臨床家：できるかどうか，どの程度自信が　　決意を求める。
　　　　ありますか？
患者：ええ，やってみます。時々難しいこ　　中程度の決意。「やって
　　　　ともあるでしょうが。　　　　　　　みます」は，能力につい
　　　　　　　　　　　　　　　　　　　　　ての疑念を表す。

臨床家：良いことですね！　嬉しいです。　　確認する。
　　　　今度来た時には，コンドームを使う　　より困難な状況において

のが困難な場合について少しお話しましょう。

能力を向上させるための話し合いの準備をする。

ケース3：心臓の問題

設定：外来の心臓血管系のリハビリテーションクリニック。同様の話し合いは，プライマリケアのクリニックや入院病棟でもありうるだろう。

臨床家：看護師，医師，作業療法士，理学療法士，カウンセラー，心理学者

診察時間：約20分

問題：患者は，12週間前に心臓発作を起こし，経過観察の診察にやってきた。臨床家は，多くの相互作用を持つ行動（喫煙，運動，食事，ないし飲酒）において，変化を促したいと思っている。患者は，明るい性格で，事務員として働き，人生を楽しみ（タバコ，アルコール，および美食！），2人の思春期の子どもたちとの慌しい家庭生活を送っている。

臨床家：どんなふうに生活していらっしゃるか，少し聞かせていただいてよろしいですか？　いろいろなこと全てが心臓に影響するかもしれませんので。重要なのは薬だけではないのですよ。よろしいでしょうか？

許可を求める。

検討課題の設定を始める。

患者：はい！　先生のご講義を聞く時間ですね。大変な不良患者で，いつもの快楽

を全部止めなくてはいけないっていうことでしょう。（笑）

臨床家：いいえ，私が予定しているのは，実際にはそういうことではありません。約束します。あなたが自分の健康をどのようになさるかは，全くあなた次第です。おうかがいしていると，あなたは薬を飲んでいれば何とかなると期待されているように聞こえてしまうのですが。　　　　　　　生活様式を変えるよう論じたい誘惑を抑え，自律性を強調し，傾聴の発言を提供する。

患者：先生は私が順調に回復していて，薬もちょうど合っているようだとおっしゃいましたよね。

臨床家：はい，確かにそうです。バイパス手術から順調に回復されているのは喜ばしい限りです。そこで次に再発作の確率を下げてあなたの生活をより良くするのに，どのようなことが役に立つか，あなたはどうなさりたいかについて話し合いたいのです。びっくりするような事実や励みになるような数字をお伝えすることもできますが，まずはじめに，あなたの生活の全体像について話していただき，あなたが「やってもいい」と思うことを見つけたいのです。　　　　　　　情報提供と検討課題を設定する。

患者：わかりました。私は最初に何をすればいいのですか？　　　　　　　招待。

臨床家：それを決めるのはあなたです。ご自身の生活の責任者はあなたですから。運動，喫煙，食事，血圧測定，ストレスの緩和，瞑想，あるいはお薬をきちんと飲むことなどについてお話しすることができます。どれが良いでしょうか？	最初の招待を受け入れず，自律性を強調し，患者が選択できる話題のメニューを提供することで，検討課題を設定する。
患者：どこから始めたら良いでしょうか？	情報提供と助言の許可を与える。
臨床家：もしあなたがお望みであれば，いくらかお伝えできる情報があります。どのような変化が最も有益かという点について私自身の意見もあります。でも，あなたはおそらくすでにわかっておいでだと思います。私がこれから何を言うか，当ててみていただけませんか？	情報と助言の提供を申し出ているが，もう一度だけ，患者から最初に引き出そうとする。
患者：きっと，最初に喫煙を止めなさいって言うんでしょうね。	上手に引き出している。
臨床家：そのとおり！ 禁煙は，早死の危険を予防するために最大最速の影響を与える可能性がありますし，あなたができることの1つだと思います。でも，あなたはそれについてどう思いますか？	肯定してほめる。 情報提供。 誘導（案内）形式を用いながら鍵となる質問をする。
患者：喫煙は完全に私の人生の一部です。	
臨床家：喫煙は，あなたにとって難しい問	振り返りの傾聴。

題なのですね。ここから始めるのは難しそうですね。

患者：もちろん自分にとって良くないことはわかっています。先生はどう考えていらっしゃるのかとお聞きしたのですが。　　チェインジトーク。

臨床家：他の人がどう考えようと，あなたは喫煙についてご自身の気持ちをお持ちですよね。　　傾聴の発言。喫煙反対を支持したい誘惑を抑える。

患者：そうですね。でも今すぐには無理です。今は元の生活に戻ることだけで精一杯なんですから。

臨床家：禁煙はあなたにとって今は難しすぎることであり，あなたには他に優先事項があるのですね。　　傾聴。禁煙を支持したい誘惑に抵抗している。

患者：そうです。少なくとも1週間に数時間は仕事に戻らなくてはなりません。いつもの生活を取り戻すまでストレスを少なくしておきたいのです。　　チェインジトーク。

臨床家：ストレスに対処して仕事に戻ることが，今のあなたの一番の優先事項なのですね。　　傾聴。

患者：仕事に戻りたいと思います。でも，本当に正直に言えば，今すぐにも再発作を起こして，今度こそ死んでしまうのではないかと思うことも時々ありますよ。　　チェインジトーク。

臨床家：では，安静が必要だと感じるので　　傾聴。

すね。

患者：いいえ，そうではありません。1日中寝ていたいわけではありません。あちこち動き回っていますし，あれこれやっていますし，運動をちょっとやってみたりしているんです。

臨床家の推測は間違っており，患者がそれを正している。

臨床家：適度なバランスをとろうとしているのですね。

傾聴—再度試してみる。

患者：はい，そうです。バランスです。

臨床家：あなたは，薬を飲んでおられるし，ちょっと休息もとっていて，でも運動もいくらかやっておられるとおっしゃいました。運動は心臓に良いですよね。あなたは禁煙が心臓の再発作を予防するのに最善策の1つだと知っていますが，現在のところ禁煙するのは難しいと思っておられます。そしてあなたは，できる限り早く，少なくともパートタイムで仕事に戻り，ご自分の生活のバランスを取り戻したいと強く希望されています。何か見落としていることはありますか？

集める要約。チェインジトークの話題を強調する。

患者：バランスを取り戻すというのとは少し違います。心臓発作の前もバランスがとれていたとは思えませんし，それが問題の一部だったのです。どこから始めたらよいかわかりません。

チェインジトーク。

臨床家：ストレスを少なくしたいとおっしゃいましたが……どういうふうになさいますか？　　　　　　　　質問。

患者：今回の発作は，私にストレスについて考える良い機会を与えてくれたと思います。そろそろ他の人々に仕事を任せるようにすべきなのでしょうね。私はいつも「何かを思い通りにし，正しく行いたいなら，自分自身でやるしかない」と考えるほうです。それで，あまりに多くのことをしなければならず，ストレスで疲れきってしまうのです。

臨床家：取り皿にとる量を減らすことが役に立ちそうですね。　　　　　　　　　傾聴。

患者：また先生のダイエットについての講義ですね！（笑）そうです，そうする必要があります。周りの人を信頼して任せ，本当に重要なことに焦点を当てる必要があるのです。全てを一度にやることはできませんから。　　　　　　　　　　　　　チェインジトーク。

臨床家：もしそんなふうに重要なことだけやって——あなたがやらなければいけないという負担が減らせるなら——それはよさそうですね。　傾聴。

この面接は，一種の岐路ともいうべき，重要な瞬間に達した。あなたなら次にどのようなことを言うだろうか？　この男性はすでに多くのことを話している。それは心からの言葉である。もう少し長く話を聴いている時間があるとしよう。あなたなら次にどうするだろうか？　彼の話したことに注目して，次のいずれかに焦点を当てることもできる。(1) 段階的な仕事への復帰，(2) 運動についての具体的な計画，(3) 禁煙するための準備が整う時期，(4) ストレス管理，(5) 今まで担っていた責任を人に委ねる方法，(6) これまで見送ってきた食事についての話し合いの受容。あるいは，全く異なる方向に向けて進めることもできる。これらのテーマのどれか1つを振り返ることは，その話し合いの焦点を決め，特定の方向へ進めることになる。私たちはこれを「誘導（案内）しながら傾聴する」という。それはあなたの選択であり，あなたが何を選択するかによって違いがでてくる。

　この例のなかで，臨床家は異なる方向を試している。臨床家は，この患者が仕事以外に生きがいを持たないように見えるという，自身の直感を取り上げる。これは，中核的価値観の探求である。臨床家は，患者が健康的な変化を起こしたい理由について，あれこれ考える。患者をそのように動機づけるものは何だろうか？

....

臨床家：この心臓発作が，変化を起こしたり，何が本当に重要かということを考える良い機会であるという，あなたの考え方はとても良いと思います。あなたの人生で最も大切なことは何か，おうかがいしてもよろしいですか。あなたの生きがいは何でしょうか？

確認する。
許可を求める。

患者：良い質問ですね。自分の仕事が好きです。家族も大切です。子どもたちが良い方向に向けて巣立ってゆくのが楽しみですよ。孫ができるのであれば，彼らのために生きていたいですね。そんなことを考えると楽しくなりますね。

臨床家：仕事，子ども，いつかは孫，ですね。その他には？　あなたにとって本当に大切なことは何ですか？　　　傾聴。
開かれた質問。

患者：それについては病院のベッドで考えました。私は生きているのだから，残りの人生をどうしたいのか？ってね。

臨床家：そうですね。どうしたいのですか？　開かれた質問。

患者：他の人や家族の役に立ちたいんです。彼らのために生きていたい。私の言う意味はおわかりになると思いますが？

臨床家：あなたにとってはそれがとても重要なのですね。目的を持って生きることと，他者を助けることが。

患者：大切なのは，自分以外の人について考えることです。自分が感謝すべきことを思い出して。

臨床家：この話題になると，あなたは何と言うか，ぱっと明るくなりますね。　傾聴。

患者：それは気がつきませんでした。私が　チェインジトーク。

家族や他の人々のためにできることは沢山あります。以前にボランティアをしていたクラブでも，できることはあるでしょう。

臨床家：これまで沢山のことをお話ししてきました。あなたは，自分の人生をより長く，より幸せにするためにできることのリストを作成してきたことになります。そして，かなり良いものができました。私が先ほどお渡ししたリストのなかで他にお話ししたいことがありますか？　　要約。方向を変えることにして，この全体像のどこに行動の変化を組みこめるか見定めるために検討課題の設定に戻る。

患者：たぶん，食事と運動についてでしょう。

臨床家：それについて何が心配なのですか？　　誘導質問。

患者：それほど心配はしていません。その領域において何をすべきかと考えているだけです。　　臨床家は「心配する」という言葉を選択したが，それはしっくりこなかった。

臨床家：あなたにできることはかなり沢山あります。小さな，段階的な変化を起こすことです。果物や野菜を5かそこらに増やすことです。適度な運動を日課にすることです。これらのうちのどれかは実行できそうですか？　　選択肢を提供する。

質問。

患者：たぶん，運動ができるでしょう。でもスポーツジムに行ったりというようなことはあまりしたくないのです。　　チェインジトーク。

またまた心臓発作を起こしたくありませんので。

臨床家：何らかの運動を加えるのは大丈夫かもしれないけれど、スポーツジムは到底まだということですね。現在はどのような運動をしているのですか？　　　　　　　　　傾聴。

誘導質問。

患者：充分にはしていません。週に数回少しウォーキングをするだけです。その時、胸のあたりに何か違和感を感じることがあり、無理をしているのではないかと心配になります。

臨床家：それはよくある心配です。私たちの経験では、それを段階的に行ってゆく限り、害にはならないということがわかっています。運動を増やすために段階的な、少しづつの予定表を作ることもできます。慣れてきたら、ここの設備を使うこともできます。安全のため、最初に心拍数をモニタリングすることもできますよ。　　情報提供。

患者：良いですね。でも、大抵の場合、自分にはウォーキングが合っていると思います。それをもっと増やすことができると思います。　　チェインジトーク。

臨床家：そうですね。あなたのできることで、あなたにとって有効な、普段の生活に合ったことを探すことが大切です。　　情報提供。

自分1人でウォーキングをしていて，先ほどおっしゃったような違和感があったら，ただ立ち止まって，休み，前に話したように対処してください。

患者：わかりました。ここで運動する時は先生がおっしゃったモニタリングを受けることにしようかと思います。　　　チェインジトーク。

臨床家：そうですね！　そのように準備することにしましょう。今日は短い時間で多くのことをお話ししてきました。全て思い出すのを手伝ってください。まず最も重要なのは，あなたが，この心臓発作を，自分の生活に望ましい変化を起こし，優先順位を正しく決めるための機会として考えることを選ばれたことです。あなたは，自分の仕事やご家族を大切にし，お子さんたちやお孫さんたちのそばにいて，彼らが望ましい人生のスタートを切る手助けをしたいと思っています。またあなたは，家やクラブなどでも，他者を助けることに関与したいと希望されています。そのために生活を変える計画を幾つか立てておられます。その1つは，徐々に仕事に戻る時に，引き受ける仕事の量を減らし，ストレスを減らし

締めくくりの要約。

ポジティブな動機を最初に持ってくる。

話し合ってきた具体的な変化について話す。

て，生活のバランスをとる方法を見つけることです。喫煙については，後でまたお話ししていくことになります。今それを変えるのは難しすぎるように思えるためです。そのうち禁煙に取り組むことを決意なさったら，私もお手伝いできると思います。あなたは薬はきちんと服用されておられて問題はありませんし，少なくとも少しはウォーキングもしておられて，もっと増やしたいと思っています。ここで適切なモニタリング付の運動のご用意もできます。今日帰る時に予約なさることもできると思いますよ。それだけでも大違いです。今後数カ月あなたのご様子を拝見して，いろいろとあなたが行動を変えてゆかれるのを楽しみにしています。もちろん私もできる限りお手伝いいたします。あなたがなさるつもりでおられることは，こういうことでしょうか？　私は何か見落としていますか？

患者：大体合っていると思います。私にもできることがあって，そちらへ向かって正しい方向に進んでいるような気がしますね。

喫煙の状況については，それを受け入れて認め，可能性を残しておく。

確認する。

決意を求める。

チェインジトーク。

結　論

　面接を行うための「正しい」方法というものはない。そのため，あなたなら違うやり方をした可能性があると思う部分があれば，それを刺激としてあなた自身の面接を創造的に行っていただきたいと思う。ここで私たちが意図していたのは，書き言葉だけで表現するのは難しい動機づけ面接法（MI）の基礎形式の具体的な例を紹介することと，傾聴や検討課題の設定などの関連する技術や戦略が，どのように用いられているかを明らかにすることであった。次章では，MI の技術に磨きをかける時に注意すべき，さらに微妙な事柄を考察してゆく。

第9章
誘導（案内）形式に熟達する

誘導（案内）形式に慣れる

　誘導（案内）とは，患者に対して何を言うかということだけではない。彼らとともにどう在るかということでもある。先頃，刑務所の看守を対象としたワークショップで，「患者とともに在ること」を，明らかに表す良い例があった。その模擬面接は，参加者が立ったままで充分うまく進行していたが，一連の誘導（案内）形式を練習することになった時，彼らの1人が「立ったまま，これを続けることはできません。この人と一緒に腰を下ろす必要があります」と言ったのである。

　臨床家は，一般的に「誘導（案内）形式は自然に感じられない」という観察を報告する。確かに患者とのそのような取り組み方は，何を，なぜすべきかと，ただ指示することによって正したい反応に従う，以前のやり方とは極めて異なることが多い。この形式は，時間に余裕があり患者が真剣に取り組んでいる時に，まず簡単な状況で試してみると良い。熟練するに従って，さらに難しい状況でも行うことができるようになる。

> 誘導（案内）形式は，時間に余裕があり患者が真剣に取り組んでいる時に，まず簡単な状況で試してみることである。

　誘導（案内）形式が自然に感じられ始めるまでには，しばらく時間を要することがある。それは車の運転を習うことに少しだけ似ている。初めてハンドルを握った時には，おそらくあなたも自分の一挙手一投足に相当な意識を集中しただろうが，それは当然のことである。ゆっくりと運転し，意識を研ぎ澄ませて，隣の車線に入り込まないようにしただろう。車内の運転操作ばかりでなく車外の状況にも注意を払って，人を轢いたりしないよう目を光らせていなければならなかっただろう。どこに向かっているのかを考えながら，いろいろな新しい作業にも同時に気を配っていなければならなかった。しかし，それがはじめのうち自然に感じられないからといって，運転の学習を諦めはしなかったわけである。

　いかなる新しい行動――それが運転であっても，誘導（案内）であっても――を構成する技術も，慣れてくると，それについて意識的に考える必要はなくなる。その技術は殆ど自動的になり，あなたは，どこに向かっているか，どうやってそこに到達するか，到達したらどうするか，などに集中できる。学習とはそのようなものであり，誘導（案内）形式も同じである。最初は自意識過剰になりやすいし，特に誰かに見られている時にはなおさらである。あなたは開かれた質問をしているだろうか，それとも閉じられた質問をしているだろうか？　振り返りの傾聴をしているだろうか？　最初は指針に忠実であることが求められるが，しかし同時に面接の先行きに目を向けるのは難しいかもしれない。やがて，この技術に慣れてくると自由が生じる。熟練した誘導（案内）形式において，求められる重要なことにも，気づきやすくなるのである。

　ここで自動車教習所の教官の役割について考えてみよう。彼，あるい

は彼女は緊急の際にはハンドルを握る。しかし通常の仕事は，学習者ができるだけ教官の介入を受けずに，運転するよう励ますことである。これは，患者を誘導（案内）する場合のあなたの役割と似ている。変わらなくてはならないのは患者であり，あなたは次第にコントロールを手放してゆく。

動機づけ面接法（MI）に含まれる具体的な技術を心地良く感じるようになるにつれ，あなたの注意は解放され，誘導（案内）の過程そのものを観察できるようになる。あなたの注意は，面接の３つの側面（患者との関係，患者の話，および面接の先行）の間で切り替えられる。熟練するに従い，あなたはこの３つの役割の間を比較的容易に移動できるようになる。これら３つの過程を，例として以下に紹介する。

1．関係を観察する

患者との関係に対するあなたの気づきは，面接の技術と良好な長期的結果に対する指標である。その関係に鋭く目を光らせていることは，あなたがどの方向へ，どのように進むべきかを決定するのに役に立つ。次のような疑問文によって，自分自身で状況を確認しよう。この話し合いはうまくいっているだろうか？　患者はどのように反応しているだろうか？　彼，ないし彼女は落ち着いているか，あるいは恐れているか？　私はこの人をせきたてすぎているだろうか？　私は，誠実で率直だろうか？

2．現在に留まる

精神療法家は，患者とともに「その瞬間に」在ることを重要視する。治療者の願望，感情，および個人的な反応は脇において，患者の経験に完全に注意を集中することに力を注ぐべき，重要な時期がある。傾聴による振り返りであれ，厳選された質問であれ，あるいは重要な情報の提供であれ，「患者が現在経験していること」に，充分な注意を集中でき

るようになればなるほど，誘導（案内）形式によってさらに効果的に応答できるようになる。

　このような注意の集中は，それ自体が治療関係への，強力で非特異的な経路であり，患者を自由にして変化を可能にする，共感的な関係を創り出すと主張する人もいる。患者が，自分の経験に完全に集中しているあなたの態度を，明確に感じとると，何かが動き始めて変化へと続くことが多い。患者の経験に対する受容は，同意ではない。それは比較的自由な立場であり，肯定的にも否定的にも価値判断を含まない。そこには，あなたが良き案内人となる可能性が存在する。

> 患者の経験に対する受容は，同意ではない。それは比較的自由な立場であり，肯定的にも否定的にも価値判断を含まない。そこには，あなたが良き案内人となる可能性が存在する。

3. 先を見通す

　時にあなたの意識は将来へ向き，面接の進んでいる方向，行きつく先，さらには患者が現実の日常生活に戻る時には，どのような状況になるかを見通す。技術に熟達してくると，あなたは，しばしば会話のなかの短い休止の間に，前方の道筋を考慮し，障害物に注意することができるようになる。そのような瞬間には，面接の流れが最も有効なところに辿りつくための近道とも言える，振り返りの傾聴や誘導（案内）形式による質問を，思いつくようになる。その近道はあなたがたの面接時間を節約してくれる。

　患者を信頼して主導権を取ってもらうと，さらに多くの話をする余地が生まれるので，あなたは話の先行きを見通す余裕が手に入る。そのようにコントロールを手放すことは，全か無かということではない。ある

臨床家は，模擬演習の終了後に，「わかりました。コントロールについて心配する必要など何もないのですね。こちらに押したり，あちらに押しのけたりする代わりに，ただそっと促して，話を聴き，要約して，軽く促し，話を聴き，要約するだけなのです……」と言った。同様に実践してみれば，あなたも患者に主導権を取ってもらうことによって，変化を促すための自分の能力を失うのではなく，むしろ正反対であることに気づくであろう。すると，誘導（案内）が自然なものとして感じられるようになる。

> 「わかりました。コントロールについて心配する必要など何もないのですね。こちらに押したり，あちらに押しのけたりする代わりに，ただそっと促して，話を聴き，要約して，軽く促し，話を聴き，要約するだけなのです……」

4.「でも責任を手放すことはできない」

誘導（案内）形式に含まれる技術に関する議論の多くが，責任の問題に帰する。つまり「どれも大変結構なことですが，私にはすべき仕事があります。これらの話題を取り上げなければなりません。それが私の責任です。彼らに自分自身で決断させることなどできません！」と言う人がいるのである。これは，指示，ないし追従（見守り）における間違った限定的な選択肢，「彼らにすべきことを告げる（指示）か，あるいは彼ら自身でうまくやるよう放っておく〔追従（見守り）〕かのどちらかである」といった「全か無かの思考」の落とし穴に陥っている。指示と追従（見守り）の中間にいることは，その面接の構造と方向性に責任を持つことであり，つまりは患者が，行動を変えるための解決策を，自分自身で考え出す過程に，責任を持つことに他ならない。誘導（案内）

形式に熟達するにつれ、あなたは面接を先に進める時、要約して方向を変える時、さらには指示形式に切り換えて別の話題を考察すべき時などを、正しくその時に感じとれるようになる。患者の話を聴く時には、その時に起きていることに焦点を絞ろうとするのではなく、彼らの矛盾を役に立つ方法で理解するには、どのように聴けば良いかということに焦点を絞るようにしよう。短い振り返りや、いくらか長い要約が、ここでは特に有用である。そのようにしながら、時々そこから離れてみると面接の進む方向が、一層はっきりと見えてくる。この観点からすると、あなたはちょうど教習所の教官のように、その旅全体の守護者であり、患者は行動を変える動機や戦略の守護者である。優れた案内人は、選択の自由を促し、求められれば質の高い支持と助言を提供する。

> 指示と追従（見守り）の中間にいることは、その面接の構造と方向性に責任を持つことであり、つまりは患者が行動を変えるための解決策を自分自身で考え出す過程に責任を持つことに他ならない。

障害物の克服

　誘導（案内）に対する障害物は至るところにある！　あなたは、誘導（案内）形式に熟達するにつれ、力を振り絞ったり気の利いた試みによってではなく、明確な検討課題の設定、関心、および誠実な気遣いによって障害物を克服する。そして、自分にとっての最善を明らかにする患者の能力を、尊重することができるようになってくると、新たな道が開かれ、面接がより容易に感じられる。

　MI の起源の 1 つは、面接中に困難が生じた時、患者のせいにする非生産的な傾向の認識に由来する。状況が困難であれば常にそうである

が，意思の疎通が損なわれた時に，それを修復し，建設的な会話に戻すにはどうしたらよいのだろうか？

以下の考察は，3つの重複した観点（患者の観点，臨床家の観点，およびその2つの観点の関係）から見た，一般的な課題に焦点を当てている。時には患者の反応（防衛など）やあなたの反応（苛立ちなど）が，面接の好ましからざる成り行きを示す，明確な徴候を提供する。柔軟性と創造性をもって応答することは，困難な課題ではあるが，実行してみれば成果はただちにもたらされる。

1. 患者：彼らの苦闘

患者は状況によって圧倒されており，途方にくれていたり，欲求不満であったり，防衛的になったり，受動的になったりするかもしれない。変化について話をするのは難しいこともあるだろう。患者にレッテルを貼ったり，責めたりしたくなる誘惑によって，誘導（案内）形式を用いる最良の意図も損なわれてしまうものである。よくある筋書きについて次に考えてみよう。

a)「なぜ私が変わる必要があるのかわかりません」

「彼らは完全に否認している」というのは，多くのヘルスケアの臨床現場で良く聞く言葉である。患者は，変化を考えるように，または，自分の状況の深刻さについて考えるようにという励ましの試みに対して，一見拒絶しているかのように見える。もしあなたがこの状況において，変化を支持する立場に立って，誘導（案内）形式を用いて話せば，完全に行き詰まることもあるだろう。人に何かに目を向けるよう強いれば強いるほど，その人はさらに抵抗し，自分自身を防衛する。その人の横に並び，何らかの形で検討課題を設定し（第4章），その人にとって重要なことを明確にしてゆくと，否認も弱まり，進展が図れることが多い。否認は，固定したその人の性質ではなく，面接場面における2人の人間

のコミュニケーションにおいて生じる反応である。否認はその人の自尊心が危機に瀕している時に観察されることが多い。

　変化を考えることを拒否する状況は，誘導（案内）形式を用いても生じる可能性がある。それはおそらく，機が熟す前の段階で行動の変化に焦点を当ててしまったためであろう。手術直後の人や，急性疾患の危機的状況を脱したばかりの人は，そのことで頭がいっぱいなので，たとえ熟練した技術による善意の試みであっても，行動を変えるという話題を取り上げることは望んでいないし，また吸収することもできないかもしれない。これは心臓疾患のリハビリテーション，糖尿病，またあらゆる長期的ケアを要する病気では，良く認められることである。例えば，喘息患者のなかには，予防薬の服用を勧める試みに抵抗する人がいる。それは厳密に言えば，彼らは何が問題であるかということについて，あなたと同じ考えを持っていないからである。あなたが傾聴することは，この行き詰まりを打開するための鍵である。彼らの考えを明らかにするために5分間傾聴すれば，彼らの行動を変えることへの道が拓かれ，時間と通院の無駄が省かれるだろう。

> 否認は，固定したその人の性質ではなく，面接場面における患者と臨床家のコミュニケーションにおいて生じる反応である。否認はその人の自尊心が危機に瀕している時に観察されることが多い。

b)「言っていることはわかりますが……」
　あなたは上手に面接を進めているのに，患者が進もうとせず尻込みしてしまう。患者の言葉が，変わることについての話から逸れ，防衛の声でちょうど正反対の話をする時には，両価的な状態に達している。両価的状態にある患者では，変化について考える気持ちが，瞬間瞬間で微妙

に変わることは正常であり，一般的なことである。この時点では，変わることを勧めるほんの少しの行き過ぎも，逆反応を生じさせる可能性がある。あなたがこの逆反応（抵抗）に対して心の準備ができており，完全に「普通」のこととして受け容れるならば，その人の「両価性の両面を振り返る」などを通して，落ち着いて適切に応答できるだろう。一見不合理に見えるこの忍耐と受容は，通常，最も有益である。

> 両価的状態にある患者では，変化について考える気持ちが，瞬間瞬間で微妙に変わることは正常であり，一般的なことである。

c)「私が何をすべきかあなたの考えていることを言ってください！」

患者のなかには，あなたを尊敬して答えを求める人がいる。おそらく，特定の地域，文化，あるいは言語や年齢集団の人々にとっては，それがヘルスケア援助の利用法であるのだろう。彼らが自分自身の考えを表現するつもりがなさそうであれば，彼らから解決策を引き出すことから，情報と助言を提供することへと，切り替えることが誘導（案内）形式の中で可能である。あなたは，1つ2つの提案をして，「あなたにとって，これはどのくらい効果があるでしょうか？」などと誘導（案内）形式の質問をすることによって，彼らがその提案を理解しているかどうか調べれば良い。

d)「本当に全然対処できないのです」

ある患者は，金銭的余裕がなく粗末な住宅に1人で住んでおり，糖尿病を含む慢性疾患を抱えている。あなたは，その人に行動を変えてほしいと考え，その可能性について話し合うつもりである。あなたの前には傾聴しないことによるあらゆる危険が転がっている。患者の苦境に対す

るあなたの理解を伝え，その人の強さとそのような状況への対処能力を認めて賞賛すると，状況を変えてゆくその人の能力を強化する方法を考えるために，さらに焦点を絞った検討課題の設定が可能となるような，土台が築かれる。その後は，しばしば真の意味で有効な，行動を変えることについての話し合いができるようになる。

　行動を変えることについての面接における困難は，しばしば臨床家と患者の双方によって引き起こされる。その困難は，臨床家の願望と患者の願望が，面接のなかで出会い一体化しようとする時に生ずる。そこで今度は，誘導（案内）形式による面接において，あなたが感じるかもしれないことについて考えてみよう。そのような感情も，時にはまた面接の進行過程に対する障害物となるからである。

2．臨床家：あなたの気持ち

　様々な患者について，異なった気持ちを持つのはのは極めて一般的である。好ましい人々もいるし，それほどでない人々もいる。患者の窮状や態度，またはあなたがいろいろな課題を行ううえで感じる圧力などによって，あなたは心配や欲求不満を感じたり，うんざりしたり，時には激怒したりさえするかもしれない。誘導（案内）形式を用いるにあたって必要とされる平穏な心境を手に入れるのは，必ずしも容易ではない。

　慌しい診療の最中に，完全に平穏な心境でいることは非常に難しい。かといって，自分の感情と，その感情が患者との関係に及ぼす影響を観察する技術に長けた臨床家になることも容易ではない。しかしそれでもあなたの感情は激しく高まることもありうるし，あなたの感情の状態は面接の過程と長期的結果に影響を及ぼす。

　私たちが一緒に働いたことのある，1 人の先輩医師が，「もし私が自動操縦装置のある運転席に座っていたとすれば，ほんの少しでもストレスを感じて疲れた場合には自動操縦に切り替えるでしょうね」と口をはさんだことがある。続けて彼は，何を感じているかについて認識するこ

とと，それを受け容れることの重要性について説明した。「何年もそのようにやってきたので，どのような時にも自分が何を感じているかを点検することを学びました。奇妙に聞こえるかもしれませんが，私には自分の感情がわかります。自分が疲れすぎていて患者をあまり援助できないと気づいたら，何とかしようとジタバタせずに，ただそれを受け容れます。すると落ち着いて，もっと柔軟な気分になるのです」。

a) 行動を変えたい願望

患者にとって良いことであろうと，あなたが考えることや感じることは，変わろうとする患者の進歩に最も強い影響を与える要因の1つである。私たちは，それを，**患者の行動を変えることについての臨床家の願望**（ABCs：aspirations for patient's behavior changes）と呼んでいる。それは一般的で，完全に正常であるが，あなたの思考や感情が面接を支配するようになれば，自分自身にとって何が最善であるかを決定する，患者の自律性を尊重することが難しくなってしまうであろう。

> 患者の行動の変化を求めるあなたの願いが面接を支配してしまうと，自分にとって何が最も良いかを決める患者の自律性を尊重することが難しくなるかもしれない。

あなたは，行動を変えることに関する話題を取り上げ，行動の変化を成し遂げてほしいと願う。しかしながら，誰かを**変化させたいという思い**は，様々な形をとり，強い感情が出現する。すなわち希望，熱意，決意，苛立ち，怒り，そして絶望感さえもが出現して，あなたの善意と熟練の技術を台無しにする可能性がある。面接前にも途中でも，自分の感情に注意を払うことは，より良い面接への手がかりを与えてくれるであ

ろう。次の例を考えてみよう。大抵の臨床家は患者に変わって欲しいと思っている。

- 彼女はヘロイン依存症で，ヘロインを買うための金銭を性行為によってあがなっており，子どもの親権を失う寸前である。
- 水分摂取を制限しなければ，彼の心臓は機能不全に陥り，やがて彼は死ぬであろう。

臨床家は，このように患者との会話の途中で声に出さない内的独白をしていることが多い。独白は，時には臨床家のチェインジトークとでも言うべきものを含む。「彼がこの原因を突き止め，事態を好転させるのを助けたい」（願望）。「私には，ここで違いをもたらすことができると思う」（能力）。「あの子どもが大変辛い思いをすることになるから，彼女は実際に変わらなければならない」（理由）。「その話題を持ち出すべきである」（必要）。「彼女が今必要とするだけ，時間を延長することにしよう」（決意）。これらの願望は，「私がこの仕事に就いたのは，このような人々が，人生を好転させるように援助するためである」というような，心に深く抱いている価値観を反映しているかもしれない。そのような価値観は，「参った，状況は絶望的に見える。どこから始めたらよいかわからない」などの否定的な側面も併せ持つだろう。

ヘルスケアの現場は，臨床家が変わってほしいと思うような困難な状況にあえいでいる人々が沢山おり，そのために患者が自分で決意する自由を尊重したいという，同時に存在する臨床家の願望との葛藤が生じる。以下は，同僚同士の会話に，この葛藤が現われている例である。

臨床家Ａ：「血糖値を下げるために，この患者に食事法を変えてもらいたいと思うんだ」

臨床家Ｂ：「でも君が彼女に何かさせることはできないよ。それは彼女次第さ」

臨床家が，この両方の視点を同時に持つことは珍しくない。行動を変化させることに対するあなたの願いは強くても，同時にあなたは，患者

が自分で決意する自由を尊重している。これは必ずしも両立しないものではない。それは，行動を変えることに関する面接を特徴づける，複雑で困難な課題の一部である。熟練した確かなロッククライミングの指導者は，クライマーの苦闘を見ながら，うまくいって欲しいと強く願ってはいるが，自分がクライマーに代わって，登ってあげることはできないことも認識している。明らかな安全基準の範囲内で，クライマーが苦労して進むことを可能にし，忍耐と尊敬をもって結果を受け容れることは，彼らの望ましい指導関係を育てる。

　これらのABCsがそれほど差し迫ったものではなく，あなたはその患者が行動を変えるかどうかを，それほど気にかけずにすむ状況にあることもある。この状況は，**均衡の位置**（position of equipoise）と呼ばれる。

- 「この薬を使うか使わないかというのは微妙である。それは彼の決断であるが，変化を支持する議論とその反論とは，ちょうど均衡がとれている」
- 「彼女の足に問題があるのはわかっているが，糖尿病の管理について彼女は他のことを優先している。今は足について話し合わなくても構わない」

　変わることに対して，患者の準備がどのくらいできているかを評価する場合と同様に，行動の変化に対するあなた自身の願望も，1から10までの重要性尺度を用いて考えることができる。1は，あなたがどちらにも与しないことを意味し，10は変わることに非常に価値を置いていることを意味する。

　このようなあなたの願望の測定は，どのようにあなたの面接の役に立つのだろう？　自分のABCsが相当に強いということを意識するだけでも，あなたが慎重になるために有益であろう。目標は，ABCsが患者とのやり取りを支配してしまうのを避けることである。そうしなければ，多くの落とし穴のうちのどれかに陥ってしまう可能性がある。幾つかの

例を紹介しよう。

b) ABCsと一般的な落とし穴

患者に変化して欲しいという気持ちが強ければ強いほど，あなたは自分自身の行動について，より注意深くなる必要があるかもしれない。患者に対して行動の変化を求め，期待することは何も悪いことではないが，強いABCsは，あなたを誤って正したい反応や他の間違いへと引きずり込む可能性がある。あなたがどのように感じているかを，注意して観察することが第一歩である。そのうえで，誘導（案内）から逸れてしまうような応答のパターンに陥らないように注意しようと心がける。以下に幾つかの例を挙げる。

> 患者の行動の変化を，自分がどれほど重要であると感じているかについて注意深く観察することが，困難な問題を避けるための第一歩である。

(1) 指示に陥る

患者の期待を感じるからではなく，患者が変化することが非常に重要であるというあなたの感情によって，指示形式を選択することもある。あなたは，時間がなかったり，または単に変化を促進したいあまりに指示形式を選択するかもしれない。その結果は，誘導（案内）とは違ったものとなる。それは，話し合いの初めの数秒間にも起こりうる。

臨床家：（かなりやる気で）さて，お聞きしたいのですが，喫煙については何かなさいましたか？　喫煙は，あなたの健康にとって大きな問題ですから。

患者：（即座に拒絶して）以前に禁煙した時も，長くは続きませんでしたか

ら。ただ，なんとか生きていますよ。

(2) 無理強いしすぎる

変化を奨励したいというあなたの願望によって，あなたは説得と抵抗の落とし穴に陥ってしまうかもしれない。一生懸命説得しようとすればするほど，患者はさらに抵抗する。優れた案内人は，決して前に出過ぎないものである。

臨床家：(患者のことを非常に心配して) 薬物の使用を止めない限り，お子さんを失うことになってしまいます。どのような治療が役に立ちそうか考えてみましたか？
患者：私の問題はお金です。男の人たちを受け入れる（売春）のは，私と子どもが食べていくためですし，ヘロインは生きのびるのを助けてくれているのです。

(3) 患者を救出する

患者に変化して欲しいという感情の，もう1つの一般的な反応は，彼らを救出しようとすることである。これは，多くの援助を与えようとする，あるいは規則を破って患者の家を訪問しお金を与える，などの過剰な熱意，衝動，および懇願など，いろいろな形をとる。意地になって救出することは，患者にとっては，時として全く必要のないものである。それどころかあなたは，解決策を待つ被害者という患者の役割を，無意識に強化してしまう可能性がある。親切心も度がすぎることがあり，あなたが患者のできる行動の肩代わりをしてしまう時には，特にそうである。

(4) ただ患者に従い，行き先を見失う

あなたは，誰かが悪い知らせや喪失に苦しんでいたら，その人の心に寄り添い，ただ一緒にいて，その人の苦しみをひたすら聴くことが有益

であることを知っている。行動を変えることについての話し合いでも，助けたいというあなたの強い願望によってひたすら聴いているだけ（従う）という場合でも，同様の状況が起こり得る。そうすると，あなたは面接の方向性を見失うこともあるだろう。何回もの面接によって患者との関係を築いてゆく時には，そのパターンが何カ月，あるいは何年も続くことがある。その人の直面している主な事柄が，行動を変えることである場合には，誘導（案内）形式の質問を1つか2つすることによって，患者との良い関係を失わずに，話し合いの方向性に対するコントロールを取り戻すほうが生産的である。検討課題の設定は，両者がその状況から一歩離れて客観的に観察し，行動を変えるという選択について考えるためには有益な方法であろう。行動の変化について，患者と率直に話してみることも良いかもしれない。

(5) 患者に情報を詰め込みすぎる

あなたがとても心配しており，時間もあまりない時には，おそらくあなたは勢いよく情報の提供を始める。そこに問題がある。専門家としてのあなたは間違いを正す。あなたの道具箱には「情報提供」が入っている。こういう場合に，患者の変化を求める強い望みが加わると，「情報提供」が取り出され，大量の情報があふれ出すだろう。すると受動的な患者の注意力は，ただちに失われてしまうのである。

(6) 問題と弱点を追求する

あなたは問題がありそうなところで，問題を発見し解決しようと強く感じるあまりに，患者の観点を忘れてしまうことがある。そして，問題とされる行動の正に問題となっている部分に焦点を当てれば，患者はやる気を失って防衛的になるだろう。患者の長所や力と願望を引き出す機会が失われ，「悪い」行動の規制に取って代わられてしまう。

患者の内的変化を求めるあなたの前向きな願いは，熟慮のうえでの判断や誠実な思いやりによるものかもしれないし，あるいはまた，指針や

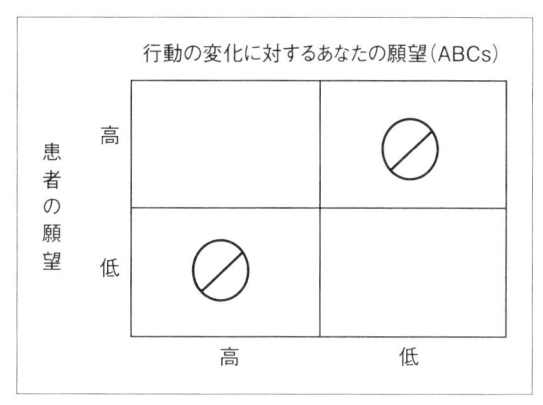

図9.1　行動の変化に対する願望

援助の手順によって，外側から突き動かされたものであるかもしれない。前者は，良い結果をもたらす可能性があるが，後者はおそらく，あなた自身の慎重さを大いに必要とする。ここでの私たちの狙いは，あなたを新進の精神療法家にすることではなく，あなたが，自分自身の感情的反応や，そのために誘導（案内）の過程からどのように逸れてしまうかについて，注意深くなるよう促すことである。

行動の変化についての面接では，あなたの願望と患者の願望が入り混じっている。次は，この困難な課題において，どのように建設的な経路をとるかということについて解説する。

3. 関係：検討課題が異なる時

図9.1では簡単な縦横2列ずつの図式が提示されているが，その状況でどのように面接が進められるかについて考えてみよう。最も困難なのは，願望が一致しない場合である（図のなかでは ⊘ で記されている）。

あなたと患者の願望が一致しないのは，最も一般的には，あなたのABCsが強く，患者の願望が弱い場合であろう。そのような時に，その不一致が存在しない，あるいは「存在するはずがない」かのように面接を進めてしまうと時間を無駄にしかねない。あなたはひっそりと不一致

を回避しようとしたり，効果的に頷いたり，患者をあちらこちらへと操作して動かしているかのようにさえ感じるかもしれない。MIの核心にある患者への共感や受容は，ただちに損なわれてしまう。この状況では，患者の再評価が役に立つこともあり，検討課題の設定は，そのような再評価のために工夫されているのである。患者は強く望んでいるが，あなたはそれほど希望していないという正反対の状況でも，同様の手法が用いられる。例えば，患者は手術のために紹介状を書いて欲しいと切望しているが，あなたは手術の効果に確信が持てない場合があるだろう。そのような場合には，手術について率直に話し合わなくてはならない時が来るかもしれない。

a) 検討課題の設定

検討課題の設定については第4章で紹介したが，これはあなたと患者の間で各々の検討課題と願望の折り合いをつけるために良く用いられる戦略である。あなたが治療者としての願望を，患者に押しつける必要性を強く感じる場合ほど，以下のように明確な課題設定が必要である。

「彼女にはもっと運動をして，仕事に復帰するための準備をして欲しい。それなのに彼女は，また休職のための診断書を欲しがっている」

「私は喫煙を問題にしたいのだが，彼は薬を変えれば全てが解決されると思っているようである」

「今回，彼はまたCT検査のための紹介状を欲しがっているが，彼は，多忙な日常生活による圧力が，おそらくは頭痛の原因となっていると思われるので，その日常生活について考え直してほしいと私が思っているのを理解しているだろう」

「彼女はもっと痛み止めを欲しがっているが，私はもっと活動的になったら良いのにと思っている」

良い治療関係は，このような問題を解決するうえで極めて重要である。第4章では，最初に，あなたと患者が先行きについて同意する機会

を提供し，話し合うことになりそうな全ての話題を提示する，決まった枠組みのある過程について説明した．しかしながら，あなたと患者の願望の相違に対処するために，面接の途中で，いくらか漠然とした検討課題の設定をすることもある．例えば，先述の4つ目の筋書きでは，患者はもっと痛み止めを欲しがっているが，あなたは運動のほうが良いと感じているので，以下のようにすることもできる．

・患者の感じ方と願望に対するあなたの理解を要約する．これによって，意思の疎通が促され，患者が自分の要求を誤解されているとか無視されているなどと感じなくてすむ．

・検討課題の設定を進める．例えば：

「ここで少し元に戻って，私たちの進歩に注目してみましょう．私たちはお互いにあなたが痛みから解放されて欲しいと思っています．そのことははっきりしていますし，そうするための様々な方法について話し合うことができます．あなたが望んでいる痛み止めを増やすという方法もありますが，私は薬が増えるのは心配です．また，私がお勧めするのは，運動量を増やすという方法ですが，これはあなたにはご了解いただけていません！　ここからどのようにしてゆきましょうか？　私が見落としたことが何かありますか？」

このような困難な面接において，次にどうするかということについて指示的になることは賢明ではない．しかしながら，検討課題の設定によれば，痛み止めを増やす懸念について，話し合う余地が生じる．特に，最初に許可を求める時にはそうである．患者の健康についての心配を伝え，自分と患者の異なる願望について率直に話し合うために，検討課題の設定を用いると，行き詰まりから抜け出して，より実りのある道へとつながることが多い．

b) さらに難しい面接：指示が不可欠である時

日常業務の累積した圧力や苦しい状況が，あなたと患者の双方を混乱

させることもある。あなたが、誘導（案内）形式を採用するのが理想であると思っても、しばしばその時に所属している援助組織によって要請される他の役割があるかもしれない。これは、あなたが時には誘導（案内）形式から離れて、患者に特定の話題を強いなければならないことを意味する。幾つかの例を挙げてみよう。

- あなたは、問題を抱えた母親が、行動を変えるように援助したいと思っている。彼女には節酒、他者といろいろ交流すること、子どもの問題行動に対する新しい対処法の習得が有益であろうと思われる。しかしあなたには、子どもが危険に晒されている場合には、子どもの福利も考慮する義務がある。
- あなたは決まった手順で評価面接をする必要があり、それには誘導（案内）形式とは相容れない形式で生活習慣の変化についての話題を取り上げなくてはならない。
- あなたは、検査結果と行動の変化が極めて密接な関係にあることを、患者に警告する義務があると感じている。
- 患者は、度々飲酒運転でクリニックに来ており、明らかに他者に対して危険である。

> あなたが、誘導（案内）形式を採用するのが理想であると思っても、しばしばその時に所属している援助組織によって要請される他の役割があるかもしれない。これは、あなたが時には誘導（案内）形式から離れて、患者に特定の話題を強いなければならないことを意味する。

あなたの援助、役割、ないし臨床的判断によって、指示形式を採用し、患者に対して、難題に関する話し合いの強要を余儀なくされる時、その義務的強要は、行動を変えるために用いられる誘導（案内）形式と、ど

のように統合されるのだろうか？　問題を抱えた母親の最初の例を用いて，あなたの役に立つ指針を以下に挙げる。

- 面接の開始とともに，できるだけ早い時期に意思の疎通を図り，とりわけ傾聴に力を注ぐ。
- 両者にとっての問題をできるだけ早く明確にする。理想的には，面接の開始時にするのが良い。あなたや患者は，役割の切り替えについての隠喩が有益であると感じるかもしれない。次の導入について考えてみよう。

「私の仕事で重要なのは，どんな方法であれ，あなたにとって適切な方法で，あなたを援助することです。今日はこの援助法について，いくらか話し合いたいと思います。また，私の職務上の立場として，その他に私は，あなたの子どもたちにとっても最善の方法を考えなければなりません（指示役）。つまり私の仕事は，この2つの立場を行ったり来たりするものです。でもまずは，あなたを援助することから始めましょう。ご存じのように，母親が幸せでなければ子どもは幸せではいられませんから」

- 面接の途中で問題が生じたら，休憩をとる。それまでのところを要約し，患者から距離をとって，その問題に取り組む。明確に，かつ正直であるように心がける。患者を尊重することは，何にもまして優先されるべき事項であることを忘れてはならない。
- 可能であれば，患者の懸念から始めて，誘導（案内）形式を用いる。受容の表現と，たとえ簡単なものであっても振り返りの傾聴を用いて，患者の苦境に対する理解を示すことに力を注ぐ。
- 案内人と指導者の役割をはっきりと切り替える。私たちは，これを「帽子（役割）を替える」と言う。患者との面接で，あなたの役割が替わることを曖昧にしたり濁したりすることによって，患者を混乱させないように注意しよう。例えば，次のような言い方をすると良いであろう。

「私には異なる任務があることについて話してきました。そして，あなたがどうしたらより良い方法でお子さんたちに対処できるか，また，あなたのお気持ちを平静に保っておくために，外出がどれほど役に立っているかということについて，ずいぶん長いことお話をしてきました。今度は私の役割を変えて，お子さんたちのことについて話したいと思います。あなたにお聞きしなくてはならない心配なことが幾つかあるのですが，よろしいですか？」

> 案内人と指導者の役割をはっきりと切り替える。私たちはこれを「帽子（役割）を替える」と言う。患者との面接で，あなたの役割が替わることを曖昧にしたり濁したりすることによって，患者を混乱させないように注意しよう。

あなた自身の健康

　他者の行動の変化に責任を感じるのは，疲れることである。しかしあなたは，MIの誘導（案内）形式に熟達するにつれ，そのようなストレスをあまり感じなくなり，必ずしも行動を変えさせるという重い責務を背負わずに，患者のことを考えたり，心配したりすることができるようになっているのに気づくであろう。

　責任感からの解放はまた，全く違う種類の問題を生じさせる。あなたの優れた取り組みは，変わろうとする患者の努力に関連した苦しみの中心にあなたを引き込む可能性があり，そのためにあなたの福利が損なわれるかもしれない。誘導（案内）するということは，患者の経験を理解し，共感できるくらい患者に近づくことと，治療者としてのあなたの役割を維持することの，微妙なバランスを必要とする。聖書のなかでモー

ゼは，燃えさかりながらも，燃え尽きてしまうことのない灌木に注意を引かれた時に，天職を見つける。燃えていながらも，燃え尽きてしまわない，それが治療のバランスなのである。ある熟練の小児科医はそれを次のように表現した。

「私が出会う家族にはみな物語がある。それぞれの物語は，興味深く，異なるものである。私が決して疲れきってしまわないのは，彼らの物語に関心を持っているからである。私が退屈するのは，調査表や決まりきったやり方で患者を扱い始める時である。そのような時に私は燃え尽きてしまう危険がある」

あなた自身の面接を検討する

その他に，誘導（案内）形式による面接の上達に役に立つのは，あなた自身の面接の録音（当然，患者の許可を得て）を聴くことである。それは，運動選手が自分自身のビデオを見るようなものである。あなたは，面接のなかで自分の応答が良かったところと間違ったところを，明確に観察することができる。

「最初，私は全てのコントロールを彼らに譲り渡しているように感じました。私には，自分のしたいことや，する必要のあることを終えるどころか，時間の管理さえできませんでした。ところが，面接の録音を聞いていると，私は1つの開かれた質問をしていました。コントロールを握っていたのは私でしたが，それでも患者は先に進んでいました。その面接は完全に変化していたのです。面接中には，私は何が起きたのか全くわかりませんでした」

日常業務のなかで技術を練習する

母親と乳児の相互関係に関する多くの文献は，乳児が自分の新しい環

境に対処する能力を身につけるのを援助するためには，誘導（案内）形式が，明らかに普遍的で，自然なコミュニケーション法であると示唆している。「**足場作り**」や「**誘導しながらの関与**」は，子どもの必要性と能力に注意深く対応するために，望ましい親や家庭教師が，自然な会話を行う方法を表す言葉である。上手な親や家庭教師は，過干渉（指示）でも追従でもなく，子どもが苦労し努力しながら成長するように援助するものである。巧みな誘導（案内）は，より良い長期的結果をもたらす。

困難な決断について友人と話し合うのは，誘導（案内）形式を練習する機会である。指示形式を使った解決策に飛びつこうとする誘惑は，しばしば強いものであるが，傾聴，質問，提案，支持，奨励などのほうが，おそらくは有益で，有効である。人生の終わりにさしかかった高齢者は，しばしば困難な問題について話し合う必要がある。その場合には，傾聴，質問，および情報提供の，どの組み合わせを使うべきだろうか？定形的な公式ではないが誘導（案内）形式によって，それらの技術を用いることは，問題の解決法を指示するよりも有効であることが多い。

傾聴は，誘導（案内）形式ばかりでなく，どのような会話においてもほぼ練習可能である。日常生活で振り返りをしようとすると，自分の振り返りの言葉に注意を払ううちに，相手の話に対する真の関心から焦点が逸れてしまう場合があることに，気がつくかもしれない。初期には，熟練していきながらも一種のぎこちなさを感じるが，それに気をとられないようにすることである。そのまま続ければ，すぐにそれほど不自然に感じなくなるはずである。成果はじきに手に入るのであるから。

> 傾聴は，誘導（案内）形式の援助においてだけでなく，どのような会話においてもほぼ練習できるものである。

これまでの技術に関する議論の基礎には，技術的なものを超えた，もっと重要なことが存在する。熟練した傾聴や誘導（案内）を通して，あなたは，受容，希望，および思いやりのメッセージを伝えている。それは，単なる技術だけで魔法のように現れてくるものではない。思いやり，受容，および希望は，あなた自身の内的経験であるとも言えるが，それらは伝達されない限り患者の役には立たない。もちろん，それを率直に口にすることもできる。「気にかけています」「きっと大丈夫ですよ」。しかし，何を言うかということだけでなく，患者とともに在る「在り方」を通して，共感的な傾聴と誘導（案内）の形式を用いながら希望と受容を伝えることには，何かしら特別な力がある。おそらく，他者を癒す存在でありたいという願望は，あなたが専門的職業を選んだ理由の1つであろう。振り返りの傾聴を用いて実施される誘導（案内）の技術は，あなたの思いやりや受容を伝える最善の方法である。その技術を磨くことによって，あなたの受容と思いやりの許容範囲はさらに広がるであろう。

結　論

　本章は，MIという方法の為し得ること，およびヘルスケアの日常業務における非常に困難な状況に対して，MIがどのように用いられるかということを明らかにした。次章では，援助が提供される，より広範な臨床的環境で，MIがどのように適用されるかを検討する。

第10章
面接を越えて

　本書は，ヘルスケアの個人面接における動機づけ面接法（MI）の導入法を，わかりやすく説明することを目的として書いた。私たちは，患者の変化に対する両価性を探究し，彼らの健康管理能力を最も良く引き出すよう，あなたに提案している。本章では，援助組織においてMIが，理想的に適用された例を紹介する。この例を通して，患者の必要に応じて行動の変化を促進する援助組織や治療機関に，MIが適切に取り入れられた様子を理解できるであろう。

　個人の面接には，もちろんそれなりの限界がある。クリニックの内外で，面接の外からくる圧力が患者の変化を妨げる。社会経済的状況は，健康と生活習慣を改善しようとする人々の努力をしばしば台無しにする。組織の圧力も，あなたの面接に影響を及ぼす。例えば，もし援助組織やヘルスケア組織が，患者の受動性を強化するものであれば，個人の面接を通して変化を促そうとする，あなたの最大限の試みは，損なわれてしまうかもしれない。

　「次の方どうぞ（満員の待合室で1時間待った後で）。ようこそ，エバンズさん。服を脱いで下着になり，この上着を着ていただけますか？　お仕度ができたら，血圧と体温を測りましょうね。その後看護師がおうかがいします。それから……」

もし，あなたが行動の変化に関わる面接をするならば，このような所定の手続きに従わされる患者に対して，誘導（案内）形式による面接を通して，行動の変化を達成するよう促すのは非常に難しい。なぜなら，そのような面接では種々の選択肢について積極的に考え，自分の人生における行動の変化に責任をもって取り組む患者像を，前提として重要視しているからである。さらに同僚の多くが，患者とのコミュニケーションにあたって協働的な姿勢をとるように心がけていなければ，あなた1人の取り組みだけでは，あまり効果がないと感じられるかもしれない。

　ヘルスケアシステムの内外における障壁は，健康に関わる行動を変えようとする患者の動機に影響を及ぼす。『そのような"障壁"を取り除き，臨床家が通常の面接に誘導（案内）形式を統合できるように，ヘルスケアの治療システムを変化させることは可能だろうか？』。私たちは，それが可能であり，そうすべきであるというところから開始する。私たちの目標は，ヘルスケアの供給システムにおける，変化の手がかりとなる道標を，同定することである。私たちは組織の変革という難題に，私たちよりはるかに経験を積んだ知識の豊かな人々が，取り組んできたことを充分に承知している。しかしながら，ヘルスケアの臨床現場や組織における思慮深い変化は，面接の成果に，はるかに大きな違いをもたらし，誘導（案内）形式の適用を，もっと簡単で，さらに効果的なものにすることができる。

　以下に，実際の臨床実践から例を挙げて解説する。私たちは，関係者（臨床家）と長いこと話し合い，そこで行われている援助と彼ら自身について，充分に理解した。描写と引用は，その精神を正確に表しているが，匿名性を保持するため，必要な場合には仮名などを使用している。第1の例は，治療組織における一般的な障壁を，除去することに焦点を当てている。第2の例は，ヘルスケアの臨床現場でMIを用いるための，直接の取り組みを扱っている。

変化の障壁を取り除く

　これら2つの例においては，治療組織の変化が，患者や彼らの要求に対して援助を身近なものにし，可能な時には，いつでも行動を変える選択ができるように患者を促した。治療組織が変わる以前には，MIを治療に取り入れるのは殆ど不可能に思われた。しかし変化の後では，職員はMIを採用することに大変意欲的になったのである。

1．援助の再設計
設定と問題：物質乱用の解毒と治療のための外来診療所。
目標：通院の改善，より積極的な治療への取り組み，物質使用における
　　　変化の促進。

a）かつての状況
　その診療所の職員は，有能な善意の人たちであったが，自信を喪失し意気消沈していた。彼らは毎日，アルコール依存症や薬物乱用によって，荒廃した生活を送っている人々を診ていた。医療職員は，薬物乱用の治療に入る前に通院で利用できる質の高い解毒治療までも提供していた。しかし多くの患者は，最初の評価の時でさえも，予約時間にやって来なかった。患者の殆どは，評価と解毒を終えても，継続的治療に戻ってこなかった。数名の患者は，何カ月もの後に，急性疾患で再びやって来た。患者たちは一般に感謝の念を持たず，無礼で，抵抗し，動機づけられておらず，現実から目をそむけているという，悲観主義と絶望感が，職員の間ではびこっていた。職員の入れ替わりは激しく，欠勤も多かった。職員間での言い争いも日常的であった。
　ここで少し，援助を受ける患者の視点から見てみよう。予約は電話ではできなかった。患者の殆どは貧しかった。彼らは，午前8時に受付の

窓が開く時までに，そこに行かなければならなかった。診療所自体は，最も近い交通路線からでも，いくらか離れた倉庫地帯にあり，公共の交通機関を使って診療所に来るには，2時間もかかることがあった。受付の窓口は，文字通り壁に小さなガラス窓があるだけで，職員は窓の向こうで働いていた。その窓は，冬の時期には暗く寒い廊下に面していた。廊下には4つか5つの古い椅子があったが，それ以外の患者は立っていなければならなかった。彼らの傍らを出勤する職員が慌ただしく通り，毎日のメサドン［訳注：オピオイド系合成麻薬。ヘロイン依存症の治療に用いる］をもらいに来る患者たちも通り，警察官や警備員も通る朝の時間，患者たちは，そこで待っていなければならなかった。8時に窓が開く頃には，人々が列になって並んでいた。初回面接は複雑で，受診できるのは5，6人であった。残りの人々は，午後まで待つか，家に帰って翌日再度来るように言われた。受付窓口の周囲の雰囲気は，しばしば険悪で混沌としていた。

そこに残った人たちは，1人ずつ診療所の一角に呼ばれていった。呼ばれるまでに2時間待つ人もいた。彼らは，まず看護師に会い，緊急の離脱管理が必要かどうかを調べるために，血圧や体温を測り血液検査を受けた。次に，彼らはケースワーカーと30分ほど面接した。ケースワーカーは，雇用状態を確認し，所得証明（給料明細など）を調べ，入院給付や公的扶助を受ける資格があるかどうかを判断するために，いろいろと質問をした。この段階までに情報が充分収集できない場合には，患者たちは，さらにもう1人の別のワーカーに会って，初回面接の記録用紙の不足分を埋め，極めて個人的な質問からなる構造化された面接を受けるのであった。

その後，彼らはオリエンテーションか，または「O」グループに出席するための予約をした。「O」グループは，治療導入前の準備として，毎週開催される2つのグループ（集団療法）のうちの1つであり，患者の担当カウンセラーが決まるまで，待機している時間を過ごすだけでな

く，「動機」の状態を審査するためのグループでもあった。その「O」グループでは，物質乱用についての講義や映画が一通り実施され，患者は，担当カウンセラーが決まるまでに平均4回から6回の集団療法に出席した。担当カウンセラーが決まると，やっと最初の治療予約ができるのであった。受付窓口に来る患者のうち，最初の面接予約まで辿りつく患者は，ほんのわずかであった。初回面接に辿りついた患者は，担当カウンセラーが適切と判断する治療を受けた。

b）治療手続きの改革

新しい所長は，その援助供給体制に変化を起こすために，新しい資源を導入し機会を作った。目標は，クライアントを歓迎する来所しやすい診療所にすることと，できる限り迅速に，多くの患者に有効な援助を提供することであった。以下の「7つのC」は，患者中心の新たなケアモデルの指針として開発された。

1. Courtesy（礼儀正しさ）：全ての患者，電話をかけてくる人，および同僚が，常に尊敬をもって礼儀正しく対応される。
2. Collaboration（協働）：職員は共通の目的を持ち，互いの目標を理解しながら相互に協力するように努める。殆どの目標は，単独で取り組むよりも，協働的な取り組みを通して達成される。
3. Contribution（貢献）：全職員は，公平な量の仕事を割り当てられ，それを遂行する。全職員は，共通の使命と目標に対して，個人的に貢献する方法を探す。
4. Conscientiousness（誠実）：全職員が，優れた援助を推進するために責任をもって努力する。仕事の計画や基準を誠実に守る。
5. Communication（疎通性）：診療所全体で，率直なコミュニケーションを重んじる。懸念や情報は，関係者全員に直接確認される。
6. Connection（連携）：各部署の職員は，診療所全体との連携を理解し，全職務の遂行にあたって全診療所の理念と使命に責任を持つ。

7. Community（共同体）：全職員が，診療所の雰囲気，あり方，援助，および全患者の福利に対して責任感を共有する。

多くの実際的な変化は，1年以上かかって少しづつ起こった。受付の窓がある壁は取り壊され，入り口の廊下とは別に，快適な明るさの，ゆったり座れる広さのある暖房を備えた待合室が設けられた。患者は待合室で歓待され，コーヒーでもてなされ，予約の有無にかかわらず，1日中受け付けられるようになった。御意見箱が設置され，患者は問題点や希望した援助を受けたかどうか書くように求められた。初回面接の方法は合理化され，必須情報の多くは，待合室で記入する質問票によって収集され，質問票を読んだり，理解したりするのが困難な患者は，職員の援助を得て記入するようになった。患者が最初に会う人は，質問をするケースワーカーではなく，経験を積んだカウンセラーになった。そのカウンセラーは，「後ほどあなたに質問をさせていただく予定ですが，その前に，あなたが今日ここにおいでになった理由についておうかがいしたいのです。どのような状況にあるのかお話ししていただけますか？」と切り出すのである。その後30分間，質の高い傾聴が続き，通常必要とされる具体的な情報の殆どが傾聴によって収集された。目標は，変化しようとする動機を強化し，たとえそれが患者のたった一度の来院であっても，有益な援助を提供することであった。

その診療所では，効果が証拠立てられている様々な集団療法と個人療法をも開発した。その治療は昼間も夜も，いろいろな時間帯に利用可能となった。援助を提供する時間帯は，全体の職員数を増やさずに延長された。オリエンテーションのグループは中止され，その代わり患者たちは，初回面接時に利用できる治療のリストを受け取り，内容についての説明を受け，必要な治療や希望する治療を，そのリストから選ぶようになった。全ての患者が1週間以内にカウンセラーに会い，治療が開始されるよう全力が注がれた。また患者は，初回面接中でも解毒治療中で

も，自分の担当カウンセラーに会えるようになった。

　患者と職員，双方に顕著な影響があった。患者の通院率は劇的に向上し，従来の方法を好む職員が何人か退職した後は，職員の離職率が低下した。職員は，患者が動機づけられていないことを非難する代わりに，両価性を正常なことと考え，動機の弱さに対する取り組みを自分の仕事の一部と考えるようになった。その診療所は，多くの診療所が閉鎖となった管理医療時代を生き延び，総合的な追跡評価による患者の長期的結果は，対照集団の明瞭な診療所の研究結果に匹敵するほど優れていた。

　変化に対する最初の起動力は，所長の交代によって上意下達式に開始されたものではあったが，この例の核心にあるのは共通の価値観を分かち合う知恵である。所長の交代は，援助の改造に必須ではない。私たちは，糖尿病を患う思春期の若者に対する援助に取り組んだことがある。その診療所の臨床家たちは，患者の通所率の低さや血糖管理の拙劣さに対する態度を一新した。診療時間は，学校や大学の授業の帰りに来られるように，患者たちの希望に沿って午後の遅い時間に変えられた。その後，微妙な変化が起こり始めた。その診療所の職員は，「体重と血糖値」中心の援助から，もっとゆったりとした思いやりのある，患者の必要性に合わせた援助へと，援助の方法を変えていった。この静かな変革によって，予約せずに来た若者が，「今日は最初に誰に診てもらいたいですか？」と尋ねられるという，以前とはかなり異なる応対をされるようになった。その雰囲気，面接の仕方，および治療の選択は，先述の薬物乱用の診療所と全く同様のパターンを辿った。通所率も改善された。臨床家たちは価値観の共有と，1つの改革から始めただけであった。次の例は，この原理に従うことが，いかに実りの多いものであるかを実証している。

2. 1つの改革

次の例は，私たちが何年にもわたって追跡調査した，発展途上国における改革である。そのチーム（専門的職員集団）はアフリカ最大の先進的病院の1つに所属していたが，貧困に苦しむ患者の治療に取り組み継続することが難しいという，絶望的な状況に直面していた。

設定と問題：エイズウイルスに感染している子どもたちのための入院および外来施設。治療に取り組み継続する患者が少ない。
目標：抗レトロウイルス療法のアドヒアランスを高めること。母親たちの社会経済的基盤を強化すること。患者に，より健康的な生活習慣を勧めるためにプログラムを変更すること。

a）かつての状況

150人以上の母親が，その施設に登録していた。彼女らは，生命の危険に晒されている自分の子どもに，規則的に投薬する必要があった。そのチーム（専門的職員集団）は，毎日規則正しく投薬するという服薬アドヒアランス（真剣に治療に取り組み継続すること）の重要性を，いくら強調してもしすぎることはないと感じていた。服薬率は低く，関係者は意気消沈していた。紹介率は上昇していた。母親と子どもたちは，エイズウイルスに感染し後天的免疫不全症を発症していた。

母親たちは，通常まず小児科の入院病棟に案内された。乳幼児は急性感染症が峠を越すと退院となり，通院治療に移された。そこからが問題であった。母親たちは，その後の予約にはめったに来所せず，アドヒアランスの重要性について母親に「理解してもらう」のは難しいように思われた。彼女たちは，当惑しているようであった。コミュニケーションが困難であり，職員は多くの母親たちが「現実から目を背けている」と考えていた。仕事を持つ母親は，ほんのわずかであった。彼女たちの殆どが，標準以下の住宅に暮らしており，定期的な外来予約に来るため

の交通費が捻出できないと思っていた。彼女たちの文化において，HIVは恥であった。投薬を受けて，彼女たち，あるいは子どもたちが，良くなっているように思われると，服薬を中止してしまうのであった。そのために，多くの医学的および公衆衛生上の問題が生じていた。ある看護師は，「母親が怒り始めると，彼らが進歩し始めたとわかります。希望を持ち始めたことを意味するのです」と述べた。しかしながら，殆どの場合には，受動的であるのが普通であった。最近になって抗レトロウイルス療法が利用可能となったものの，アドヒアランスを改善するには，どのようにすれば良いのだろうか？

b) 治療システムの改革

ある母親の追跡調査について紹介し，援助の仕組みや治療手順の変化の概略を述べよう。彼女は，文字通り無一文で，黒人居住地域の小屋に12人の人たちと住んでいる。彼女は2週間前に，大変重い病気の子どもとともに救急車で病院に来た。子どもは重篤な肺炎の治療を受ける。到着後すぐに，母親は外来の廊下でカウンセラーの1人に紹介され，待合室ではコーヒーとサンドウィッチでもてなされた。待合室は市場のように活気があり，テーブルには他の母親たちがいて，ビーズ飾りを作っている。テーブルの上には，彼女たちがナイロン糸を切るために使う蝋燭が置かれている。新しく来た母親は，仕事を得る方法について学ぶ。彼女は，自分の生活について他の人たちと話を始める。子どもたちは，床の上やその周りで遊んでおり，医師は，子どもの病状と抗レトロウイルス薬の服用効果を観察するために，彼らを順番に呼んで診察する。全体に子どもたちの病状は改善しているようである。

その子どもが退院する時，母親は外来の予約をして，同時にビーズと糸の入った袋をもらう。彼女は，別の母親から会議の名札ホルダーの紐作りを教わっていた。次の週，彼女は子どもと診察にやって来て，待ち時間に，他の母親たちに会う。彼女の最もよくできたビーズ飾りは，小

さな即売会で売るために，担当看護師が買い取る。

　その後数カ月かけて，彼女は他の母親から，抗レトロウイルス薬の服薬法について学ぶ。彼女は友人関係を築き，HIV 保持者としての立場を開示するという問題について話をする。彼女は，診療所で働いている，どのカウンセラーとも気楽に話ができる。カウンセラーの多くは，自身も HIV に感染しており，他者を助けるためにボランティアをしている。彼女は，最初のビーズ作りで得た収入で，次の紐作りのビーズを買う。その後彼女は正規の仕事に就き，診療所に定期的にやって来る。診療所では彼女のために銀行口座を開設している。

　主任の小児科医は，「患者たちの生活を想像してみてください。実際に想像するのは難しいですよ。私も試してみるのですが，できません」と言った。振り返れば改革の過程は，深い共感の経験から生じたものであった。彼女たちの生活を実際に見ることが，行動を促したのである。

　その小児科医は数年後，「私たちが対処しているのは，その問題の一部でしかありません」と言った。「人々のお腹に充分な食べ物が入っていなければ，私たちの治療に影響が出ますし，それについて何もしなければ，医学的な問題が再燃して私たちを悩ませます。要するにこういうことです。私たちの責任は，その個人の治療を越えたものであり，またそうあるべきなのです。私たちはこの病院のなかで，社会経済的な介入を開発することにしたのです」。

　そもそも交通費と生活費を得るために計画された小さな改革が，今ではその他の障壁（社会的孤立，病気の開示に伴う問題，薬物療法の効果についての理解，および広範な個人的，社会的障害）を取り壊すために役立っている。子どもたちの治療は，服薬計画を順守している限りは，末期医療ではなく，糖尿病などの慢性疾患の管理と同様なものになりつつある。このすばらしい臨床実践のモデルは，他の所でも模倣されている（www.kidzpositive.org を参照）。職員は，MI の初期訓練を受けており，その訓練は治療サービスの理念と完全に一致していて，患者を勇

気づけることに重点を置いている。カウンセラーは，専門家として技量を高め，小児科医と毎週会議を開いて，アフリカの他の国々で子どもたちを治療するチーム（専門的職員集団）とのネットワークも作っている（www.teampata.org を参照）。

　この種の改革は決して珍しいものではない。診療所を病院から地域に移すだけでも大きな違いが生じる。現に，実際に世界中でプライマリケアが発展しつつあるのは，通いやすく継続しやすいケア施設（地域の診療所など）が作られて，現実の人々の生活に多大な影響を与えるように，多くの人々が努力してきた結果であると見なすこともできるだろう。健康問題や社会状況の援助において，地域共同体が主導権を握って住民の意識を向上させ，重要な問題について教育し，より良い援助を提供し，さらには地域の経済状況を改善することが，重要であることを示す多くの実例がある。健康に関わる行動の変化は，このような状況の変化とともに生じる可能性が，より高いと言える。

動機づけ面接法（MI）の実行

　前述の例で MI の適用は，援助の根本的な改善の副産物として生じた。この項では，MI を治療システムに取り入れるための，直接的な取り組みを紹介する。最初の例では，MI の訓練が，治療システムに相補的変化をもたらした。第 2 の例では，MI が，発展途上国の浄水プログラムを作るにあたって，健康促進のための枠組みとして用いられた。

1．MI の訓練とその他の改革

設定と問題：入院および外来施設。心臓病のリハビリテーション
目標：患者に健康的な生活習慣を勧めるプログラムへの変革；職員による MI 習得の推奨；日常的な処置と手順に，誘導（案内）形式を採用して，リハビリテーションの方法を変更する。

次に，進行中の取り組みについて簡単に述べる。その取り組みの解説は，所属する組織が変化する時，明らかにされる変化の性質について，また，難題に挑戦する時に感じる気持ちを，さらに良く理解する機会を与えるはずである。それは地域のケアであれ専門的なケアであれ，どのような専門家のチームにとっても実際的な役に立つであろう。

a) かつての状況

　患者たちは，当面の危機を乗り越えたばかりで，手術をしたかどうかに関わらず，受動的で，病を恐れており，時には抑うつ的であった。彼らは，運動量を増やし食事を管理し禁煙するべきであると言われることには慣れていた。彼らは，入院前の問題に加えて，さらに多くの問題に取り組むことになっていた。彼らは，様々な文化的背景を持っていた。退院時には，外来患者として心臓病のリハビリテーションに通ってくるように説明を受けた。通院率は悪くはなかったが，プログラム終了前に多くの患者が脱落した。

　職員は担当患者が多いことに重圧を感じており，患者の行動を変化させなくてはならないという責任感で意気阻喪していた。多くの看護師，心理学者，理学療法士，および栄養士からなるチームは，多面的なリハビリテーションプログラムを提供していた。それは，評価で始まり，教育的集団療法，リラクゼーショントレーニング，および個人面接などを含んでいた。そのプログラムの要点は慢性疾患の患者たちを生活習慣の変化など様々な健康的選択ができるよう，教育することであった。職員は，患者がより健康になる機会を最大限得られるよう援助することに，中心的価値を置いて心を1つにしていた。関係者全員，患者の生活習慣を緊急に変化させる必要に直面していた。援助法は1に教育，2に教育，3に教育であるように思われた。抵抗したり，否認したりする頑固な患者が多かった。変化について患者と話し合う方法を変えることによって，事態は改善されるのだろうか？

b) その後

チームリーダーは心理学者であったので，MIの文献を看護師長に見せた。リーダーと看護師長は，職員が患者の優先事項を決定し，助言を与え，多様な教育を提供するのに時間をかけ過ぎているという点で合意した。プログラムの出席率は，チームが異なる導入法を学ぶ機会を与えられれば，改善しうると思われたので，彼らは2日間のMIワークショップを計画した。彼らは，自分たちの目指す方向がわかっていたので，変化の過程に時間がかかることや，長期的結果が不確実であることについては，容認していた。それまでチームは，従来の病棟管理会議（患者の進捗状況を確認し，担当者から今後の治療計画を報告する）に，集まったことはなかった。

彼らは2日間治療プログラムを休み，14人の臨床家が訓練会場にあてられた別荘に集まった。彼らはただちに，俳優が典型的な患者の役を演じる，模擬面接による事前訓練に取り組んだ。殆どの臨床家は，MIについて聞いたことがなく，模擬演習も初めてだった。指示と誘導（案内）の間で形式を変更する場合に感じる葛藤は，質問よりもむしろ，傾聴にあたって，振り返りの言葉を現実に考え出すのが困難であることによって生じていた。決断の責任を患者に引き渡すことが，根本的に重要な課題であるように思われた。

次に，現実的な問題が立ちはだかった。為すべき臨床業務が多く，なぜ，どのように変わるべきかについて患者に助言するための，標準的な教育的面接法の明快な代替策は，見つからないままであった。MIの技術を導入するのは，明らかに相当の難題であった。ワークショップで学んだことを思い出すのは難しかったし，職員の実践を観察する人も，実践について話し合う人もいない状況で，古い習慣を変えるのは容易ではなかった。それでも，明らかに進展を見せた人もいた。ある人は，「自分が患者と話した後で，ああ，あれはMIだったな！　とわかることがあるのです。もっとたびたびMIを使ってみようと思っています。MI

を使うように意識することを心がけています」と言った。別の人は，冠動脈疾患治療の職員（彼らのチーム以外の）に，患者と一緒に居ながら，喫煙を止めさせず，ジャンクフードを食べないよう，なぜ注意しないのかと尋ねられたと報告した。彼は，患者たちが「あれこれをしなければ死んでしまう」とベッドの脇で言われるのに，うんざりしているかもしれないと答えた。ある看護師は，次のようにまとめた。「MIを正しくやっている時は，患者から良い反応が返ってくるのでわかりますし，大変間違ったやり方をしていれば，否定的な反応が返ってきます。判断が難しいのは，その中間です。微妙な違いがわからなかったりしませんか？」。

　追加の学習について，休憩室で話し合った時には，短い補充のワークショップ，相互援助会議，面接の記録を読むこと，録音を聞くこと，お互いの面接に同席すること，およびチェックリストを使って自分自身の面接に点数をつけること，などが提案された。しかし，ワークショップを開始し，熱意をもって参加した経験豊かな臨床家は，この考えを追求したがらなかった。彼らには，それまでのお決まりの援助法がどのように行動の変化を促進したり阻害したりするのかを検討することによって組織の文化を変えていこうという，もっと大きな目論見があったのである。

(1) チームミーティング

　そのチームでは，指示形式よりも誘導（案内）の原理に合わせて援助するには，どのようにすればよいのかを考えるのに，2時間の「チームミーティング」が何回か行われた。はじめに司会者は，評価と集団という2つの話題に注意を集中させた後，メンバーがどのような変化を起こしたいと思っているのかを引き出そうとした。全5回のミーティングは3ヵ月にわたって行われ，徐々に良くなっていったと全員が同意した。はじめに，彼らは，焦点が絞り込まれていないことについて話し合った。彼らが協働して治療にあたり，援助に関する変更に対して合意する手順

に習熟するにつれて，日常の臨床実践は，より革新的になり，互いに助け合うようになった。「組織の文化を変える」という考えは，話し合いのなかで幅広く用いられ，彼らは個人的，および専門的な違いを相互に容認できるようになったと思われる。ある臨床家は，「今では，問題に対する援助を求めて，チームの職員たちからメールや電話が来ます」と言った。

(2) 評価の手順を変える

新しい患者の初回面接は，平均30分ほどの長い評価を必要としていた。通常は臨床家が，指示形式による一連の質問を用いて答えを引き出し，その後情報の不足を補ってゆく。チームミーティングで合意した変化のための取り組みは，最初は欲求不満を引き起こした。臨床家は，記入用紙が未だに会話の流れを支配し，患者はその過程に，ただ反応しているだけであると感じたのであった。彼らは，評価を相互的な会話に転換し，あまり「診察」のような雰囲気にせず，患者が行動の変化に対する自分の願望について，考える機会を得られるようにしたいと考えた。

彼らは質問の順序を変更し，心臓病の原因や行動の変化に対する患者の信念や願望を引き出すために，新しい質問項目を加えた。事実に関する幾つかの質問は最後に残しておいた。患者が評価の過程で積極的であれば，それらの質問に対する答えは，自然な会話の流れのなかで生じるであろうと想定された。新しい「カンニング用紙」が作成された。臨床家は，全ての話題が取り上げられたことをその用紙で確認し，患者の観点から自由に話し合えるようにしながら，その用紙を完成させた。

評価の過程は，双方にとって明らかにもっと興味深いものとなった。ある臨床家は，「20年間も狭心症を患っている患者から聞く話に驚かされます。病気に対する彼らの理解は，ときどきとても奇妙なのです」と述べた。別の臨床家は次のように指摘している。

「私は評価の新しい部分がとても有益だと感じています。自分に起こったことや治療に来た理由について，患者に尋ねることは本当に

有用な手段です。以前の形式には，その余裕がありませんでした。また，彼らの主な心配について尋ねることもそうです。主な心配は，心臓の状態ではないことが多いのです。心臓発作も，妻が病気だとか，子どもが薬物を使っているとかといった事実に較べれば，たいしたことではないんです。それで患者の生活がわかります。彼らは治療を受けにやってきますが，私たちが期待するほど治療に興味を感じないかもしれません。私としては，それを理解することが大変役に立つと感じています」

生活習慣の変化を，どのように組み込めばよいかという患者の考え方など，その人についての全体的な感じをつかむことは，後の面接で焦点を当てるべきことの決定を容易にする。なかには，この評価法が従来の方法よりも長くかかると主張する人もいる。他にも異議を唱え，「のろまなコーチ」と言って同僚をからかう人もいた。

(3) 患者の教育的集団療法

そのチームは，週に一度，毎回違う話題を設定し，それに関して話し合う形式の，一連の教育的集団療法を実施した。彼らは，映像による講義を中心にせず，話題の順序を変え，患者の質問や観察に応答するための指針を作成した。MI の原理に従って，行動を変える時に感じる葛藤について検討するために設けられた，条件をつけない新しい最終回の集団療法で，最も劇的な変化が認められた。

その集団療法では，一度，臨床家が 2 人一組になって取り組む機会を提供した。決まった手順の少ない形式を用いる場合の困難の 1 つは，患者が必要としていると思われる全ての情報を提供したいという，善意の衝動を手放すことであった。その衝動を手放すと患者は，より責任をもって積極的に参加するようになった。

「難しいですね。情報を与えることに慣れてしまっているので，非常に難しいのです。そうです。そして最後に質問をするのですが，それは殆ど公開討論会のようになります。彼らはその話し合いで多くを得

ていると思います。皆がそれぞれ自分の意見を発表し，すると他の誰かが何か言う。殆ど話すことなどなさそうに見える人も，思い切って発言します。素晴らしいことですよね。そういう時は，彼らはいつもより熱心に見えます。私たちは，ただそこに立って情報を与える代わりに，患者の要求に注目しています。彼らが必要としているのは，必ずしも私たちが想像しているものではありません。私は患者に対して，以前より共感できるようになってきています。間違いなくそうなっています」

　最初の数カ月にわたって，チームは，特定の質問が集団療法のなかでも，どのような話し合いの場面で有用であるかについて学んだ。重要性と自信（第4章参照）は，服薬について話をするうえで明らかに有用であった。彼らは，利害得失を検討する戦略（第4章）が全般的に適用できるものであり，運動について話をするにあたっては，特に有用であることを見い出した。「これは彼らの理解の矛盾点を見つけるのに大変優れています。患者の90%が歩くことを運動と考えていない，というようなことです」。フィードバックに関して，ある看護師は，「私たちは患者の気持ちを探ろうとしなくなりました。私たちは，患者がフィードバックとして言うべきことを言うのを認め，患者も私たちがそのフィードバックに関して，言うべきことを言うのを聞いて，お互いが中間点で妥協するようになりました」と述べた。

　プログラムの部分的変化は，他の部分にも影響を及ぼした。ある臨床家は「MIをグループで最初に試した後は，似たような会話をグループ以外でもしているのです。私にとって，1つのことは，他のことにも影響しています」と言った。それは，最初のMIの訓練に出席していなかった人にも影響した。「訓練に来たことのない職員もいますが，彼らは，私たちによる，グループの扱い方から学んで，自分たちの行動を変えています。とても興味深いことです」。

　1年後の調査時点で，それまで殆ど知られていなかったMIに，全員

で同時に取り組み始めたので，MIの理解と臨床的実践という点で，職員間に殆ど差がなかったことが良かったと評価された。それは専門領域の枠を超えて，理にかなった問題の焦点へと全職員を一致団結させたのである。しかし臨床演習は，全員の嗜好や学習法に合っていたわけではなかった。ある看護師は，「集団療法（模擬）は大嫌いでした。ぐるっと座って人前で人々から何かを引きずり出すなんて。でもMIは大好きでした」と言った。

c）解　説

　意欲と創造性があれば，組織や援助を提供する手順の改革は達成可能であり，患者の健康に関わる行動の変化を促進することができる。段階的な変化の過程は，患者に最も良く認められる行動変化のパターンと同様である。行動の変化の理由（why）と方法（how）の両方に焦点を絞って注意を集中する必要がある。先の例でチームミーティングと訓練は，何をすべきか（どのように変わるべきか）という点だけでなく，なぜ変わるのかという点についても，焦点を当てたのであった。すなわち，患者の健康的な行動の変化を促進する，もっと効果的で敬意に満ちた方法へと，自分たちの援助法を変えていこうという意欲にも焦点が当てられた。不確実性や両価性に対する寛容さ，達成可能な目標の設定，および進歩の概観は，チームリーダーたち自身による，思慮深く，しっかりとした誘導（案内）形式を必要とする，全ての臨床家1人1人の行動の変化にとっての課題である。基本的には，チーム全体として誘導（案内）形式による援助に上達した。

　「1人の人間として彼らと話し合い，健康になるために，彼らにとって何が重要なのかを知ることは有益です。それは，家事ができることであったり，人によってはマラソンで走るなどの単純なことかもしれません。ですから，その個人の要求が何か，どの程度それをしたいか，その他の問題にはどの程度取り組めるのか，などについて知るのは大

変良いことです。それは，1人の人間としての彼らを理解するのにも役に立ちました」

MIを用いてグループを運営することに対する関心は，近年大幅に増大している。表10.1は，いろいろな施設で，この課題に取り組んできた2人の同僚とともに構成した，一般的な指針を含んでいる。

2．MIと公衆衛生の促進

発展途上国において，安全な飲料水が手に入るかどうかということは，健康上の重大な問題である。水中の微生物によって起こる下痢は，5歳以下の子どもの主な死因である。比較的簡単で，安価な浄水法が利用可能であり，汚染された給水による病気や死を，効果的に低下させている。浄水法を導入するよう，家族を説得するのに用いられる最も一般的な方法は，事実上教育的なもので，「理由（why）」と「方法（how）」を伝えている。しかしながら，そのような教育的戦略は，様々な理由から命を永らえる行動の変化を促進するためには，無効であるかもしれない。

ザンビア地域の場合がそうであった。この問題に取り組もうとして，Dr. Angelica Thevosと同僚たちは，独自の調査研究を行った。彼らは，浄水用の塩素の利用率が低く，給水システムを持たない2つの地域を選んだ。これらの地域で援助していた，10人の健康促進ボランティアは，5人ずつ，2つのチームに分けられた。1つの地域で援助を提供したチームは，追加の訓練は一切受けず，塩素処理法を家族に紹介するための，教育的な題材を使い続けた。もう1つの地域で援助を提供していたチームは，ロールプレイの模擬演習を含め，具体的に浄水の課題に合わせた，MIの訓練を5時間受けた。

その後8カ月間，そのチームは，簡単で，平易な方法（各現場で売られた次亜塩素酸ナトリウムのボトル数）を用いて，浄水の導入状況を評価した。塩素の売り上げは，MIの訓練を受けたボランティアが訪れた地域では，2～4倍という大きな効果（$p<.001$）を報告した。[注]

表 10.1　誘導（案内）形式による集団療法のための指針

原　則
協働，喚起，自律性の尊重という基本的原則（第1章）に加えて，集団に適用する場合の具体的な可能性について考慮する。

陥りやすい落とし穴を避ける
- 集団的状況に取り組む場合，複数の個人的相談にのってはならない。
- あなたがた専門家が質問し相手が答えるという状況を避ける。
- 焦点が不明瞭になること，あるいは深刻になりすぎることを避ける。

黄金律（忘れてはならないこと）
- 目標を覚えておく：全員をまとめて1つの話題に集中させ，相互に援助できるようにする。
- 個人の物語を主題や他者の経験に結びつける。参加者の物語の本質を引き出して，それを幅広く用いる。熟練した司会者は参加者の話に割り込んで中断し，違う視点から物語を再構成することもあるだろう。
- 発言の少ない人を励まし，声の大きい人や長々と話す人を控え目に押しとどめる。例えば，発言の少ない人には集団療法中の討論を部分的に要約するよう求め，その人自身にとってその要約がどのくらい適切かを尋ねることもできる。話好きの人には，自分の主張を要約してもらい，グループ全員に対して質問の時間をとる。
- 否定的な相互作用を最小限にする。参加者は，過剰な助言をしたり，明らかな否認や変化を避ける言い訳に直面させようとしたりする可能性がある。否定的な相互作用を拡大させない。共感的・支持的であり続けながらも，集団療法の過程が否定的な方向に向かっている時には即座に行動をとり，コントロールを取り戻す。「私にとって効果的だったこと」を，他者への助言という形式で発表するよう参加者に求める。
- 集団療法の焦点を，変わろうとする動機の強化，希望の促進，および変化がもたらす苦悩の低減に当て続ける。その集団療法を，探求的心理療法，あるいは不平不満の言い合いにしないようにする。

（続く）

[p.251 注]　Thevos, A.K., Quick, R.E., & Yanduli, V.（2000）Application of motivational interviewing to the adoption of water disinfection practices in Zambia. Health Promotion International, 15（3），207-214.

表 10.1（続き）

主題と戦略
- 過去の成功：参加者が達成した事柄に焦点を当てることは，自信を回復させ，現在の変化に関連した創造性を刺激するのに役立つ。
- 両価性：変化についての参加者の両価的な気持ちに焦点を当てることは，心理的防衛を軽減しつつ，変化の開始を退歩の予防に備えるための役に立つ。
- 価値観：現在の行動が，どのように自分の中核的価値観に適合しているか検討するよう勧めると，変化への動機を強化し，現状維持に傾きやすい場面でも確固とした内的方向性を見い出すのに有益である。
- 未来をみつめる：より良い未来を思い描くように援助するほうが，過去の失敗をイヤイヤながら認めて分析するより，変化への苦闘に対して良い影響を与えることができる。
- 長所や能力を探す：自分の長所や能力に気がつくと自己評価が高くなり，現状を変えるのに有益な内的資源を見い出すことができる。成熟した人々の集団であれば，指導者は互いの長所をわかちあうよう促すこともできる。それは非常に強力な支持的経験となるであろう。
- 変化の計画：1人でも，夫婦でも，大集団であっても，変化を計画するための話しあいやワークシートの記入は，曖昧な動機を具体的な計画に変換し，変化を開始して維持し続けるために有用である。大きいが不明瞭な計画を立てるより責任をもって実現できる小さな変化について話すように励ます。次回の面接で，その小さな変化が実現したかどうか尋ねる。
- 重要性と自信の探求：変化の計画の関係を検討するために重要性と自信の尺度を用いるのは，その人自身の認知と感情が変化への取り組みを促進もすれば阻害要因にもなるということを理解するために有益である。

Drs. Karen Ingersoll と Chris Wagner による共著。著者の許可を得て複製。

　たった1つの研究が，決定的な解答を提供することは珍しい。例えばあなたは，訓練を受けた健康促進のボランティアたちが，地域住民との会話のなかで，厳密には何をしたのだろうかと疑問に思うかもしれない。しかしながら，この例も，心臓病のリハビリテーションチームの例のどちらも，指導者，研究者，および臨床家自身が，MIの原理と実践をも

とにした戦略を探求し，評価し，実行できることを強力に示唆している。

結　論

　前述の例は，患者の福利と健康に関わる行動の変化を促すための，各々の面接を越えた治療システムにおいて，変化を起こすための様々な方法を明らかにしている。本章で述べたことと MI の適用には，患者を励まして主導権を与えるという目標において喜ばしい偶然の一致を認める。前者は，後者の適用を，より容易にする。成功するためには，どちらも注意が必要であり，患者の苦境に創造的に対応し，面接の内外で尊敬，希望，柔軟性，および技術を伝える臨床家が必要とされる。それぞれの患者とともに居て，自制し，不確実性を容認し，望ましい判断をする患者の能力への信頼を示すことはできても，これらの価値観や技術を集団として守りながら援助を提供するのは，全く別なことである。

　要するに私たちは，あなたがたが，この協働的・共感的な誘導（案内）形式を試し，ヘルスケアの供給システムが，患者を力づける MI の精神に一致するには，どのように修正できるかと創造的に考えることを勧める。現代の多くの健康関連問題において，患者の行動を変えることは，予防と治療の決定的要素である。臨床家は，処方箋や処置に対して決定権を持つが，患者の行動に対する直接的な統制力は殆ど持たず，より協働的な姿勢が必要とされる。MI は，教育や奨励の効果が思わしくない場合に，行動の変化を喚起するために有効であることが多い。MI は全ての臨床家に受け容れられているわけではないが，もしこの方法が，あなたの価値観に合致しているならば，これからの臨床現場で，できる限り実際に用いてみると良いであろう。本書は，簡潔で実用的な終章と，学習と調査研究についての情報を含む付録で終わる。

終章
―読者のための案内図―

動機づけ面接法（MI）を学ぶ

　動機づけ面接法（MI）の技術を習得することは，単に幾つかの新しい技法を学ぶことよりもはるかに，複雑で，満足のゆくものである。習得の過程では，あなたが誘導（案内）形式に移行することに心地良さを感じ，正したい反応を手放し，その代わりに患者の知恵を信頼するようになるという，基礎的な学習が必要である。健康に関わる行動の変化についての導入面接のなかで，誘導（案内）形式に切り換えることがひとたび心地良く感じられるようになれば，学習は自ずから引き続き行われる。

　いささか単純化しすぎてはいるが，私たちはその学習の過程を3つの段階に分けている。

1. 第1段階：気持ちの良い形式の変更

　ここまでにあなたは，形式〔指示，誘導（案内），および追従（見守り）〕の違いや，3つの中核的技術（質問，傾聴，および情報提供）が用いられるにあたって，形式ごとにその質と量がどのように異なるか理解され

ただろう（第2章）。誘導（案内）形式への切り替えを心地良く自然に行うことができるようになってくると，患者の変化にも気づくであろう。誘導（案内）形式に切り換える時，あなたは面接の方向性をコントロールし続けるが，患者になぜ，どのように変わる可能性があるかを語らせることによって主導権を渡すことができる。そうすれば，あなたは，変化させることに対する絶え間ない責任の負担から解放される。

　通常の面接においては，患者に対して4つのRULEの原理（第1章）をはっきりと言葉にして表現する練習をする必要がある。その瞬間を選択し，誘導（案内）形式に変える。そして患者に，急いで解決策を提供したくはないこと（正したい反応に抵抗する：Resist），傾聴（Listening）によって，変化についての彼らの本当の気持ちを知りたいと思っていること（彼らの動機を理解する：Understand），そして彼らが解決策を見つけるのが可能であると信じていること（彼らを勇気づける：Empower）を伝える。患者が話したいことや，変わることに対する彼らの準備状態を明確にするために，検討課題を設定する表や，準備状態を調べる評価尺度などの実用的な補助を使うこと（第4章）を考慮する。閉じられた質問よりも開かれた質問を多く用いる（第4章）。臨床家は，学習過程の早期であっても誘導（案内）形式に変えると，しばしば患者からかなり異なる反応を得られることに気づく。あなたは，学習の成果を比較的早く目にすることができ，面接は，以前とは全く違ってくるだろう。

　早期におけるもう1つの技法とは，極めて有用とされる，要約（第5章）である。誘導（案内）形式に変えると，患者は通常より積極的になり，しばしばほんの1，2分の間に多くのことを述べる。それにはいささか圧倒されそうな感じがすることさえある。あなたは，自分が話し合いの時間と方向性の両方に対するコントロールを，失ってしまったのだろうかと考えるかもしれない。そんな時は，患者が述べた事柄を要約してみると良い。あなたは，患者が感謝していることや，あなた次第で

方向性も変えられることに気づくだろう。

　形式の切り替えをすることが，それほど大きな出来事ではなく，通常の会話の一部のように感じられ始める時，あなたは自分が熟達しつつあることがわかる。この種の経験は，あなたのさらなる学習の励みとなるであろう。

2．第2段階：誘導（案内）形式に熟達する

　誘導（案内）形式の価値を受け容れて馴染むようになると，あなたはさらに上達し始める。あなたは，時間を無駄にすることなく検討課題を設定できるようになる（第4章）。すると，患者の真剣な取り組みと良好な意思の疎通が確実に維持されるようになる。行動を変えることについての単純な，開かれた質問を用い（第4章），変わりたい理由（why）とその方法（how）の短時間の探求によって，あなたのやり方で面接を組み立てるために傾聴の発言を用いる（第5章）。患者が述べたことをまとめ，進歩を促し，必要に応じて方向性を変えるために，より長い要約を用いる練習をする（第5章）。これら全てを行うにあたって，関心と忍耐を維持し，一貫して正したい反応を抑える。この場合も，日常の実践過程で，開かれた質問，振り返り，および要約などの技術を幾つか試してみるだけでも，行動を変えるための面接に明らかな変化が認められるものである。

3．第3段階：MIの技術を磨き上げる

　誘導（案内）形式への適切な移行や，基礎的な中核的技術に慣れてきたら，あとは精緻化である。前述したように，あなたは患者のチェインジトークを聞き，それに注意を集中することを学ぶ。あなたが適切な面接をしている時には，患者があなたの教師になる。あなたは，行動を変えることについて話し合いを始め，チェインジトークを引き出すのに有用な，幾つかの開かれた質問を考える。それは簡単なものであればあ

るほど良い。あなたは患者の話のなかに豊富なチェインジトークを見分けるようになる。その後すぐに傾聴の発言をするとどうなるかに注意する。患者の話，特にチェインジトークのいろいろな要素を振り返ってみる。患者自身の言葉を使い，患者の価値観や願望に結びつけた，より長い要約でチェインジトークを集める練習をしてみる。

　訓練と調査研究の過程において，私たちは，MIの望ましい実践には，人それぞれの幅広い取り組み方が存在することを発見した。実際に，私たち3人は，同じ基礎的な誘導（案内）形式を用いながらも，実践法においては異なっている。あなたの患者が行動を変えるための援助をするにあたって，効果のあるものを見い出し，MIを自分自身のものとするのがこの第3段階である。

面接の指針

　面接は2つとして同じものはないが，良くも悪くもしばしば同じパターンが生じる。それは通常，話題の変更，臨床家によって用いられる形式の変更を示す中継点で浮き彫りになる。例えば，最近つらい経験をしたばかりの患者との定期面接をするのであれば，大抵の臨床家が追従（見守り）形式で始めて，その後，聞きたいことがあるかどうかを患者に尋ねるであろう。個別の面接と参加者の独自性を柔軟に受け容れると，良き臨床実践の指針の構成要素が導き出されるのである。

　行動を変えることに関する面接について，本書で強調してきた最も重要な要素とは，私たちが会話の精神と呼ぶものであり，その精神によれば，誘導（案内）形式は，変化を求める患者自身の充分な理由を，彼らから引き出すために用いられる。

　臨床家のなかには，全てがうまくいっているのに突然次にどうして良いかわからない気持ちになる，一種の「凍りついた」経験を報告する人がいる。このMIの精神をただ厳守するようにという指針は，彼らがそ

のような行き詰まりから抜け出すのを助けるには，不十分であるように見える。もっと具体的な指針が良いのだろうか？

　行動を変えるための面接に対する型にはまった取り組み方を，無意識に促進してしまう懸念はあるものの，私たちは次のような指針を作った。指針は，意図的に大雑把なものにしてあり，本書の多くの部分で強調されている面接の精神に従うための基本的な必要性に対して，付け加えるべきものを考えれば良い。

1. 焦点（話題）に同意する

　良い治療関係を確立する：良き治療実践への基礎は，友好的で支持的な雰囲気であればあるほど，患者は，より理解されていると感じるので，面接中や，その後においても，さらに進歩するという平易な概念である。

　検討課題を設定する（第4章と第9章）：検討課題に該当する行動（喫煙など）が1つだけであれば，この作業は通常単刀直入に行われる。あなたは課題を取り上げ，それについて話す許可を求める。相互に関係している行動が数多くある場合，患者の好みや，変わることに対してどれほど準備ができているかに注意を払いながら，彼らに変わる可能性について考慮するよう勧める。焦点を当てるべき具体的な行動について同意を得るよう努力する。

　あなたの導入面接に対する精神を強調する（第1章）：簡単なメッセージでも多くのことを伝えられる。それは，あなたが誘導（案内）形式の適用を開始し，患者に対して明確に示すためにも有益である。例えば，1つまたは2つの文章であっても多くのことを伝達できる。「私の仕事は，あなたが何を変えていかれるかについてお教えすることではなく，他の患者さんとの私の経験を用いて，あなたが納得のいく決断をするよう助ける案内人のような仕事です。そして，私は，変わることについてあなたが本当に感じていることを理解するところから始めたいと思うのですが，よろしいでしょうか？」

2. 変わろうとする動機を探求し，構築する

行動の変化に関する患者との話し合いの中核部分は変化への動機を探求し構築することであり，そのためにはチェインジトークに耳を傾け，なぜ，どのように変わることができるかという話題を様々な角度から繰り返し詳しく説明するよう患者に勧める。あなたができることには以下の3つがある。

情報を交換する（第6章）。『引き出す－提供する－引き出す』などの枠組みを使うと，変わろうとする動機を拡大するのに大いに役に立つだろう。

有益な誘導（案内）形式の質問をする（第4章）。誘導（案内）形式の質問と振り返りの傾聴を組み合わせて，患者がどのように感じているかを明らかにし，別の観点から考えてみるように効果的に勧めるとともに，行動の変化と患者自身の中核的価値の関連性について鋭い観察を怠らないようにする。

動機について語る（チェインジトーク）ための構造化された戦略を用いる（第4章）。例えば，「利益と不利益」や「重要性と自信の評価」は，変わろうとする患者自身の動機について語る『チェインジトーク』を引き出すための機会を提供するように工夫されている。

3. 進歩を要約する

ここでできることは：

長い要約を提供する（第5章）。長い要約に引き続いて，次はどのように進むと思うかを患者に尋ねる。

検討課題の設定に戻る（第4章）。進歩を明確にし，今後の歩みについて合意を形成する。

次の段階を考える。あなたと患者が同意した，いろいろな今後の計画（経過観察のための通院，具体的で達成可能な目標に対する取り組みなど）を明らかにする。

付録 A

動機づけ面接法（MI）についてさらに学ぶ

　「お昼の時間に来て，私たちに動機づけ面接法を教えてくれませんか？　昼食は製薬会社がご用意します」

　このような要望はよくあることであり，彼らが動機づけ面接法（MI）を，ピザを食べながら数分で手軽に学べる簡単な手順か何かのように誤解しているのがわかる。そうではなく，MI はむしろチェスやゴルフやピアノの練習のように，職業的履歴を通じて習得し熟練してゆく複雑な臨床技術として考えるべきものである。1 時間の講義，あるいは丸 1 日の訓練で，そのような技術の上達をもたらす可能性は少ない。MI の誘導（案内）形式は技術ではなく，臨床的方法，すなわち「患者とともに在る」という特別な方法である。

　MI がチェス，ゴルフ，あるいはピアノ演奏のようなものであるならば，関係する書籍を読んだり，講義を聞いたり，または熟練した臨床家の記録（ビデオテープ）を見て学べることは，良くても少しでしかないことは予想できる。誘導（案内）形式への基礎的な切り換えは，毎日の臨床業務のなかで練習することができる。患者の反応は，技術を向上させる機会をただちにもたらす。毎日の臨床業務において，このような学習を心がけることが，MI に熟達する方法として，通常は最も良い方法である。

　臨床家がワークショップに 1 回参加しただけで，MI を習得できると期待するのはかなり無謀なことである。私たちも試したことはある。あ

る研究において，私たちは MI を学びたいと思っている臨床家を，5つの訓練条件のそれぞれ1つに，無作為に振り分けた。あるグループには，私たちの本 (Miller & Rollnick, 2002) と訓練用のビデオテープ (Miller, Rollnick, & Moyers, 1998) 一揃いを送り，自分自身で一生懸命学ぶよう求めた。4カ月後，彼らの面接の内容には全く改善が見られなかった (Miller, Yahne, Moyers, Martinez, & Pirritano, 2004)。技術の向上は，これらの学習資源を与えられ，Dr. Miller (cf. Miller & Mount 2001) による2日間の臨床的ワークショップも受けた，別のグループにおいても最小限のものであった。MI の上達は，1つか2つの訓練の補助が追加された時にのみ生じた。それらは，面接中の実践的行動全てについての系統的なフィードバック，および個人的な技術指導であった。フィードバックや専門家による指導は，複雑な技術を習得する方法そのものであるから，納得できることである。臨床家に対する患者の反応を検討した時に，有意な改善を示していた唯一のグループは，訓練に加えてフィードバックと指導の両方を受けたグループであった (Miller et al., 2004)。

　私たちは，単に本書を読んだり，入門的な講義やワークショップに行ったりすることで，あなたが MI に熟達するとは期待していない。しかしそれは望ましい出発点である。あなたは，自分が行っていることについてのフィードバックを得られる状況で，この方法を実行することによって，学ぶ。フィードバックのない練習は，あまり役に立たず，好ましくない習慣が身につきやすい。それは，音を消した電子ピアノを弾いているようなものである。自分自身がその作業をしているのを感じたり，想像することはできるが，結果を聞くことによる満足（あるいは不満足）が欠けているのである。

学習補助

　学習のための望ましい補助の1つは，熟練した MI の臨床家，すなわ

ちあなたよりも熟練した人と知り合いになることである。自分自身でも練習する必要はあるが，短い，一定時間の専門家による指導は極めて有益である。テニスのコーチがあなたを見たり，ピアノの先生があなたの演奏を聞いたりする必要があるのと同様，あなたを援助するためには，指導者はあなたの実践法（おそらく，録音テープによって）を聞く必要がある。多くのヘルスケア機関では，MIに熟達した助言のための指導者を雇ったり，現在の職員にそのような専門知識を訓練することによって，それを行っている。その人たちは，施設や病院内の訓練講師として機能し，他の職員が彼ら自身の臨床技術を発達させ，強化するのを援助することができる。これは，一度きりのトレーニングとはかなり異なり，学習は長期にわたり続く。施設内に専門家がいない機関や施設の場合には，定期的に会って，MIについて話し合い，お互いの実践について話を聴くための，継続的な，同僚による相談や援助グループを設定している。

　別の選択肢としては，臨床家の実践を強化するために一度，ないしは定期的に専門の指導者を招くことがある。繰り返される訪問は，臨床家が，訓練面接の合い間にそこで学んだ技術を試し，指導者に質問をしたり，問題を提起する機会を与えてくれる。MIの指導者名簿は，臨床家がこの臨床方法を学ぶうえで用いられることの多いトレーニング演習の説明とともに，www.motivationalinterview.orgに掲載されている。

　本書の多くの部分で考察されているように，あなたには別の極めて信頼性の高い臨床実践のフィードバックの源があり，あなたはそれを自由に用いることができる。その源とはすなわち，あなたの患者である。MIを実践するたび，あなたの患者はあなたが面接のなかで行っていることについての手がかりを与えてくれる。たとえば，振り返りの傾聴の構成要素となる技術について考えてみよう。患者は，個人的な情報をいくらか打ち明け，あなたは振り返りの傾聴の言葉で応答するよう最善を尽くす（第7章）。その時，あなたは，2つのフィードバックをた

だちに得ることになる。まず，患者はあなたの振り返りの内容が正しいかどうかを告げる。

  患者：最近気がめいっているのです。
  臨床家：少し悲しい気分なのですね。
  患者：はい，うまく説明はできないのですが，何があったわけでもないのに突然泣き出したりするのです。

あるいは，

  患者：いいえ，悲しいというのではありません。どちらかといえば寂しい気分です。

　どちらにしても，あなたは振り返りの技術の正確さについてフィードバックを得ることができるだけでなく，より多くの情報をも手に入れることになる。第2に，患者があなたに対して話し続け，その話題を探求し，より多くの情報をもたらす場合には，あなたのやり方が正しい可能性は高い。
　重要なフィードバックのもう1つの源は，患者のチェインジトークである（第5章）。まず，あなたは質問をし，DARNトーク（健康に関わる行動を変えることに対する願望，能力，理由，および必要）を聴き取ろうとする。これらの「花」を受け取り，集めてゆきながら，あなたはそれらを振り返り，要約の花束にして患者に差し出して返す。これがうまくできると，あなたは決意の言葉を耳にし始める（第5章）。すなわち，「……するでしょう」や「……するつもりです」などの発言である。それらの発言は常にそうとは限らないが，通常行動の変化につながる，ある種の精神的な過程を意味している。
　このようにして，患者自身の話，すなわち面接中に彼らがあなたに

対して言う事柄から，あなたは，MIを学習している自分の進歩について，フィードバックを得ることができるのである。面接の途中でそれを聴くのは最初は困難であるかもしれない。何回かの面接を録音して（もちろん，患者の許可を得て），あなた自身で，または相談係，指導者，ないし同僚グループとともに，録音のテープを聞くのが有益なのはそのためである。指導者は，多くの具体的な情報をもたらしうる構造化されたコード化方式を使ってテープの検討をすることがある。そのようなシステムは幾つか出版されている（Lane et al., 2005; Madson, Campbell, Barrett, Brondino, & Melchert, 2005; Miller & Mount, 2001; Moyers, Martin, Catley, Harris, & Ahluwalia, 2003; Moyers, Martin, Manuel, Hendrickson, & Miller, 2005; Rosengren, Baer, Hartzler, Dunn, & Wells, 2005）。

　ここでの基本的なメッセージとは，MIの技術を修得するには時間がかかるということである。それは，読んだり，見たりすること，あるいは単発の訓練によって修得するものではない。全ての複雑な技術がそうであるように，MIも最初はゆっくりとしか進歩しないこともあるだろう。MIの修得はフィードバックや指導を受けて可能になる学習であり，長い時間を要する過程であると考えると良いだろう。

訓練する人たち

　良くも悪くも，私たちは，MIの実践や訓練を制限しようとはしてこなかった。現在，この臨床法の指導者になるための公式の，認定された道というのはない。しかしながら，MI訓練の質を向上させることを目的とした組織，the international Motivational Interviewing Network of Trainers（MINT）は存在する。MINTは，蓄積された参考文献，この臨床法についての広範囲に及ぶ情報，および2007年の時点で，少なくとも27カ国語における訓練を提供しているメンバーの地域別のリスト

を載せたウェブサイト（www.motivationalinterview.org）を運営している。また，インターネット上で無料で利用可能な MINT Bulletin も発行されている。

　MI についての教育（概説講義で行われるような）と，MI 法そのものの臨床訓練の実施とを識別することが重要である。私たちは，MI の有能な訓練講師が，臨床法を教えることにかなり長けているべきであると考えている。MINT のウェブサイトは，「様々な期間や種類の訓練に期待できること」と題された概略を含んでおり，訓練する講師に必要な技術のおおよその範囲について把握できる。また，MINT の訓練講師が用いる様々な形態の演習メニューが掲載された指示書もある。

　もしあなたが訓練してくれる人を求めているのであれば，MINT のウェブサイトは良い出発点となる。MINT は，会員たち自身が3日間の特別訓練を完了し，新しい訓練の修了者に MINT のメンバーシップの資格を与えている。その訓練は定期的に実施されている。これは当然ながら，それだけで訓練する講師としての能力を保証するものではない。あなたが，訓練してくれる講師や相談相手を求めているのであれば，その候補者に，あなたの専門分野の臨床家を訓練した経験がどの程度あるかについて尋ねることもできるし，また過去に実施した訓練の参照用記録を求めることもできる。

参考文献

Amrhein, P. C., Miller, W. R., Yahne, C., Knupsky, A., & Hochstein, D. (2004). Strength of client commitment language improves with therapist training in motivational interviewing. *Alcoholism: Clinical and Experimental Research, 28*(5), 74A.

Baer, J. S., Rosengren, D. B., Dunn, C. W., Wells, W. A., Ogle, R. L., & Hartzler, B. (2004). An evaluation of workshop training in motivational interviewing for addiction and mental health clinicians. *Drug and Alcohol Dependence, 73*(1), 99–106.

Bennett, G. A., Roberts, H. A., Vaughan, T. E., Gibbins, J. A., & Rouse, L. (2007). Evaluating a method of assessing competence in motivational interviewing: A study using simulated patients in the United Kingdom. *Addictive Behaviors, 32*, 69–79.

Broers, S., Smets, E. M. A., Bindels, P., Evertsz, F. B., Calff, M., & DeHaes, H. (2005). Training general practitioners in behavior change counseling to improve asthma medication adherence. *Patient Education and Counseling, 58*, 279–287.

Brug, J., Spikmans, F., Aarsen, C., Breedveld, B., Bes, R., & Ferreira, I. (2007). Training dietitians in basic motivational interviewing skills results in changes in their counseling style and in lower saturated fat intakes in their patients. *Journal of Nutrition Education and Behavior, 39*(1), 8–12.

Burke, P. J., DaSilva, J. D., Vaughan, B. L., & Knight, J. R. (2006). Training high school counselors in the use of motivational interviewing to screen for substance abuse. *Substance Abuse, 26*, 31–34.

Byrne, A., Watson, R., Butler, C., & Accoroni, A. (2006). Increasing the confidence of nursing staff to address the sexual health needs of people living with HIV: The use of motivational interviewing. *AIDS Care, 18*, 501–504.

DeJonge, J. M., Schippers, G. M., & Schaap, C. P. D. R. (2005). The Motivational Interviewing Skill Code: Reliability and a critical appraisal. *Behavioural and Cognitive Psychotherapy, 33*, 1–14.

Doherty, Y., Hall, D., James, P. T., Roberts, S. H., & Simpson, J. (2000). Change counselling in diabetes: The development of a training programme for the diabetes team. *Patient Education and Counseling, 40*(3), 263–278.

Handmaker, N. S., Hester, R. K., & Delaney, H. D. (1999). Videotaped training in alcohol counseling for obstetric care practitioners: A randomized controlled trial. *Obstetrics and Gynecology, 93*, 213–218.

Lane, C., Huws-Thomas, M., Hood, K., Rollnick, S., Edwards, K., & Robling, M. (2005). Measuring adaptations of motivational interviewing: The development and validation of the Behavior Change Counseling Index (BECCI). *Patient Education and Counseling, 56*, 166–173.

Lane, C., Johnson, S., Rollnick, S., Edwards, K., & Lyons, M. (2003). Consulting about lifestyle change: Evaluation of a training course for specialist diabetes nurses. *Practical Diabetes International, 20*, 204–208.

Levin, F. R., Owen, P., Stinchfield, R., Rabinowitz, E., & Pace, N. (1999). Use of standardized patients to evaluate the physicians in residence program: A substance abuse training approach. *Journal of Addictive Diseases, 18*(2), 39–50.

Madson, M. B., & Campbell, T. C. (2006). Measures of fidelity in motivational enhancement: A systematic review. *Journal of Substance Abuse Treatment, 31*, 67–73.

Madson, M. B., Campbell, T. C., Barrett, D. E., Brondino, M. J., & Melchert, T. P. (2005).

Development of the Motivational Interviewing Supervision and Training Scale. *Psychology of Addictive Behaviors, 19*, 303–310.

Miller, W. R., & Mount, K. A. (2001). A small study of training in motivational interviewing: Does one workshop change clinician and client behavior? *Behavioural and Cognitive Psychotherapy, 29*, 457–471.

Miller, W. R., Moyers, T. B., Arciniega, L. T., Ernst, D., & Forcehimes, A. (2005). Training, supervision and quality monitoring of the COMBINE study behavioral interventions. *Journal of Studies on Alcohol* (Suppl. 15), 188–195.

Miller, W. R., & Rollnick, S. (2002). *Motivational interviewing: Preparing people for change* (2nd ed.). New York: Guilford Press.

Miller, W. R., Rollnick, S., & Moyers, T. B. (1998). *Motivational interviewing* [Videotape series]. Albuquerque: University of New Mexico.

Miller, W. R., Yahne, C. E., Moyers, T. B., Martinez, J., & Pirritano, M. (2004). A randomized trial of methods to help clinicians learn motivational interviewing. *Journal of Consulting and Clinical Psychology, 72*, 1050–1062.

Mounsey, A. L., Bovbjerg, V., White, L., & Gazewood, J. (2006). Do students develop better motivational interviewing skills through role-play with standardized patients or student colleagues? *Medical Education, 40*, 775–780.

Moyers, T. B., Martin, T., Catley, D., Harris, K. J., & Ahluwalia, J. S. (2003). Assessing the integrity of motivational interventions: Reliability of the motivational interviewing skills code. *Behavioural and Cognitive Psychotherapy, 31*, 177–184.

Moyers, T. B., Martin, T., Manuel, J. K., Hendrickson, S. M. L., & Miller, W. R. (2005). Assessing competence in the use of motivational interviewing. *Journal of Substance Abuse Treatment, 28*, 19–26.

Ockene, J. K., Wheeler, E. V., Adams, A., Hurley, T. G., & Hebert, J. (1997). Provider training for patient-centered alcohol counseling in a primary care setting. *Archives of Internal Medicine, 157*, 2334–2341.

Pierson, H. M., Hayes, S. C., Gifford, E. V., Roget, N., Padilla, M., Bissett, R., et al. (2007). An examination of the motivational interviewing treatment integrity code. *Journal of Substance Abuse Treatment, 32*(1), 11–17.

Prescott, P., Opheim, A., & Bortveit, T. (2002). The effect of workshops and training on counselling skills. *Journal of the Norwegian Psychological Association, 5*, 426–431.

Rollnick, S., Kinnersley, P., & Butler, C. (2002). Context-bound communication skills training: Development of a new method. *Medical Education, 36*(4), 377–383.

Rosengren, D. B., Baer, J. S., Hartzler, B., Dunn, C. W., & Wells, E. A. (2005). The Video Assessment of Simulated Encounters (VASE): Development and validation of a group-administered method for evaluating clinician skills in motivational interviewing. *Drug and Alcohol Dependence, 79*, 321–330.

Rubak, S., Sandbaek, A., Lauritzen, T., Borch-Johnsen, K., & Christensen, B. (2006). An education and training course in motivational interviewing influence: GPs' professional behaviour. *British Journal of General Practice, 56*, 429–436.

Schoener, E. P., Madeja, C. L., Henderson, M. J., Ondersma, S. J., & Janisse, J. J. (2006). Effects of motivational interviewing training on mental health therapist behavior. *Drug and Alcohol Dependence, 82*, 269–275.

Thrasher, A. D., Golin, C. E., Earp, J. A., Tien, H., Porter, C., & Howie, L. (2005). Training general practitioners in behavior change counseling to improve asthma medication adherence. *Patient Education and Counseling, 58*, 279–287.

Tober, G., Godfrey, C., Parrott, S., Copello, A., Farrin, A., Hodgson, R., et al. (2005). Setting standards for training and competence: The UK alcohol treatment trial. *Alcohol and Alcoholism, 40*, 413–418.

Velasquez, M. M., Hecht, J., Quinn, V. P., Emmons, K. M., DiClemente, C. C., & Dolan-

Mullen, P. (2000). Application of motivational interviewing to prenatal smoking cessation: Training and implementation issues. *Tobacco Control, 9*(Suppl. 3), 36–40.

Welch, G., Rose, G., Hanson, D., Lekarcyk, J., Smith-Ossman, S., Gordon, T., et al. (2003). Changes in motivational interviewing skills code (misc) scores following motivational interviewing training for diabetes educators. *Diabetes, 52*(Suppl. 1), A421.

付録 B

動機づけ面接法(MI)に関する話題の研究論文

アルコール / 薬物依存

Adamson, S. J., & Sellman, J. D. (2001). Drinking goal selection and treatment outcome in out-patients with mild-moderate alcohol dependence. *Drug and Alcohol Review, 20*, 351–359.

Agostinelli, G., Brown, J. M., & Miller, W. R. (1995). Effects of normative feedback on consumption among heavy drinking college students. *Journal of Drug Education, 25*, 31–40.

Allsop, S., Saunders, B., Phillips, M., & Carr, A. (1997). A trial of relapse prevention with severely dependent male problem drinkers. *Addiction, 92*, 61–74.

Alwyn, T., John, B., Hodgson, R. J., & Phillips, C. J. (2004). The addition of a psychological intervention to a home detoxification programme. *Alcohol and Alcoholism, 39*, 536–541.

Anton, R. F., Moak, D. H., Latham, P., Waid, L. R., Myrick, H., Voronin, K., et al. (2005). Naltrexone combined with either cognitive behavioral or motivational enhancement therapy for alcohol dependence. *Journal of Clinical Psychopharmacology, 25*, 349–357.

Anton, R. F., O'Malley, S. S., Ciraulo, D. A., Couper, D., Donovan, D. M., Gastfriend, D. R., et al. (2006). Combined pharmacotherapies and behavioral interventions for alcohol dependence. The COMBINE study: A randomized controlled trial. *Journal of the American Medical Association, 295*, 2003–2017.

Aubrey, L. L. (1998). *Motivational interviewing with adolescents presenting for outpatient substance abuse treatment.* Unpublished doctoral dissertation, University of New Mexico.

Babor, T. F. (2004). Brief treatments for cannabis dependence: Findings from a randomized multisite trial. *Journal of Consulting and Clinical Psychology, 72*, 455–466.

Baer, J. S., Garrett, S. B., Beadnell, B., Wells, E. A., & Peterson, P. L. (in press). Brief motivational intervention with homeless adolescents: Evaluating effects on substance use and service utilization. *Psychology of Addictive Behaviors*.

Baer, J. S., Kivlahan, D. R., Blume, A. W., McKnight, P., & Marlatt, G. A. (2001). Brief intervention for heavy-drinking college students: 4-year follow-up and natural history. *American Journal of Public Health, 91*, 1310–1316.

Baer, J. S., Marlatt, G. A., Kivlahan, D. R., Fromme, K., Larimer, M., & Williams, E. (1992). An experimental test of three methods of alcohol risk-reduction with young adults. *Journal of Consulting and Clinical Psychology, 60*, 974–979.

Bailey, K. A., Baker, A. L., Webster, R. A., & Lewin, T. J. (2004). Pilot randomized controlled trial of a brief alcohol intervention group for adolescents. *Drug and Alcohol Review, 23*(2), 157–166.

Baker, A., Boggs, T. G., & Lewin, T. J. (2001). Randomized controlled trial of brief cognitive-behavioural interventions among regular users of amphetamine. *Addiction, 96*, 1279–1287.

Baker, A., Lee, N. K., Claire, M., Lewin, T. J., Grant, T., Pohlman, S., et al. (2005). Brief cognitive-behavioural interventions for regular amphetamine users: A step in the right direction. *Addiction, 100*, 367–378.

Ball, S. A., Todd, M., Tennen, H., Armeli, S., Mohr, C., Affleck, G., et al. (2007). Brief motivational enhancement and coping skills interventions for heavy drinking. *Addictive Behaviors, 32*, 1105–1118.

Barnett, N. P., Tevyaw, T. O., Fromme, K., Borsari, B., Carey, K. B., Corbin, W. R., et al. (2004). Brief alcohol interventions with mandated or adjudicated college students. *Alcoholism: Clinical and Experimental Research, 77*, 49–59.

Battjes, R. J., Gordon, M. S., O'Grady, K. E., Kinlock, T. W., Katz, E. C., & Sears, E. A. (2004). Evaluation of a group-based substance abuse treatment program for adolescents. *Journal of Substance Abuse Treatment, 27*, 123–134.

Bellack, A. S., Bennett, M. E., Gearon, J. S., Brown, C. H., & Yang, T. (2006). A randomized clinical trial of a new behavioral treatment for drug abuse in people with severe and persistent mental illness. *Archives of General Psychiatry, 63*, 426–432.

Bennett, G. A., Edwards, S., & Bailey, J. (2002). Helping methadone patients who drink excessively to drink less: Short term outcomes of a pilot motivational intervention. *Journal of Substance Use, 7*, 191–197.

Bernstein, J., Bernstein, E., Tassiopoulos, K., Heeren, T., Levenson, S., & Hingson, R. (2005). Brief motivational intervention at a clinic visit reduces cocaine and heroin use. *Drug and Alcohol Dependence, 77*, 49–59.

Bien, T. H., Miller, W. R., & Boroughs, J. M. (1993). Motivational interviewing with alcohol outpatients. *Behavioural and Cognitive Psychotherapy, 21*, 347–356.

Booth, R. E., Corsi, K. F., & Mikulich-Gilbertson, S. K. (2004). Factors associated with methadone maintenance treatment retention among street-recruited injection drug users. *Drug and Alcohol Dependence, 74*, 177–185.

Borsari, B., & Carey, K. B. (2000). Effects of a brief motivational intervention with college student drinkers. *Journal of Consulting and Clinical Psychology, 68*, 728–733.

Breslin, C., Li, S., Sdao-Jarvie, K., Tupker, E., & Ittig-Deland, V. (2002). Brief treatment for young substance abusers: A pilot study in an addiction treatment setting. *Psychology of Addictive Behaviors, 16*, 10–16.

Brown, J. M., & Miller, W. R. (1993). Impact of motivational interviewing on participation and outcome in residential alcoholism treatment. *Psychology of Addictive Behaviors, 7*, 211–218.

Brown, T. G., Dongier, M., Latimer, E., Legault, L., Seraganian, P., Kokin, M., et al. (2006). Group-delivered brief intervention versus standard care for mixed alcohol/other drug problems: A preliminary study. *Alcoholism Treatment Quarterly, 24*, 23–40.

Budney, A. J., Higgins, S. T., Radonovich, K. J., & Novy, P. L. (2000). Adding voucher-based incentives to coping skills and motivational enhancement improves outcomes during treatment for marijuana dependence. *Journal of Consulting and Clinical Psychology, 68*, 1051–1061.

Carroll, K. M., Ball, S. A., Nich, C., Martino, S., Frankforter, T. L., Farentinos, C., et al. (2006). Motivational interviewing to improve treatment engagement and outcome in individuals seeking treatment for substance abuse: A multisite effectiveness study. *Drug and Alcohol Dependence, 81*, 301-312.

Carroll, K. M., Easton, C. J., Hunkele, K. A., Neavins, T. M., Sinha, R., Ford, H. L., et al. (2006). The use of contingency management and motivational/skills-building therapy to treat young adults with marijuana dependence. *Journal of Consulting and Clinical Psychology, 74*, 955-966.

Carroll, K. M., Libby, B., Sheehan, J., & Hyland, N. (2001). Motivational interviewing to enhance treatment initiation in substance abusers: An effectiveness study. *American Journal on Addictions, 10*, 335-339.

Cisler, R. A., Barrett, D. E., Zweben, A., & Berger, L. K. (2003). Integrating a brief motivational treatment in a private outpatient clinic: Client characteristics, utilization of services and preliminary outcomes. *Alcoholism Treatment Quarterly, 21*(3), 1-21.

Collins, S. E., & Carey, K. B. (2005). Lack of effect for decisional balance as a brief motivational intervention for at-risk college drinkers. *Addictive Behaviors, 30*, 1425-1430.

Connors, G. J., Walitzer, K. S., & Dermen, K. H. (2002). Preparing clients for alcoholism treatment: Effects on treatment participation and outcomes. *Journal of Consulting and Clinical Psychology, 70*, 1161-1169.

Copello, A., Godfrey, C., Heather, N., Hodgson, R., Orford, J., Raistrick, D., et al. (2001). United Kingdom Alcohol Treatment Trial (UKATT): Hypotheses, design and methods. *Alcohol and Alcoholism, 36*, 11-21.

D'Angelo, M. (2006). *A comparative study of motivational interviewing and traditional treatment approach on movement along stages of change, treatment completion, compliance with aftercare plan, and length of abstinence*. Unpublished doctoral dissertation.

Davidson, D., Gulliver, S. B., Longabaugh, R., Wirtz, P. W., & Swift, R. (2007). Building better cognitive-behavioral therapy: Is broad-spectrum treatment more effective than motivational-enhancement therapy for alcohol-dependent patients treated with naltrexone? *Journal of Studies on Alcohol and Drugs, 68*, 238-247.

Davis, T. M., Baer, J. S., Saxon, A. J., & Kivlahan, D. R. (2003). Brief motivational feedback improves post-incarceration treatment contact among veterans with substance use disorders. *Drug and Alcohol Dependence, 69*, 197-203.

Dennis, M., Godley, S. H., Diamond, G., Tims, F. M., Babor, T., Donaldson, J., et al. (2004). The Cannabis Youth Treatment (CYT) study: Main findings from two randomized trials. *Journal of Substance Abuse Treatment, 27*, 197-213.

Dennis, M., Scott, C. K., & Funk, R. (2003). An experimental evaluation of recovery management checkups (RMC) for people with chronic substance use disorders. *Evaluation and Program Planning, 26*, 339-352.

DeWildt, W., Schippers, G. M., Van den Brink, W., Potgeiter, A. S., Deckers, F., & Bets, D. (2002). Does psychosocial treatment enhance the efficacy of acamprosate in patients with alcohol problems? *Alcohol and Alcoholism, 37*, 375-382.

Dunn, C. W., & Ries, R. (1997). Linking substance abuse services with general medical care: Integrated, brief interventions with hospitalized patients. *American Journal of Drug and Alcohol Abuse, 23*, 1-13.

Dzialdowski, A., & London, M. (1999). A cognitive behavioural intervention in the context of methadone tapering treatment for opiate addiction: Two single cases. *Clinical Psychology and Psychotherapy, 6*, 308-323.

Emmen, M. J., Schippers, G. M., Bleijenberg, G., & Wollersheim, H. (2005). Adding psychologist's intervention to physicians' advice to problem drinkers in the outpatient clinic. *Alcohol and Alcoholism, 40*, 219-226.

Feldstein, S. W. (2007). *Motivational interviewing with late adolescent college underage drinkers: An investigation of therapeutic alliance.* Unpublished doctoral dissertation, University of New Mexico.

Floyd, R. L., Sobell, M., Velasquez, M. M., Ingersoll, K., Nettleman, M., Sobell, L., et al. (2007). Preventing alcohol-exposed pregnancies: A randomized controlled trial. *American Journal of Preventive Medicine, 32,* 1–10.

Foote, J., Deluca, A., Magura, S., Warner, A., Grand, A., Rosenblum, A., et al. (1999). A group motivational treatment for chemical dependency. *Journal of Substance Abuse Treatment, 17,* 181–192.

Gil, A. G., Wagner, E. F., & Tubman, J. G. (2004). Culturally sensitive substance abuse intervention for Hispanic and African American adolescents: Empirical examples from the Alcohol Treatment Targeting Adolescents in Need (ATTAIN) project. *Addiction, 99,* 140–150.

Gray, E., McCambridge, J., & Strang, J. (2005). The effectiveness of motivational interviewing delivered by youth workers in reducing drinking, cigarette and cannabis smoking among young people: Quasi-experimental pilot study. *Alcohol and Alcoholism, 40,* 535–539.

Grenard, J. L., Ames, S. L., Wiers, R. W., Thush, C., Stacy, A. W., & Sussman, S. (2007). Brief intervention for substance use among at-risk adolescents: A pilot study. *Journal of Adolescent Health, 40*(2), 188–191.

Handmaker, N. S., Hester, R. K., & Delaney, H. D. (1999). Videotaped training in alcohol counseling for obstetric care practitioners: A randomized controlled trial. *Obstetrics and Gynecology, 93,* 213–218.

Handmaker, N. S., Miller, W. R., & Manicke, M. (1999). Findings of a pilot study of motivational interviewing with pregnant drinkers. *Journal of Studies on Alcohol, 60,* 285–287.

Heather, N., Rollnick, S., Bell, A., & Richmond, R. (1996). Effects of brief counselling among heavy drinkers identified on general hospital wards. *Drug and Alcohol Review, 15,* 29–38.

Hester, R. K., Squires, D. D., & Delaney, H. D. (2005). The drinker's check-up: 12-month outcomes of a controlled clinical trial of a stand-alone software program for problem drinkers. *Journal of Substance Abuse, 28,* 159–169.

Hickman, M. E. (1999). *The effects of personal feedback on alcohol intake in dually diagnosed clients: An empirical study of William R. Miller's motivational enhancement therapy.* Unpublished doctoral dissertation.

Holder, H. D., Cisler, R. A., Longabaugh, R., Stout, R. L., Treno, A. J., & Zweben, A. (2000). Alcoholism treatment and medical care costs from Project MATCH. *Addiction, 95,* 999–1013.

Ingersoll, K., Floyd, L., Sobell, M., Velasquez, M. M., Baio, J., Carbonari, J., et al. (2003). Reducing the risk of alcohol-exposed pregnancies: A study of a motivational intervention in community settings. *Pediatrics, 111,* 1131–1135.

Ingersoll, K. S., Ceperich, S. D., Nettleman, M. D., Karanda, K., Brocksen, S., & Johnson, B. A. (2005). Reducing alcohol-exposed pregnancy risk in college women: Initial outcomes of a clinical trial of a motivational intervention. *Journal of Substance Abuse Treatment, 29,* 173–180.

John, U., Veltrup, C., Driessen, M., Wetterling, T., & Dilling, H. (2003). Motivational intervention: An individual counselling vs a group treatment approach for alcohol-dependent in-patients. *Alcohol and Alcoholism, 38*(3), 263–269.

Juarez, P., Walters, S. T., Daugherty, M., & Radi, C. (2006). A randomized trial of motivational interviewing and feedback with heavy drinking college students. *Journal of Drug Education, 36,* 233–246.

Kadden, R. M., Litt, M. D., Kabela-Cormier, E., & Petry, N. M. (2007). Abstinence rates following behavioral treatments for marijuana dependence. *Addictive Behaviors, 32,* 1220–1236.

Kahler, C. W., Read, J. P., Stuart, G., Ramsey, S. E., & McCrady, B. S. (2004). Motivational enhancement for 12-step involvement among patients undergoing alcohol detoxification. *Journal of Consulting and Clinical Psychology, 72*, 736-741.

Karno, M. P., & Longabaugh, R. (2004). What do we know? Process analysis and the search for a better understanding of Project MATCH's anger-by-treatment matching effect. *Journal of Studies on Alcohol, 65*, 501-512.

Kelly, A. B., Halford, W. K., & Young, R. M. (2000). Maritally distressed women with alcohol problems: The impact of a short-term alcohol-focused intervention on drinking behaviour and marital satisfaction. *Addiction, 95*, 1537-1549.

Knight, J. R., Sherritt, L., Van Hook, S., Gates, E. C., Levy, S., & Chang, G. (2005). Motivational interviewing for adolescent substance use: A pilot study. *Journal of Adolescent Health, 37*, 167-169.

Kranzler, H. R., Wesson, D. R., & Billot, L. (2004). Naltrexone depot for treatment of alcohol dependence: A multicenter, randomized, placebo-controlled clinical trial. *Alcoholism: Clinical and Experimental Research, 28*, 1051-1059.

Kuchipudi, V., Hobein, K., Fleckinger, A., & Iber, F. L. (1990). Failure of a 2-hour motivational intervention to alter recurrent drinking behavior in alcoholics with gastrointestinal disease. *Journal of Studies on Alcohol, 51*, 356-360.

Labrie, J. W., Lamb, T. F., Pedersen, E. R., & Quinlan, T. (2006). A group motivational interviewing intervention reduces drinking and alcohol-related consequences in adjudicated college students. *Journal of College Student Development, 47*, 267-280.

Labrie, J. W., Pedersen, E. R., Lamb, T. F., & Quinlan, T. (2007). A campus-based motivational enhancement group intervention reduces problematic drinking in male college students. *Addictive Behaviors, 32*, 889-901.

Lapham, S. C., Chang, I. Y., & Gregory, C. (2000). Substance abuse intervention for health care workers: A preliminary report. *Journal of Behavioral Health Services and Research, 27*, 131-143.

Larimer, M. E., Turner, A. P., Anderson, B. K., Fader, J. S., Kilmer, J. R., Palmer, R. S., et al. (2001). Evaluating a brief alcohol intervention with fraternities. *Journal of Studies on Alcohol, 62*, 370-380.

Leontieva, L., Horn, K., Haque, A., Helmkamp, J., Ehrlich, P., & Williams, J. (2005). Readiness to change problematic drinking assessed in the emergency department as a predictor of change. *Journal of Clinical Care, 20*, 251-256.

Lincourt, P., Kuettel, T. J., & Bombardier, C. H. (2002). Motivational interviewing in a group setting with mandated clients: A pilot study. *Addictive Behaviors, 27*, 381-391.

Longabaugh, R., Wirtz, P. W., Zweben, A., & Stout, R. L. (1998). Network support for drinking, Alcoholics Anonymous and long-term matching effects. *Addiction, 93*, 1313-1333.

Longabaugh, R., Woolard, R. E., Nirenberg, T. D., Minugh, A. P., Becker, B., Clifford, P. R., et al. (2001). Evaluating the effects of a brief motivational intervention for injured drinkers in the emergency department. *Journal of Studies on Alcohol, 62*, 806-816.

Longshore, D., & Grills, C. (2000). Motivating illegal drug use recovery: Evidence for a culturally congruent intervention. *Journal of Black Psychology, 26*, 288-301.

Longshore, D., Grills, C., & Annon, K. (1999). Effects of a culturally congruent intervention on cognitive factors related to drug-use recovery. *Substance Use and Misuse, 34*, 1223-1241.

Maisto, S. A., Conigliaro, J., Mcneil, M., Kraemer, K., Conigliaro, R. L., & Kelley, M. E. (2001). Effects of two types of brief intervention and readiness to change on alcohol use in hazardous drinkers. *Journal of Studies on Alcohol, 62*, 605-614.

Marlatt, G. A., Baer, J. S., Kivlahan, D. R., Dimeff, L. A., Larimer, M. E., Quigley, L. A., et al. (1998). Screening and brief intervention for high-risk college student drinkers: Results from a 2-year follow-up assessment. *Journal of Consulting and Clinical Psychology, 66,* 604–615.

Marques, P. R., Voas, R. B., Tippetts, A. S., & Beirness, D. J. (1999). Behavioral monitoring of DUI offenders with the alcohol ignition interlock recorder. *Addiction, 94*(12), 1861–1870.

Marsden, J., Stilwell, G., Barlow, H., Boys, A., Taylor, C., Junt, N., et al. (2006). An evaluation of a brief motivational intervention among young Ecstasy and cocaine users: No effect on substance and alcohol use outcomes. *Addiction, 101,* 1014–1026.

Martin, G., Copeland, J., & Swift, W. (2005). The adolescent cannabis check-up: Feasibility of a brief intervention for young cannabis users. *Journal of Substance Abuse Treatment, 29,* 207–213.

McCambridge, J., & Strang, J. (2004). The efficacy of single-session motivational interviewing in reducing drug consumption and perceptions of drug-related risk and harm among young people: Results from a multi-site cluster randomized trial. *Addiction, 99,* 39–52.

McCambridge, J., & Strang, J. (2005). Deterioration over time in effect of motivational interviewing in reducing drug consumption and related risk among young people. *Addiction, 100,* 470–478.

McCambridge, J., Strang, J., Platts, S., & Witton, J. (2003). Cannabis use and the GP: Brief motivational intervention increases clinical enquiry by GPs in a pilot study. *British Journal of General Practice, 53*(493), 637–639.

Miller, W. R., Benefield, R. G., & Tonigan, J. S. (1993). Enhancing motivation for change in problem drinking: A controlled comparison of two therapist styles. *Journal of Consulting and Clinical Psychology, 61,* 455–461.

Miller, W. R., Sovereign, R. G., & Krege, B. (1988). Motivational interviewing with problem drinkers: II. The Drinker's Check-up as a preventive intervention. *Behavioural Psychotherapy, 16,* 251–268.

Miller, W. R., Toscova, R. T., Miller, J. H., & Sanchez, V. (2000). A theory-based motivational approach for reducing alcohol/drug problems in college. *Health Education and Behavior, 27,* 744–759.

Miller, W. R., Yahne, C. E., & Tonigan, J. S. (2003). Motivational interviewing in drug abuse services: A randomized trial. *Journal of Consulting and Clinical Psychology, 71,* 754–763.

Mitcheson, L., McCambridge, J., & Byrne, S. (2007). Pilot cluster-rendomized trial of adjunctive motivational interviewing to reduce crack cocaine use in clients on methadone maintenance. *European Addiction Research, 13,* 6–10.

Monti, P. M., Colby, S. M., Barnett, N. P., Spirito, A., Rohsenow, D. J., Myers, M., et al. (1999). Brief intervention for harm reduction with alcohol-positive older adolescents in a hospital emergency department. *Journal of Consulting and Clinical Psychology, 67,* 989–994.

Morgenstern, J., Irwin, T. W., Wainberg, M. L., Parsons, J. T., Muench, F., Bux, D. A., Jr., et al. (2007). A randomized controlled trial of goal choice interventions for alcohol use disorders among men who have sex with men. *Journal of Consulting and Clinical Psychology, 75,* 72–84.

Mullins, S. A., Suarez, M., Ondersma, S. J., & Page, M. C. (2004). The impact of motivational interviewing on substance abuse treatment retention: A randomized controlled trial of women involved with child welfare. *Journal of Substance Abuse Treatment, 27*(1), 521–558.

Murphy, J. G., Benson, T. A., Vuchinich, R. E., Deskins, M. M., Eakin, D., Flood, A. M., et al. (2004). A comparison of personalized feedback for college student drinkers delivered with and without a motivational interview. *Journal of Studies on Alcohol, 65,* 200–203.

Murphy, J. G., Duchnick, J. J., Vuchinich, R. E., Davison, J. W., Karg, R. S., Olson, A. M., et

al. (2001). Relative efficacy of a brief motivational intervention for college student drinkers. *Psychology of Addictive Behaviors, 15*(4), 373–379.
Noonan, W. C. (2001). *Group motivational interviewing as an enhancement to outpatient alcohol treatment.* Unpublished doctoral dissertation, University of New Mexico.
Ondersma, S. J., Svikis, D. S., & Schuster, C. R. (2007). Computer-based motivational intervention for post-partum drug use: A randomized trial. *American Journal of Preventive Medicine, 32,* 231–238.
Peterson, P. L., Baer, J. S., Wells, E. A., Ginzler, J. A., & Garrett, S. B. (2006). Short-term effects of a brief motivational intervention to reduce alcohol and drug use among homeless adolescents. *Psychology of Addictive Behaviors, 20,* 254–264.
Project MATCH Research Group. (1997). Matching alcoholism treatments to client heterogeneity: Project MATCH posttreatment drinking outcomes. *Journal of Studies on Alcohol, 58,* 7–29.
Project MATCH Research Group. (1997). Project MATCH secondary a priori hypotheses. *Addiction, 92,* 1671–1698.
Project MATCH Research Group. (1998). Matching alcoholism treatments to client heterogeneity: Project MATCH three-year drinking outcomes. *Alcoholism: Clinical and Experimental Research, 22,* 1300–1311.
Project MATCH Research Group. (1998). Matching alcoholism treatments to client heterogeneity: Treatment main effects and matching effects on drinking during treatment. *Journal of Studies on Alcohol, 59,* 631–639.
Project MATCH Research Group. (1998). Matching patients with alcohol disorders to treatments: Clinical implications from Project MATCH. *Journal of Mental Health, 7,* 589–602.
Project MATCH Research Group. (1998). Therapist effects in three treatments for alcohol problems. *Psychotherapy Research, 8,* 455–474.
Reid, S. C., Teesson, M., Sannibale, C., Matsuda, M., & Haber, P. S. (2005). The efficacy of compliance therapy in pharmacotherapy for alcohol dependence: A randomized controlled trial. *Journal of Studies on Alcohol, 66,* 833–841.
Richmond, R., Heather, N., Kehoe, L, & Webster, I. (1995). Controlled evaluation of a general practice–based brief intervention for excessive drinking. *Addiction, 90,* 119–132.
Rohsenow, D. J., Monti, P. M., Martin, R. A., Colby, S. M., Myers, M. G., Gulliver, S. B., et al. (2004). Motivational enhancement and coping skills training for cocaine abusers: Effects on substance use outcomes. *Addiction, 99*(7), 862–874.
Rosenblum, A., Cleland, C., Magura, S., Mahmood, D., Kosanke, N., & Foote, J. (2005). Moderators of effects of motivational enhancements to cognitive behavioral therapy. *American Journal of Drug and Alcohol Abuse, 31,* 35–58.
Saitz, R., Palfai, T. P., Cheng, D. M., Horton, N. J., Freedner, N., Dukes, K., et al. (2007). Brief intervention for medical inpatients with unhealthy alcohol use: A randomized, controlled trial. *Annals of Internal Medicine, 146,* 167–176.
Sanchez, F. P. (2001). *A values-based intervention for alcohol abuse.* Unpublished doctoral dissertation, University of New Mexico.
Saunders, B., Wilkinson, C., & Phillips, M. (1995). The impact of a brief motivational intervention with opiate users attending a methadone programme. *Addiction, 90,* 415–424.
Schneider, R. J., Casey, J., & Kohn, R. (2000). Motivational versus confrontational interviewing: A comparison of substance abuse assessment practices at employee assistance programs. *Journal of Behavioral Health Services Research, 27,* 60–74.
Secades-Villa, R., Fernande-Hermida, J. R., & Arnaez-Montaraz, C. (2004). Motivational interviewing and treatment retention among drug user patients: A pilot study. *Substance Use and Misuse, 39*(9), 1369–1378.
Sellman, J. D., Sullivan, P. F., Dore, G. M., Adamson, S. J., & MacEwan, I. (2001). A random-

ized controlled trial of motivational enhancement therapy (MET) for mild to moderate alcohol dependence. *Journal of Studies on Alcohol, 62*, 389–396.

Senft, R. A., Polen, M. R., Freeborn, D. K., & Hollis, J. F. (1997). Brief intervention in a primary care setting for hazardous drinkers. *American Journal of Preventive Medicine, 13*, 464–470.

Sinha, R., Easton, C., Renee-Aubin, L., & Carroll, K. M. (2003). Engaging young probation-referred marijuana-abusing individuals in treatment: A pilot trial. *American Journal on Addictions, 12*(4), 314–323.

Sobell, L. C., Sobell, M. B., Leo, G. I., Agrawal, S., Johnson-Young, L., & Cunningham, J. A. (2002). Promoting self-change with alcohol abusers: A community-level mail intervention based on natural recovery studies. *Alcoholism: Clinical and Experimental Research, 26*, 936–948.

Spirito, A., Monti, P. M., Barnett, N. P., Colby, S. M., Sindelar, H., Rohsenow, D. J., et al. (2004). A randomized clinical trial of a brief motivational intervention for alcohol-positive adolescents treated in an emergency department. *Journal of Pediatrics, 145*, 396–402.

Stein, L. A. R., & Lebeau-Craven, R. (2002). Motivational interviewing and relapse prevention for DWI: A pilot study. *Journal of Drug Issues, 32*(4), 1051–1069.

Stein, L. A. R., Colby, S. M., Barnett, N. M., Monti, P. M., Golembeske, C., & Lebeau-Craven, R. (2006). Effects of motivational interviewing for incarcerated adolescents on driving under the influence after release. *American Journal of Addictions, 15*(Suppl. 1), 50–57.

Stein, L. A. R., Colby, S. M., Barnett, N. P., Monti, P. M., Golembeske, C., Lebeau-Craven, R., et al. (2006). Enhancing substance abuse treatment engagement in incarcerated adolescents. *Psychological Services, 3*, 25–34.

Stein, M. D., Anderson, B., Charuvastra, A., Maksad, J., & Friedman, P. D. (2002). A brief intervention for hazardous drinkers in a needle exchange program. *Journal of Substance Abuse Treatment, 22*, 23–31.

Stephens, R. S., Roffman, R. A., & Curtin, L. (2000). Comparison of extended versus brief treatments for marijuana use. *Journal of Consulting and Clinical Psychology, 68*, 898–908.

Stephens, R. S., Roffman, R. A., Fearer, S. A., Williams, C., & Burke, R. S. (2007). The marijuana check-up: Promoting change in ambivalent marijuana users. *Addiction, 102*, 947–957.

Stockwell, T., & Gregson, A. (1986). Motivational interviewing with problem drinkers: Impact on attendance, drinking and outcome. *British Journal of Addiction, 81*(5), 713.

Supplee, P. D. (2005). The importance of providing smoking relapse counseling during the postpartum hospitalization. *Journal of Obstetric, Gynecologic and Neonatal Nursing, 34*, 703–712.

Thevos, A. K., Roberts, J. S., Thomas, S. E., & Randall, C. L. (2000). Cognitive behavioral therapy delays relapse in female socially phobic alcoholics. *Addictive Behaviors, 25*(3), 333–345.

Thevos, A. K., Thomas, S. E., & Randall, C. L. (2001). Social support in alcohol dependence and social phobia: Treatment comparisons. *Research on Social Work Practice, 11*(4), 458–472.

Walker, D. D., Roffman, R. A., Stephens, R. S., Wakana, K., Berghuis, J. P., & Kim, W. (2006). Motivational enhancement therapy for adolescent marijuana users: A preliminary randomized controlled trial. *Journal of Consulting and Clinical Psychology, 74*, 628–632.

Walters, S. T., Bennett, M. E., & Miller, J. H. (2000). Reducing alcohol use in college students: A controlled trial of two brief interventions. *Journal of Drug Education, 30*, 361–372.

White, H. R., Morgan, T. J., Pugh, L. A., Celinski, K., Labovie, E. W., & Pandina, R. J. (2006). Evaluating two brief substance-use interventions for mandated college students. *Journal of Studies on Alcohol, 67*, 309–317.

Zywiak, W. H., Longabaugh, R., & Wirtz, P. W. (2002). Decomposing the relationships between pretreatment social network characteristics and alcohol treatment outcome. *Journal of Studies on Alcohol, 63*(1), 114–121.

喘息/COPD（慢性閉塞性肺疾患）

Broers, S., Smets, E. M. A., Bindels, P., Evertsz, F. B., Calff, M., & DeHaes, H. (2005). Training general practitioners in behavior change counseling to improve asthma medication adherence. *Patient Education and Counseling, 58*, 279–287.

de Blok, B. M., de Greef, M. H., ten Hacken, N. H., Sprenger, S. R., Postema, K., & Wempe, J. B. (2006). The effects of a lifestyle physical activity counseling program with feedback of a pedometer during pulmonary rehabilitation in patients with COPD: A pilot study. *Patient Education and Counseling, 61*(1), 48–55.

Schmaling, K. B., Blume, A. W., & Afari, N. (2001). A randomized controlled pilot study of motivational interviewing to change attitudes about adherence to medications for asthma. *Journal of Clinical Psychology in Medical Settings, 8*, 167–172.

脳損傷

Bell, K. R., Temkin, N. R., Esselman, P. C., Doctor, J. N., Bombardier, C. H., Fraser, R. T., et al. (2005). The effect of a scheduled telephone intervention on outcome after moderate to severe traumatic brain injury: A randomized trial. *Archives of Physical Medicine and Rehabilitation, 86*, 851–856.

Bombardier, C. H., & Rimmele, C. T. (1999). Motivational interviewing to prevent alcohol abuse after traumatic brain injury: A case series. *Rehabilitation Psychology, 44*, 52–67.

循環器疾患／高血圧

Beckie, T. M. (2006). A behavior change intervention for women in cardiac rehabilitation. *Journal of Cardiovascular Nursing, 21*, 146–153.

Brodie, D. A., & Inoue, A. (2005). Motivational interviewing to promote physical activity for people with chronic heart failure. *Journal of Advanced Nursing, 50*, 518–527.

McHugh, F., Lindsay, G. M., Hanlon, P., Hutton, I., Brown, M. R., Morrison, C., et al. (2001). Nurse-led shared care for patients on the waiting list for coronary artery bypass surgery: A randomised controlled trial. *Heart, 86*(3), 317–323.

Ogedegbe, G., & Chaplin, W. (2005). Motivational interviewing improves systolic blood pressure in hypertensive African Americans [Abstract]. *American Journal of Hypertension, 18*, A212.

Ogedegbe, G., Schoenthaler, A., Richardson, T., Lewis, L., Belue, R., Espinosa, E., et al. (2007). An RCT of the effect of motivational interviewing on medication adherence in hypertensive African Americans: Rationale and design. *Contemporary Clinical Trials, 28*, 169–181.

Riegel, B., Dickson, W., Hoke, L., McMahon, J. P., Reis, B. F., & Sayers, S. (2006). A motivational counseling approach to improving heart failure self-care: Mechanisms of effectiveness. *Journal of Cardiovascular Nursing, 21*, 232–241.

Scales, R. (1998). *Motivational interviewing and skills-based counseling in cardiac rehabilitation: The Cardiovascular Health Initiative and Lifestyle Education (CHILE) study.* Unpublished doctoral dissertation, University of New Mexico.

Scales, R., Lueker, R. D., Atterbom, H. A., Handmaker, N. S., & Jackson, K. A. (1997). Impact of motivational interviewing and skills-based counseling on outcomes in cardiac rehabilitation. *Journal of Cardiopulmonary Rehabilitation, 17*, 328.

Watkins, C. L., Anton, M. F., Deans, C. F., Dickinson, H. A., Jack, C. I., Lightbody, C. E., et al. (2007). Motivational interviewing early after acute stroke: A randomized, controlled trial. *Stroke, 38*, 1004-1009.

Woollard, J., Beilin, L., Lord, T., Puddey, I., MacAdam, D., & Rouse, I. (1995). A controlled trial of nurse counselling on lifestyle change for hypertensives treated in general practice: Preliminary results. *Clinical and Experimental Pharmacology and Physiology, 22*, 466–468.

Woollard, J., Burke, V., & Beilin, L. J. (2003). Effects of general practice-based nurse-counselling on ambulatory blood pressure and antihypertensive drug prescription in patients at increased risk of cardiovascular disease. *Journal of Human Hypertension, 17*, 689–695.

Woollard, J., Burke, V., Beilin, L. J., Verheijden, M., & Bulsara, M. K. (2003). Effects of a general practice-based intervention on diet, body mass index and blood lipids in patients at cardiovascular risk. *Journal of Cardiovascular Risk, 10*, 31–40.

歯　科

Skaret, E., Weinstein, P., Kvale, G., & Raadal, M. (2003). An intervention program to reduce dental avoidance behaviour among adolescents: A pilot study. *European Journal of Paediatric Dentistry, 4*, 191-196.

Weinstein, P., Harrison, R., & Benton, T. (2004). Motivating parents to prevent caries in their young children: One-year findings. *Journal of the American Dental Association, 135(6),* 731–738.

Weinstein, P., Harrison, R., & Benton, T. (2006). Motivating mothers to prevent caries: Confirming the beneficial effect of counseling. *Journal of the American Dental Association, 137*, 789–793.

糖尿病

Channon, S., Smith, V. J., & Gregory, J. W. (2003). A pilot study of motivational interviewing in adolescents with diabetes. *Archives of Disease in Childhood, 88(8)*, 680–683.

Clark, M., & Hampson, S. E. (2001). Implementing a psychological intervention to improve lifestyle self-management in patients with type 2 diabetes. *Patient Education and Counseling, 42*, 247–256.

Hokanson, J. M., Anderson, R. L., Hennrikus, D. J., Lando, H. A., & Kendall, D. M. (2006). Integrated tobacco cessation counseling in a diabetes self-management training program: A randomized trial of diabetes and reduction of tobacco. *Diabetes Educator, 32*, 562–570.

Rubak, S., Sandbaek, A., Lauritzen, T., Borch-Johnsen, K., & Christensen, B. (in press). Effect of the motivational interview on measures of quality care in people with screen detected type 2 diabetes: A one-year follow-up of a RCT. *British Journal of General Practice.*

Rubak, S., Sandbaek, A., Lauritzen, T., Borch-Johnsen, K., & Christensen, B. (in press). A RCT study: Effect of "motivational interviewing" on beliefs and behaviour among patients with type 2 diabetes detected by screening. *Scandinavian Journal of Public Health.*

Smith, D. E., Heckemeyer, C. M., Kratt, P. P., & Mason, D. A. (1997). Motivational interviewing to improve adherence to a behavioral weight-control program for older obese women with NIDDM: A pilot study. *Diabetes Care, 20,* 52–54.
Trigwell, P., Grant, P. J., & House, A. (1997). Motivation and glycemic control in diabetes mellitus. *Journal of Psychosomatic Research, 43,* 307–315.
Viner, R. M., Christie, D., Taylor, V., & Hey, S. (2003). Motivational/solution-focused intervention improves HbA$_{1c}$ in adolescents with type 1 diabetes: A pilot study. *Diabetic Medicine, 20*(9), 739–742.
West, D. S., DiLillo, V., Bursac, Z., Gore, S. A., & Greene, P. G. (2007). Motivational interviewing improves weight loss with type 2 diabetes. *Diabetes Care, 30,* 1081–1087.

ダイエット / 脂質

Berg-Smith, S. M., Stevens, V. J., Brown, K. M., Van Horn, L., Gernhofer, N., Peters, E., et al. (1999). A brief motivational intervention to improve dietary adherence in adolescents. *Health Education Research, 14,* 399–410.
Bowen, D., Ehret, C., Pedersen, M., Snetselaar, L., Johnson, M., Tinker, L., et al. (2002). Results of an adjunct dietary intervention program in the women's health initiative. *Journal of the American Dietetic Association, 102*(11), 1631–1637.
Bowen, D. J., Beresford, S. A. A., Vu, T., Fend, Z. D., Tinker, L., Hart, A., et al. (2004). Baseline data and design for a randomized intervention study of dietary change in religious organizations. *Preventive Medicine, 39,* 602–611.
Brug, J., Spikmans, F., Aartsen, C., Breedveld, B., Bes, R., & Fereira, I. (2007). Training dietitians in basic motivational interviewing skills results in changes in their counseling style and in lower saturated fat intakes in their patients. *Journal of Nutrition Education and Behavior, 39,* 8–12.
Fuemmeler, B. F., Masse, L. C., Yaroch, A. L., Resnicow, K., Campbell, M. K., Carr, C., et al. (2006). Psychosocial mediation of fruit and vegetable consumption in the Body and Soul effectiveness trial. *Health Psychology, 25,* 474–483.
Mhurchu, C. N., Margetts, B. M., & Speller, V. (1998). Randomized clinical trial comparing the effectiveness of two dietary interventions with hyperlipidaemia. *Clinical Science, 95,* 479–487.
Resnicow, K., Campbell, M. K., Carr, C., McCarty, F., Wang, T., Periasamy, S., et al. (2004). Body and soul: A dietary intervention conducted through African-American churches. *American Journal of Preventive Medicine, 27,* 97–105.
Resnicow, K., Coleman-Wallace, D., Jackson, A., Digirolamo, A., Odom, E., Wang, T., et al. (2000). Dietary change through black churches: Baseline results and program description of the Eat for Life trial. *Journal of Cancer Education, 15,* 156–163.
Resnicow, K., Jackson, A., Blissett, D., Wang, T., McCarty, F., Rahotep, S., et al. (2005). Results of the Healthy Body Healthy Spirit trial. *Health Psychology, 24,* 339–348.
Resnicow, K., Jackson, A., Wang, T., De, A. K., McCarty, F., Dudley, W. N., et al. (2001). A motivational intervention to increase fruit and vegetable intake through Black churches: Results of the Eat for Life trial. *American Journal of Public Health, 91,* 1686–1693.
Resnicow, K., Taylor, R., Baskin, M., & McCarty, F. (2005). Results of Go Girls: A weight control program for overweight African-American adolescent females. *Obesity Research, 13,* 1739–1748.
Richards, A., Kettelmann, K. K., & Ren, C. R. (2006). Motivating 18- to 24-year-olds to increase their fruit and vegetable consumption. *Journal of the American Dietetic Association, 106,* 1405–1411.

Wen, D. B., Ehret, C., Pedersen, M., Snetselaar, L., Johnson, M., Tinker, L., et al. (2002). Abstract results of an adjunct dietary intervention program in the Women's Health Initiative. *Journal of the American Dietetic Association, 102*(11), 1631-1637.

West, D. S., DiLillo, V., Bursac, Z., Gore, S. A., & Greene, P. G. (2007). Motivational interviewing improves weight loss with type 2 diabetes. *Diabetes Care, 30*, 1081-1087.

Woollard, J., Burke, V., Beilin, L. J., Verheijden, M., & Bulsara, M. K. (2003). Effects of a general practice-based intervention on diet, body mass index and blood lipids in patients at cardiovascular risk. *Journal of Cardiovascular Risk, 10*, 31-40.

ドメスティックバイオレンス

Kennerley, R. J. (2000). *The ability of a motivational pre-group session to enhance readiness for change in men who have engaged in domestic violence.* Unpublished doctoral dissertation.

Kistenmacher, B. R. (2000). *Motivational interviewing as a mechanism for change in men who batter: A randomized controlled trial.* Unpublished doctoral dissertation, University of Oregon.

並存診断（物質使用障害と精神疾患）

Baker, A., Bucci, S., Lewin, T., Kay-Lambkin, F., Constable, P. M., & Carr, V. J. (2006). Cognitive-behavioral therapy for substance use disorders in people with psychotic disorders: Randomized clinical trial. *British Journal of Psychiatry, 188*, 439-444.

Baker, A., Lewin, T., Reichler, H., Clancy, R., Carr, V., Garrett, R., et al. (2002). Evaluation of a motivational interview for substance use within psychiatric in-patient services. *Addiction, 97*(10), 1329-1337.

Barrowclough, C., Haddock, G., Tarrier, N., Lewis, S. W., Moring, J., O'Brien, R., et al. (2001). Randomized controlled trial of motivational interviewing, cognitive behavior therapy, and family intervention for patients with comorbid schizophrenia and substance use disorders. *American Journal of Psychiatry, 158*, 1706-1713.

Brown, R. A., Ramsey, S. E., Strong, D. R., Myers, M. G., Kahler, C. W., Lejuez, C. W., et al. (2003). Effects of motivational interviewing on smoking cessation in adolescents with psychiatric disorders. *Tobacco Control, 12*(Suppl. 4), 3-10.

Carey, K. B., Carey, M. P., Maisto, S. A., & Purnine, D. M. (2002). The feasibility of enhancing psychiatric outpatients' readiness to change their substance use. *Psychiatric Services, 53*, 602-608.

Daley, D. C., Salloum, I. M., Zuckoff, A., Kirisci, L., & Thase, M. E. (1998). Increasing treatment adherence among outpatients with depression and cocaine dependence: Results of a pilot study. *American Journal of Psychiatry, 155*, 1611-1613.

Daley, D. C., & Zuckoff, A. (1998). Improving compliance with the initial outpatient session among discharged inpatient dual diagnosis clients. *Social Work, 43*, 470-473.

Graeber, D. A., Moyers, T. B., Griffith, G., Guajardo, E., & Tonigan, J. S. (2003). A pilot study comparing motivational interviewing and an educational intervention in patients with schizophrenia and alcohol use disorders. *Community Mental Health Journal, 39*, 189-202.

Haddock, G., Barrowclough, C., Tarrier, N., Moring, J., O'Brien, R., Schofield, N., et al. (2003). Cognitive-behavioural therapy and motivational intervention for schizophrenia and substance misuse: 18-month outcomes of a randomized controlled trial. *British Jour-*

nal of Psychiatry, 183, 377–378.
Hulse, G. K., & Tait, R. J. (2002). Six-month outcomes associated with a brief alcohol intervention for adult in-patients with psychiatric disorders. *Addiction, 21,* 105–112.
Hulse, G. K., & Tait, R. J. (2003). Five-year outcomes of a brief alcohol intervention for adult in-patients with psychiatric disorders. *Addiction, 98,* 1061–1068.
Kavanagh, D. J., Young, R., White, A., Saunders, J. B., Wallis, J., Shockley, N., et al. (2004). A brief motivational intervention for substance misuse in recent-onset psychosis. *Drug and Alcohol Review, 23,* 151–155.
Kreman, R., Yates, B. C., Agrawal, S., Fiandt, K., Briner, W., & Shurmur, S. (2006). The effects of motivational interviewing on physiological outcomes. *Applied Nursing Research, 19,* 167–170.
Martino, S., Carroll, K. M., Nich, C., & Rounsaville, B. J. (2006). A randomized controlled pilot study of motivational interviewing for patients with psychotic and drug use disorders. *Addiction, 101,* 1479–1492.
Martino, S., Carroll, K. M., O'Malley, S. S., & Rounsaville, B. J. (2000). Motivational interviewing with psychiatrically ill substance abusing patients. *American Journal on Addictions, 9,* 88–91.
Santa Ana, E. J. (2005). *Efficacy of group motivational interviewing (GMI) for psychiatric inpatients with chemical dependence.* Unpublished doctoral dissertation.
Swanson, A. J., Pantalon, M. V., & Cohen, K. R. (1999). Motivational interviewing and treatment adherence among psychiatric and dually-diagnosed patients. *Journal of Nervous and Mental Disease, 187,* 630–635.
Tapert, S. F., Colby, S. M., Barnett, N. P., Spirito, A., Rohsenow, D. J., Myers, M. G., et al. (2003). Depressed mood, gender, and problem drinking in youth. *Journal of Child and Adolescent Substance Abuse, 12*(4), 55–68.
Zuckoff, A., Shear, K., Frank, E., Daley, D. C., Seligman, K., & Silowash, R. (2006). Treating complicated grief and substance use disorders: A pilot study. *Journal of Substance Abuse Treatment, 30,* 205–211.

摂食障害 / 肥満

Dunn, E. C., Neighbors, C., & Larimer, M. (2006). Motivational enhancement therapy and self-help treatment for binge eaters. *Psychology of Addictive Behaviors, 20,* 44–52.
Feld, R., Woodside, D. B., Kaplan, A. S., Olmsted, M. P., & Carter, J. C. (2001). Pretreatment motivational enhancement therapy for eating disorders: A pilot study. *International Journal of Eating Disorders, 29,* 393–400.
Long, C. G., & Hollin, C. R. (1995). Assessment and management of eating disordered patients who over-exercise: A four-year follow-up of six single case studies. *Journal of Mental Health, 4,* 309–316.
Pung, M. A., Niemeier, H. M., Cirona, A. C., Barrera, A. Z., & Craighead, L. W. (2004). Motivational interviewing in the reduction of risk factors for eating disorders: A pilot study. *International Journal of Eating Disorders, 35*(4), 396–397.
Smith, D. E., Heckemeyer, C. M., Kratt, P. P., & Mason, D. A. (1997). Motivational interviewing to improve adherence to a behavioral weight-control program for older obese women with NIDDM: A pilot study. *Diabetes Care, 20,* 52–54.
Treasure, J. L., Katzman, M., Schmidt, U., Troop, N., Todd, G., & De Silva, P. (1999). Engagement and outcome in the treatment of bulimia nervosa: First phase of a sequential design comparing motivation enhancement therapy and cognitive behavioural therapy. *Behaviour Research and Therapy, 37,* 405–418.

救急医療 / トラウマ / 傷害予防

Dunn, C., Droesch, R. M., Johnston, B. D., & Rivara, F. P. (2004). Motivational interviewing with injured adolescents in the emergency department: In-session predictors of change. *Behavioural and Cognitive Psychotherapy, 32*(1), 113-116.

Johnston, B. D., Rivara, F. P., & Droesch, R. M. (2002). Behavior change counseling in the emergency department to reduce injury risk: A randomized, controlled trial. *Pediatrics, 110*, 267-274.

Schermer, C. R., Moyers, T. B., Miller, W. R., & Bloomfield, L. A. (2006). Trauma center brief interventions for alcohol disorders decrease subsequent driving under the influence arrests. *Journal of Trauma, 60*, 29-34.

Zatzick, D., Roy-Byrne, P., Russo, J., Rivara, F., Droesch, R., Wagner, A., et al. (2004). A randomized effectiveness trial of stepped collaborative care for acutely injured trauma survivors. *Archives of General Psychiatry, 61*(5), 498-506.

家族 / 人間関係

Cordova, J. V., Scott, R. G., Dorian, M., Mirgain, S., Yeager, D., & Groot, A. (2005). The marriage check-up: An indicated preventive intervention for treatment-avoidant couples at risk for marital deterioration. *Behavior Therapy, 36*, 301-309.

Kelly, A. B., Halford, W. K., & Young, R. M. (2000). Maritally distressed women with alcohol problems: The impact of a short-term alcohol-focused intervention on drinking behaviour and marital satisfaction. *Addiction, 95*, 1537-1549.

Naar-King, S., Wright, K., Parsons, J. T., Frey, M., Templin, T., Lam, P., et al. (2006). Healthy choices: Motivational enhancement therapy for health risk behaviors in HIV-positive youth. *AIDS Education and Prevention, 18*, 1-11.

O'Leary, C. C. (2001). *The early childhood family check-up: A brief intervention for at-risk families with preschool-aged children.* Unpublished doctoral dissertation.

Rao, S. O. (1999). *The short-term impact of the family check-up: A brief motivational intervention for at-risk families.* Unpublished doctoral dissertation.

Slavert, J. D., Stein, L. A. R., Klein, J. L., Colby, S. M., Barnett, N. P., & Monti, P. M. (2005). Piloting the family check-up with incarcerated adolescents and their parents. *Psychological Services, 2*, 123-132.

Uebelacker, L. A., Hecht, J., & Miller, I. W. (2006). The family check-up: A pilot study of a brief intervention to improve family functioning in adults. *Family Process, 45*, 223-236.

病的賭博

Hodgins, D. C., Currie, S. R., & el-Guebaly, N. (2001). Motivational enhancement and self-help treatments for problem gambling. *Journal of Consulting and Clinical Psychology, 69*, 50-57.

Hodgins, D. C., Currie, S., el-Guebaly, N., & Peden, N. (2004). Brief motivational treatment for problem gambling: A 24-month follow-up. *Psychology of Addictive Behaviors, 18*, 293-296.

Kuentzel, J. G., Henderson, M. J., Zambo, J. J., Stine, S. M., & Schuster, C. R. (2003). Motivational interviewing and fluoxetine for pathological gambling disorder: A single case study. *North American Journal of Psychology, 5*(2), 229-248.

Wulfert, E., Blanchard, E. B., Freidenberg, B. M., & Martell, R. S. (2006). Retaining pathological gamblers in cognitive behavior therapy through motivational enhancement: A pilot study. *Behavior Modification, 30*, 315-340.

健康促進 / 運動 / フィットネス

Bennett, J. A., Lyons, K. S., Winters-Stone, K., Nail, L. M., & Scherer, J. (2007). Motivational interviewing to increase physical activity in long-term cancer survivors: A randomized controlled trial. *Nursing Research, 56*, 18-27.

Brodie, D. A., & Inoue, A. (2005). Motivational interviewing to promote physical activity for people with chronic heart failure. *Journal of Advanced Nursing, 50*, 518-527.

Butterworth, S., Linden, A., McClay, W., & Leo, M. C. (2006). Effect of motivational interviewing-based health coaching on employees' physical and mental health status. *Journal of Occupational Health Psychology, 11*, 358-365.

Elliot, D. L., Goldberg, L., Duncan, T. E., Kuehl, K. S., & Moe, E. L. (2004). The PHLAME firefighters' study: Feasibility and findings. *American Journal of Health Behavior, 28*, 13-23.

Elliot, D. L., Goldberg, L., Kuehl, K. S., Moe, E. L., Breger, R. K., & Pickering, M. A. (2007). The PHLAME (Promoting Healthy Lifestyles: Alternative Models' Effects) firefighter study: Outcomes of two models of behavior change. *Journal of Occupational and Environmental Medicine, 49*, 204-213.

Harland, J., White, M., Drinkwater, C., Chinn, D., Farr, L., & Howel, D. (1999). The Newcastle Exercise Project: A randomised controlled trial of methods, to promote physical activity in primary care. *British Medical Journal, 319*, 828-832.

Hillsdon, M., Thorogood, N., White, I., & Foster, C. (2002). Advising people to take more exercise is ineffective: A randomised controlled trial of physical activity promotion in primary care. *International Journal of Epidemiology, 31*, 808-815.

Hudec, J. C. (2000). *Individual counseling to promote physical activity*. Unpublished doctoral dissertation.

Kolt, G. S., Oliver, M., Schofield, G. M., Kerse, N., Garrett, N., & Latham, N. K. (2006). An overview and process evaluation of Telewalk: A telephone-based counseling intervention to encourage walking in older adults. *Health Promotion International, 21*, 201-208.

Ludman, E. J., Curry, S. J., Meyer, D., & Taplin, S. H. (1999). Implementation of outreach telephone counseling to promote mammography participation. *Health Education and Behavior, 26*, 689-702.

Moe, E. L., Elliot, D. L., Goldberg, L., Kuehl, K. S., Stevens, V. J., Breger, R. K. R., et al. (2002). Promoting healthy lifestyles: Alternative models' effects (PHLAME). *Health Education Research, 17*(5), 586-596.

Thevos, A. K., Kaona, F. A. D., Siajunza, M. T., & Quick, R. E. (2000). Adoption of safe water behaviors in Zambia: Comparing educational and motivational approaches. *Education for Health* (joint issue with the *Annual of Behavioral Sciences and Medical Education*), *13*, 366-376.

Thevos, A. K., Olsen, S. J., Rangel, J. M., Kaona, F. A. D., Tembo, M., & Quick, R. E. (2002-2003). Social marketing and motivational interviewing as community interventions for safe water behaviors: Follow-up surveys in Zambia. *International Quarterly of Community Health Education, 21*, 51-65.

Thevos, A. K., Quick, R. E., & Yanjuli, V. (2000). Motivational interviewing enhances the adoption of water disinfection practices in Zambia. *Health Promotion International, 15*, 207-214.

Valanis, B., Whitlock, E. E., Mullooly, J., Vogt, T., Smith, S., Chen, C. H., et al. (2003).

Screening rarely screened women: Time-to-service and 24-month outcomes of tailored interventions. *Preventive Medicine, 37*(5), 442–450.

Valanis, B. G., Glasgow, R. E., Mullooly, J., Vogt, T. M., Whitlock, E. P., Boles, S. M., et al. (2002). Screening HMO women overdue for both mammograms and Pap tests. *Preventive Medicine, 34,* 40–50.

van Vilsteren, M. C., de Greef, M. H. G., & Huisman, R. M. (2005). The effects of a low-to-moderate intensity pre-conditioning exercise programme linked with exercise counselling for sedentary haemodialysis patients in the Netherlands: A randomized clinical trial. *Nephrology Dialysis Transplantation, 20,* 141–146.

Wilhelm, S. L., Stepans, M. B., Hertzog, M., Rodehorst, T. K., & Gardner, P. (2006). Motivational interviewing to promote sustained breastfeeding. *Journal of Obstetrical, Gynecological, and Neonatal Nursing, 35,* 340–348.

HIV/エイズ

Aharonovich, E., Hartzenbuehler, M. L., Johnston, B., O'Leary, A., Morgenstern, J., Wainberg, M. L., et al. (2006). A low-cost, sustainable intervention for drinking reduction in the HIV primary care settings. *AIDS Care: Psychological and Socio-Medical Aspects of AIDS/HIV, 18,* 561–568.

Baker, A., Heather, N., Wodak, A., Dixon, J., & Holt, P. (1993). Evaluation of a cognitive behavioral intervention for HIV prevention among injecting drug users. *AIDS, 7,* 247–256.

Carey, M. P., Braaten, L. S., Maisto, S. A., Gleason, J. R., Forsyth, A. D., Durant, L. E., et al. (2000). Using information, motivational enhancement, and skills training to reduce the risk of HIV infection for low-income urban women: A second randomized clinical trial. *Health Psychology, 19,* 3–11.

Carey, M. P., Maisto, S. A., Kalichman, S. C., Forsyth, A. D., Wright, E. M., & Johnson, B. T. (1997). Using information, motivational enhancement, and skill training to reduce the risk of HIV infection for low-income urban women: A second randomized clinical trial. *Journal of Consulting and Clinical Psychology, 65,* 531–541.

Dilorio, C., Resnicow, K., McDonnell, M., Soet, J., McCarty, F., & Yeager, K. (2003). Using motivational interviewing to promote adherence to antiretroviral medications: A pilot study. *Journal of the Association of Nurses in AIDS Care, 14*(2), 52–62.

Golin, C. E., Earp, J. L., Tien, H. C., Stewart, P., Porter, C., & Howie, L. (2006). A 2-arm, randomized, controlled trial of a motivational interviewing–based intervention to improve adherence to antiretroviral therapy (ART) among patients failing or initiating ART. *Journal of Acquired Immune Deficiency Syndrome, 42,* 42–51.

Kalichman, S. C., Cherry, C., & Browne-Sperling, F. (1999). Effectiveness of a video-based motivational skills-building HIV risk-reduction intervention for inner-city African American men. *Journal of Consulting and Clinical Psychology, 67,* 959–966.

Knight, J. R., Sherritt, L., Van Hook, S., Gates, E. C., Levy, S., & Chang, G. (2005). Motivational interviewing for adolescent substance use: A pilot study. *Journal of Adolescent Health, 37,* 167–169.

Koblin, B., Chesney, M., Coates, T., & Team, E. S. (2004). Effects of a behavioural intervention to reduce acquisition of HIV infection among men who have sex with men: The EXPLORE randomised controlled study. *Lancet, 364,* 41–50.

Naar-King, S., Wright, K., Parsons, J. T., Frey, M., Templin, T., Lam, P., et al. (2006). Healthy choices: Motivational enhancement therapy for health risk behaviors in HIV-positive youth. *AIDS Education and Prevention, 18,* 1–11.

Parsons, J. T., Rosof, E., Punzalan, J. C., & DiMaria, L. (2005). Integration of motivational interviewing and cognitive behavioral therapy to improve HIV medication adherence and reduce substance use among HIV-positive men and women: Results of a pilot project. *AIDS Patient Care and STDs, 19*, 31–39.

Patterson, T. L., Semple, S. J., Fraga, M., Bucardo, J., Davila-Fraga, W., & Strathdee, S. A. (2005). An HIV-prevention intervention for sex workers in Tijuana, Mexico: A pilot study. *Hispanic Journal of Behavioral Sciences, 27*, 82–100.

Picciano, J. F., Roffman, R. A., Kalichman, S. C., Rutledge, S. E., & Berghuis, J. P. (2001). A telephone based brief intervention using motivational enhancement to facilitate HIV risk reduction among MSM: A pilot study. *AIDS and Behavior, 5*, 251–262.

Robles, R. R., Reyes, J. C., Colon, H. M., Sahai, H., Marrero, C. A., Matos, T. D., et al. (2004). Effects of combined counseling and case management to reduce HIV risk behaviors among Hispanic drug injectors in Puerto Rico: A randomized controlled trial. *Journal of Substance Abuse Treatment, 27*, 145–152.

Samet, J. H., Horton, N. J., Meli, S., Dukes, K., Tripps, T., Sullivan, L., et al. (2005). A randomized controlled trial to enhance antiretroviral therapy adherence in patients with a history of alcohol problems. *Antiviral Therapy, 10*, 83–93.

Stein, M. D., Anderson, B., Charuvastra, A., Maksad, J., & Friedman, P. D. (2002). A brief intervention for hazardous drinkers in a needle exchange program. *Journal of Substance Abuse Treatment, 22*, 23–31.

Thrasher, A. D., Golin, C. E., Earp, J. A. L., Tien, H., Porter, C., & Howie, L. (2006). Motivational interviewing to support antiretroviral therapy adherence: The role of quality counseling. *Patient Education and Counseling, 62*, 64–71.

医学的遵守性（アドヒアランス）

Aliotta, S. L., Vlasnik, J. J., & Delor, B. (2004). Enhancing adherence to long-term medical therapy: A new approach to assessing and treating patients. *Advances in Therapy, 21*, 214–231.

Bennett, J. A., Perrin, N. A., & Hanson, G. (2005). Healthy aging demonstration project: Nurse coaching for behavior change in older adults. *Research in Nursing and Health, 28*, 187–197.

Berger, B. A., Liang, H., & Hudmon, K. S. (2005). Evaluation of software-based telephone counseling to enhance medication persistency among patients with multiple sclerosis. *Journal of the American Pharmacists Association, 45*, 466–472.

Broers, S., Smets, E. M. A., Bindels, P., Evertsz, F. B., Calff, M., & DeHaes, H. (2005). Training general practitioners in behavior change counseling to improve asthma medication adherence. *Patient Education and Counseling, 58*, 279–287.

Hayward, P., Chan, N., Kemp, R., & Youle, S. (1995). Medication self-management: A preliminary report on an intervention to improve medication compliance. *Journal of Mental Health, 4*, 511–518.

Kreman, R., Yates, B. C., Agrawal, S., Fiandt, K., Briner, W., & Shurmur, S. (2006). The effects of motivational interviewing on physiological outcomes. *Applied Nursing Research, 19*, 167–170.

Robles, R. R., Reyes, J. C., Colon, H. M., Sahai, H., Marrero, C. A., Matos, T. D., et al. (2004). Effects of combined counseling and case management to reduce HIV risk behaviors among Hispanic drug injectors in Puerto Rico: A randomized controlled trial. *Journal of Substance Abuse Treatment, 27*, 145–152.

Rose, J., & Walker, S. (2000). Working with a man who has Prader–Willi syndrome and his support staff using motivational principles. *Behavioural and Cognitive Psychotherapy, 28*, 293–302.

メンタルヘルス

Arkowitz, H., Westra, H. A., Miller, W. R., & Rollnick, S. (Eds.). (2008). *Motivational interviewing in the treatment of psychological problems*. New York: Guilford Press.

Humphress, H., Igel, V., Lamont, A., Tanner, M., Morgan, J., & Schmidt, U. (2002). The effect of a brief motivational intervention on community psychiatric patients' attitudes to their care, motivation to change, compliance and outcome: A case control study. *Journal of Mental Health*, 11, 155–166.

Kemp, R., Hayward, P., Applewhaite, G., Everitt, B., & David, A. (1996). Compliance therapy in psychotic patients: Randomised controlled trial. *British Medical Journal*, 312, 345–349.

Kemp, R., Kirov, G., Everitt, B., Hayward, P., & David, A. (1998). Randomised controlled trial of compliance therapy: 18-month follow-up. *British Journal of Psychiatry*, 172, 413–419.

Ludman, E., Simon, F., Tutty, S., & Von Korff, M. (2007). A randomized trial of telephone psychotherapy and pharmacotherapy support for depression: Continuation and durability of effects. *Journal of Consulting and Clinical Psychology*, 75, 257–266.

Murphy, R. T., & Cameron, R. P. (2002). Development of a group treatment for enhancing motivation to change PTSD syndrome. *Cognitive and Behavioral Practice*, 9, 308–316.

Simon, G., Ludman, E. J., Tutty, S., Operskalski, B., & Von Korff, M. (2004). Telephone psychotherapy and telephone care management for primary care patients starting antidepressant treatment: A randomized controlled trial. *Journal of the American Medical Association*, 292, 935–942.

Westra, H. A., & Phoenix, E. (2003). Motivational enhancement therapy in two cases of anxiety disorder: New responses to treatment refractoriness. *Clinical Case Studies*, 2(4), 306–322.

違法行為

Harper, R., & Hardy, S. (2000). An evaluation of motivational interviewing as a method of intervention with clients in a probation setting. *British Journal of Social Work*, 30, 393–400.

Mann, R., & Rollnick, S. (1996). Motivational interviewing with a sex offender who believed he was innocent. *Behavioural and Cognitive Psychotherapy*, 24, 127–134.

Marques, P. R., Voas, R. B., Tippetts, A. S., & Beirness, D. J. (1999). Behavioral monitoring of DUI offenders with the alcohol ignition interlock recorder. *Addiction*, 94(12), 1861–1870.

Sinha, R., Easton, C., Renee-Aubin, L., & Carroll, K. M. (2003). Engaging young probation-referred marijuana-abusing individuals in treatment: A pilot trial. *American Journal on Addictions*, 12(4), 314–323.

Slavert, J. D., Stein, L. A. R., Klein, J. L., Colby, S. M., Barnett, N. P., & Monti, P. M. (2005). Piloting the family check-up with incarcerated adolescents and their parents. *Psychological Services*, 2, 123–132.

Stein, L. A. R., Colby, S. M., Barnett, N. P., Monti, P. M., Golembeske, C., Lebeau-Craven, R., et al. (2006). Enhancing substance abuse treatment engagement in incarcerated adolescents. *Psychological Services*, 3, 25–34.

Stein, L. A. R., & Lebeau-Craven, R. (2002). Motivational interviewing and relapse prevention for DWI: A pilot study. *Journal of Drug Issues*, 32(4), 1051–1069.

痛み

Ang, D., Kesavalu, R., Lydon, J. R., Lane, K. A., & Bigatti, S. (in press). Exercise-based motivational interviewing for female patients with fibromyalgia: A case series. *Clinical Rheumatology, 26*.

性的行為

Kiene, S. M., & Barta, W. D. (2006). A brief individualized computer-delivered sexual risk reduction intervention increases HIV/AIDS preventive behavior. *Journal of Adolescent Health, 39*, 404–410.
Mann, R., & Rollnick, S. (1996). Motivational interviewing with a sex offender who believed he was innocent. *Behavioural and Cognitive Psychotherapy, 24*, 127–134.
Orzack, M. H., Voluse, A. C., Wolf, D., & Hennen, J. (2006). An ongoing study of group treatment for men involved in problematic Internet-enabled sexual behavior. *Cyberpsychology and Behavior, 9*, 348–360.
Peterson, R., Albright, J., Garrett, J. M., & Curtis, K. M. (2007). Pregnancy and STD prevention counseling using an adaptation of motivational interviewing: A randomized controlled trial. *Perspectives on Sexual Reproductive Health, 39*(1), 21–28.
Yahne, C. E., Miller, W. R., Irvin-Vitela, L., & Tonigan, J. S. (2002). Magdalena pilot project: Motivational outreach to substance abusing women street sex workers. *Journal of Substance Abuse Treatment, 23*(1), 49–53.

言語／音声治療

Behrman, A. (2006). Facilitating behavioral change in voice therapy: The relevance of motivational interviewing. *American Journal of Speech–Language Pathology, 15*, 215–225.

タバコ

Ahluwalia, J. S., Nollen, N., Kaur, H., James, A. S., Mayo, M. S., & Resnicow, K. (2007). Pathway to health: Cluster randomized trial to increase fruit and vegetable consumption among smokers in public housing. *Health Psychology, 26*, 214–221.
Ahluwalia, J. S., Okuyemi, K., Nollen, N., Choi, W. S., Kaur, H., Pulvers, K., et al. (2006). The effects of nicotine gum and counseling among African American light smokers: A 2 × 2 factorial design. *Addiction, 101*, 833–891.
Baker, A., Richmond, R., Haile, M., Lewin, T. J., Carr, V. J., Taylor, R. L., et al. (2006). A randomized controlled trial of a smoking cessation intervention among people with a psychotic disorder. *American Journal of Psychiatry, 163*, 1934–1942.
Boardman, T., Catley, D., Grobe, J. E., Little, T. D., & Ahluwalia, J. S. (2006). Using motivational interviewing with smokers: Do therapist behaviors relate to engagement and therapeutic alliance? *Journal of Substance Abuse Treatment, 31*, 329–339.
Borelli, B., Novak, S., Hecht, J., Emmons, K., Papandonatos, G., & Abrams, D. (2005). Home health care nurses as a new channel for smoking cessation treatment: Outcomes from Project CARES (Community-Nurse Assisted Research and Education on Smoking). *Preventive Medicine, 41*, 815–821.

Brown, R. A., Ramsey, S. E., Strong, D. R., Myers, M. G., Kahler, C. W., Lejuez, C. W., et al. (2003). Effects of motivational interviewing on smoking cessation in adolescents with psychiatric disorders. *Tobacco Control, 12*(Suppl. 4), 3–10.

Butler, C. C., Rollnick, S., Cohen, D., Bachmann, M., Russell, I., & Stott, N. (1999). Motivational consulting versus brief advice for smokers in general practice: A randomized trial. *British Journal of General Practice, 49*, 611–616.

Chan, S. S., Lam, T. H., Salili, F., Leung, G. M., Wong, D. C., Botelho, R. J., et al. (2005). A randomized controlled trial of an individualized motivational intervention on smoking cessation for parents of sick children: A pilot study. *Applied Nursing Research, 18*, 178–181.

Cigrang, J. A., Severson, H. H., & Peterson, A. L. (2002). Pilot evaluation of a population-based health intervention for reducing use of smokeless tobacco. *Nicotine and Tobacco Research, 4*(1), 127–131.

Colby, S. M., Barnett, N. M., Monti, P. M., Rohsenow, D. J., Weissman, K., Spirito, A., et al. (1998). Brief motivational interviewing in a hospital setting for adolescent smoking: A preliminary study. *Journal of Consulting and Clinical Psychology, 66*, 574–578.

Colby, S. M., Monti, P. M., & Tevyaw, T. O. (2005). Brief motivational intervention for adolescent smokers in medical settings. *Addictive Behaviors, 30*, 865–874.

Curry, S. J., Ludman, E. J., Graham, E., Stout, J., Grothaus, L., & Lozano, P. (2003). Pediatric-based smoking cessation intervention for low-income women: A randomized trial. *Archives of Pediatrics and Adolescent Medicine, 157*, 295–302.

Emmons, K. M., Hammond, S. K., Fava, J. L., Velicer, W. F., Evans, J. L., & Monroe, A. D. (2001). A randomized trial to reduce passive smoke exposure in low-income households with young children. *American Academy of Pediatrics, 108*, 18–24.

Ershoff, D. H., Quinn, V. P., Boyd, N. R., Stern, J., Gregory, M., & Wirtschafter, D. (1999). The Kaiser Permanente prenatal smoking-cessation trial: When more isn't better, what is enough? *American Journal of Preventive Medicine, 17*, 161–168.

Gariti, P., Alterman, A., Mulvaney, F., Mechanic, K., Dhopesh, V., Yu, E., et al. (2002). Nicotine intervention during detoxification and treatment for other substance use. *American Journal of Drug and Alcohol Abuse, 28*, 673–681.

George, T. P., Ziedonis, D. M., Feingold, A., Pepper, W. T., Satterburg, C. A., Winkel, J., et al. (2000). Nicotine transdermal patch and atypical antipsychotic medications for smoking cessation in schizophrenia. *American Journal of Psychiatry, 157*, 1835–1842.

Glasgow, R. E., Whitlock, E. E., Eakin, E. G., & Lichtenstein, E. (2000). A brief smoking cessation intervention for women in low-income planned parenthood clinics. *American Journal of Public Health, 90*, 786–789.

Haug, N. A., Svikis, D. S., & DiClemente, C. C. (2004). Motivational enhancement therapy for nicotine dependence in methadone-maintained pregnant women. *Psychology of Addictive Behaviors, 18*, 289–292.

Helstrom, A., Hutchinson, K., & Bryan, A. (2007). Motivational enhancement therapy for high-risk adolescent smokers. *Addictive Behaviors, 32*, 2404–2410.

Hokanson, J. M., Anderson, R. L., Hennrikus, D. J., Lando, H. A., & Kendall, D. M. (2006). Integrated tobacco cessation counseling in a diabetes self-management training program: A randomized trial of diabetes and reduction of tobacco. *Diabetes Educator, 32*, 562–570.

Hollis, J. F., Polen, M. R., Whitlock, E. P., Lichtenstein, E., Mullooly, J., Velicer, W. F., et al. (2005). Teen Reach: Outcomes from a randomized controlled trial of a tobacco reduction program for teens seen in primary medical care. *Pediatrics, 115*, 981–989.

Horn, K., Dino, G., Hamilton, C., & Noerachmanto, N. (2007). Efficacy of an emergency department–based teenage smoking intervention. *Prevention of Chronic Disease, 4*, A08.

Kelley, A. B., & Lapworth, K. (2006). The HYP program: Targeted motivational interviewing for adolescent violations of school tobacco policy. *Preventive Medicine, 43,* 466–471.

Luna, L. (2005). *The effectiveness of motivational enhancement therapy on smoking cessation in college students.* Unpublished doctoral dissertation.

Nollen, N. L., Mayo, M. S., Sanderson Cox, L., Okuyemi, K. S., Choi, W. S., Kaur, H., et al. (2006). Predictors of quitting among African American light smokers enrolled in a randomized, placebo-controlled trial. *Journal of General Internal Medicine, 21,* 590–595.

Okuyemi, K., Cox, L. S., Nollen, N. L., Snow, T. M., Kaur, H., Choi, W. S., et al. (2007). Baseline characteristics and recruitment strategies in a randomized clinical trial of African-American light smokers. *American Journal of Health Promotion, 21,* 183–189.

Okuyemi, K. S., James, A. S., Mayo, M. S., Nollen, N., Catley, D., Choi, W. S., et al. (2007). Pathways to health: A cluster randomized trial of nicotine gum and motivational interviewing for smoking cessation in low-income housing. *Health Education and Behavior, 34,* 43–54.

Okuyemi, K. S., Thomas, J. L., Hall, S., Nollen, N. L., Richter, K. P., Jeffries, S. K., et al. (2006). Smoking cessation in homeless populations: A pilot clinical trial. *Nicotine and Tobacco Research, 8,* 689–699.

Pbert, L., Osganian, S. K., Gorak, D., Druker, S., Reed, G., O'Neill, K. M., et al. (2006). A school nurse-delivered adolescent smoking cessation intervention: A randomized controlled trial. *Preventive Medicine, 43,* 312–320.

Persson, L. G., & Hjalmarson, A. (2006). Smoking cessation in patients with diabetes mellitus: Results from a controlled study of an intervention programme in primary healthcare in Sweden. *Scandinavian Journal of Primary Health Care, 24*(2), 75–80.

Richter, K. P., McCool, R. M., Catley, D., Hall, M., & Ahluwalia, J. S. (2005). Dual pharmacotherapy and motivational interviewing for tobacco dependence among drug treatment patients. *Journal of Addictive Diseases, 24,* 79–90.

Rigotti, N. A., Park, E. R., Regan, S., Chang, Y., Perry, K., Loudin, B., et al. (2006). Efficacy of telephone counseling for pregnant smokers: A randomized controlled trial. *Obstetrics and Gynecology, 108,* 83–92.

Rohsenow, D. J., Martin, R. A., Monti, P. M., Abrams, D. B., Colby, S. M., & Sirota, A. D. (2004). Brief advice versus motivational interviewing for smoking with alcoholics in treatment [Abstract]. *Alcoholism: Clinical and Experimental Research, 28,* 76A.

Smith, S. S., Jorenby, D. E., Fiore, M. C., Anderson, J. E., Mielke, M. M., Beach, K. E., et al. (2001). Strike while the iron is hot: Can stepped-care treatments resurrect relapsing smokers? *Journal of Consulting and Clinical Psychology, 69,* 429–439.

Soria, R., Legido, A. Escolano, C., Yeste, A. L., & Montoya, J. (2006). A randomised controlled trial of motivational interviewing for smoking cessation. *British Journal of General Practice, 56,* 768–774.

Steinberg, M. L., Ziedonis, D. M., Krejci, J. A., & Brandon, T. H. (2004). Motivational interviewing with personalized feedback: A brief intervention for motivating smokers with schizophrenia to seek treatment for tobacco dependence. *Journal of Consulting and Clinical Psychology, 72*(4), 723–728.

Stotts, A. L., DeLaune, K. A., Schmitz, J. M., & Grabowski, J. (2004). Impact of a motivational intervention on mechanisms of change in low-income pregnant smokers. *Addictive Behaviors, 29,* 1649–1657.

Stotts, A. L., DiClemente, C. C., & Dolan-Mullen, P. (2002). One-to-one: A motivational intervention for resistant pregnant smokers. *Addictive Behaviors, 27,* 275–292.

Supplee, P. D. (2005). The importance of providing smoking relapse counseling during the postpartum hospitalization. *Journal of Obstetric, Gynecologic and Neonatal Nursing, 34,* 703–712.

Tappin, D. M., Lumsden, M. A., Gilmour, W. H., Crawford, F., McIntyre, D., Stone, D. H., et al. (2005). Randomised controlled trial of home based motivational interviewing by midwives to help pregnant smokers quit or cut down. *British Medical Journal, 331*, 373–377.

Thyrian, J. R., Freyer-Adam, J., Hannover, W., Roske, K., Mentzel, F., Kufeld, C., et al. (2007). Adherence to the principles of motivational interviewing, clients' characteristics and behavior outcome in a smoking cessation and relapse prevention trial in women postpartum. *Addictive Behaviors, 32*, 2297–2303.

Thyrian, J. R., Hanover, W., Grempler, J., Roske, K., John, U., & Hapke, U. (2006). An intervention to support postpartum women to quit smoking or remain smoke-free. *Journal of Midwifery and Women's Health, 51*, 45–50.

Town, G. I., Fraser, P., Graham, S., McSweeney, W., Brockway, K., & Kirk, R. (2000). Establishment of a smoking cessation programme in primary and secondary care in Canterbury. *New Zealand Medical Journal, 113*, 117–119.

Valanis, B., Lichtenstein, E., Mullooly, J. P., Labuhn, K., Brody, K., Severson, H. H., et al. (2001). Maternal smoking cessation and relapse prevention during health care visits. *American Journal of Preventive Medicine, 20*(1), 1–8.

Wakefield, M., Oliver, I., Whitford, H., & Rosenfeld, E. (2004). Motivational interviewing as a smoking cessation intervention for patients with cancer: Randomized controlled trial. *Nursing Research, 53*, 396–405.

Winickoff, J. P., Hillis, V. J., Palfrey, J. S., Perrin, J. M., & Rigotti, N. A. (2003). A smoking cessation intervention for parents of children who are hospitalized for respiratory illness: The stop tobacco outreach program. *Pediatrics, 111*(1), 140–145.

Woodruff, S. I., Conway, T. L., Edwards, C. C., Elliott, S. P., & Crittenden, J. (2006). Evaluation of an Internet virtual world chat room for adolescent smoking cessation. *Addictive Behaviors, 32*, 1769–1786.

Ziedonis, D., Harris, P., Brandt, P., Trudeau, K., George, T., Rao, S., et al. (1997). Motivational enhancement therapy and nicotine replacement improve smoking cessation outcomes for smokers with schizophrenia or depression. *Addiction, 92*, 633.

索引

【英語】

A
ABCs　217, 219

C
Carl Rogers　112

D
DARN　56, 59, 61, 84, 165, 175, 176

E
EPE　144, 148, 149

H
HIV　151
HIV/AIDS　185
HIV 保持者　242

M
MI の誘導（案内）形式　49

P
position of equipoise　219

R
RULE の原理　256

【日本語】

あ
足場作り　230
集める要約　197
アドヒアランス　6, 149, 240, 241
あなたの願望　223
あなたの教師　257
アルコール依存症　235
安全な飲料水　251
安全な性行為　185
案内人　23

い
行き違い　130
意思の疎通　225
痛み　72
医療訴訟　130

飲酒運転　168
飲酒者検診　146

う

腕の良い臨床家　26
運動　199, 201, 203, 204

え

エイズウイルス　240
塩素処理法　251

お

恐れ　147
落とし穴　73

か

改革　250
解決策　160
会話の精神　258
格闘技　19
過剰な熱意　221
仮説　94
課題設定　224
課題設定用紙　80
価値観　9, 60, 218
彼の要求に応じた　156
彼らのほうが「専門家」　146
変わる理由　124
喚起的　8
患者自身の自律性　137
患者自身の心配事　80

患者像　234
患者とともに在る　261
患者とともに在ること　207
患者との関係　209
患者の観点　222
患者の願望　216, 223
患者の拒否　138
患者の経験に対する受容　210
患者の行動を変えることについての
　　臨床家の願望　217
患者の好みを尋ねる　135
患者の視点　235
患者の信念や願望　247
患者の知恵を信頼する　255
患者の長所や力　222
患者の優先事項　134
患者の要求に注目　249
感情的反応　223
願望　9, 54, 59, 84, 122, 124, 165, 218

き

聞く準備　131
喫煙　157, 165, 171, 195, 196, 204, 220
希望　10
希望の種を播く　158
逆説的な効果　10
逆に強化する　123
逆反応　215
救出　221
教育的面接法　245

索引 295

共感　10, 19
共感的な臨床家　148
教師　107
共通の価値観　239
協働的　8, 172
許可　136
禁煙　50, 56, 171, 195, 196, 197, 199, 204, 220
均衡の位置　219

く

クライアントまたは個人中心カウンセリング　112
車の運転を習う　208

け

形式と技術の関係　32
形式の切り替え　256
形式の交代　43
傾聴　10, 17, 29, 30, 36, 43, 45, 84, 165, 170, 180, 181, 182, 183, 187, 188, 189, 190, 191, 196, 197, 198, 200, 202
傾聴しながら質問する　112
傾聴する　13
傾聴する姿勢　102
傾聴する臨床家　99
傾聴に対する「障害物」　102
傾聴の質　98
傾聴の障害物　103
傾聴を誘導（案内）形式のなかで

用いる　126
系統的診断　65
系統的な精神医学的手続き　103
決意　57, 123, 218
決意の言葉　174, 176
決断　110
決断の責任　245
血糖値　41, 50, 155
厳格な管理　153
健康管理能力　233
健康的な食事　41
健康に関わる行動　9
健康に関わる行動の変化　6
検査結果　152
現状維持　12, 53, 86, 118
検討課題　224, 257
検討課題の設定　79, 81, 82, 180, 186, 193, 201, 222, 225
検討課題を設定　213
検討課題を設定する　194, 195

こ

効果的な介入　91
行動指向の文化　27
行動処方　160
行動に移す　58
行動の肩代わり　221
行動変化のパターン　250
行動を変える可能性　93
抗レトロウイルス薬　242
声の調子　110, 111

誤解　143
ご機嫌いかがですか？　101
個人的な技術指導　262
個人的な目標　9
個人の要求　250
異なる願望　225
異なる文化圏　53
子どもの福利　226
コミュニケーション形式　20, 24
コレステロール　56, 156
コントロール　256
コントロールを手放す　210
コントロールを取り戻す　222

さ

最後の要約　114
先を見通す　210

し

時間の制限　115
時間を節約　133
試験的第一歩　59
指示　17, 20, 22, 24
指示形式　22, 32, 35, 43, 44, 99, 119
自主規制　25
自信　89, 90, 91
質問　17, 29, 30, 36, 45, 99, 102, 165,
　　　181, 188, 191, 195, 198, 201,
　　　202
質問と傾聴の組み合わせ　135
質問票　238

実用的な補助　256
自動車事故　167
自分自身のケア　143
自分の感情に注意を払う　217
自分の知識について述べる　144
締めくくりの要約　203
社会経済的基盤　240
社会経済的な介入　242
柔軟な交代　166
住民の意識　243
重要性　89, 91
重要性尺度　190, 219
重要性と自信　249
重要な決断　108
重要な情報　71
自由を尊重　219
熟練した傾聴　71
手術　108, 109, 110
主導権　211
主導権を与える　254
主導権を渡す　255
紹介受診　42
障害物　212, 216
症状管理　4
浄水プログラム　243
浄水法　251
招待　72, 78, 84
招待の言葉　101
障壁　234
情報交換　132, 182, 184, 186, 188,
　　　189

情報提供　　17, 29, 30, 36, 45, 99, 165, 170, 183, 184, 195, 202
情報提供の方法　　129
情報提供の要望　　144
情報に基づいた選択　　139
情報の重要性　　131
初回面接　　236, 238, 247
食事　　199, 201
処方薬　　72
「調べて確認する」段階　　141
自律性　　28, 217
自律性の尊重　　172
自律性を尊重する　　9
神経損傷　　142
真実の肯定的な情報　　134
真実を述べる　　114
心臓病　　171
心臓発作　　158
診断の質　　37

す

スーパーママ　　180
優れた案内人　　49, 78, 212, 221
優れた傾聴　　21, 30, 98, 115
優れた指示　　34
ストレス　　196, 198, 199, 203

せ

生活習慣　　74
生活習慣の変更　　158
生活様式の話題　　180

正規の仕事　　242
性行為　　186
性行為感染症　　186
成功する　　93
責任感からの解放　　228
積極的な関与　　137, 144
積極的な参加者　　161
説得と抵抗の落とし穴　　221
説得の落とし穴　　140
善意の衝動を手放す　　248
選択肢　　20
選択すべき多くの問題　　117
専門家への紹介受診　　41

そ

促進的応答　　104
組織の文化を変える　　247
組織の変革　　234
「その瞬間に」在る　　209
尊重　　20, 79

た

対決技法　　147
対決的　　172
対人関係の技術　　132
代替医療　　97
大量の情報　　131
正したい反応　　10, 12, 51, 63, 84, 154, 220
正したい反応を抑える　　140, 147
達成可能な目標の設定　　250

脱落　244
多面的なリハビリテーション
　　プログラム　244
ダンス　19
担当カウンセラー　237

ち

地域共同体　243
チェインジトーク　42, 52, 53, 54,
　　56, 57, 61, 62, 83, 84, 88, 91,
　　119, 124, 181, 184, 185, 190,
　　192, 196, 197, 198, 200, 201,
　　202, 203, 204, 257
違う言葉で返す　107
違う言葉を返す　106
注意の集中　210
中核的価値観の探求　199
中核的技術　34, 49
中核的コミュニケーション技術　29
中間点で妥協する　249
中立な立場　140
聴力の低下　121
治療アドヒアランス　5
治療関係　28, 88, 94, 111
治療関係を促進する　66
治療計画　44
治療に来た理由　247
治療に興味を感じない　248
沈黙　103

つ

追従（見守り）　17, 20, 21, 24, 32
追従（見守り）形式　21, 32, 37, 100
通院率　239

て

抵抗　118, 215
抵抗を喚起する　176
抵抗を批判せずに振り返る　118
抵抗を振り返る　118
適切な応答　178
でも　50

と

ドアをノックする　137
動機　5, 8, 10, 63, 89
動機がない　5
動機づけ面接法（MI）　5
動機を理解　84
同時に提案する　139
糖尿病　27, 41, 152, 154
糖尿病外来　74
吐血　179
閉じられた質問　65, 66, 69, 71, 83

な

内的動機　92
長い要約　257
「投げかける―確かめる―
　　投げかける」　141, 148

7つのC　237

に

ニコチン代替薬　39
日常生活に組み込む　14
人間関係　7
忍耐と敬意　143

の

脳血管障害　157
能力　54, 59, 84, 124, 165, 218
望ましい親業　24

は

花束　124
バランス　61
反論　62

ひ

ビーズ飾り　241
被害者という患者の役割　221
「引き出す―提供する―
　引き出す」　143, 150
非言語的な合図　101
必要　56, 59, 85, 122, 124, 165, 218
否認　213, 214
避妊法　188
評価の過程　247
標準のアセスメント　74
開かれた質問　66, 67, 69, 70, 71, 83
開かれた質問をした後　100

ふ

フィードバック　108, 262
フィードバックの提示　146
フィードバックの源　263
不一致　223
複数の選択肢を提案する　139
腹痛　179
振り返りたいこと　120
振り返りの傾聴　187, 190, 195
振り返る内容を選択する　116

へ

平穏な心境　216
ヘルスケアの臨床家　3
ヘロイン依存症　218
変化の方向に傾ける　61

ほ

防衛　73, 83, 86, 88, 92, 214
防衛的　147, 222
帽子（役割）を替える　227
補聴器　122, 126
本物の傾聴　105

ま

待合室　238, 241

み

見守り（追従）　27
耳の保護　120

む

無感覚　142

め

面接形式　44
面接中の短い傾聴　100
面接の最初の部分　100
面接の方向性　255

や

薬物乱用　235

ゆ

勇気づけ　10
優先順位　60
誘導（案内）　17, 20, 23, 24, 27
誘導（案内）形式　15, 19, 25, 28, 30, 32, 41, 49, 62, 63, 75, 78, 86, 87, 88, 207, 210
誘導（案内）形式の質問　94
誘導しながらの関与　230
誘導（案内）する質問　185
誘導（案内）するための質問　184, 185

夢　9

よ

要約　43, 93, 104, 110, 111, 201, 203, 256

り

利益と不利益　92, 93
利害得失を検討する戦略　249
理由　56, 59, 85, 122, 165, 218
両価性　11, 50, 52, 92, 123, 239
両価性の現象　50
両価性の両面　92
両価性の両面を振り返る　215
両価的　12
両価的状態　11, 51, 90, 118, 125
両価的な状態　214
良質な傾聴　115
臨床家の願望　216
臨床訓練の実施　266
臨床実践のモデル　242

わ

ワークショップ　245

監訳者あとがき

　1991年に出版された『動機づけ面接法』は，瞬く間に世界を席巻し，依存症の治療者たちには必携の書籍となった。それはやがて，依存症の治療世界を超えて，一般医療の診察場面，なかでも慢性疾患の管理や予防医学・公衆衛生・教育など，行動の変化が重要な意味を持つあらゆる分野に応用されるようになった。

　そのめざましい効果を目の当たりにして，動機づけ面接法の学習に時間を割く余裕もなく，カウンセリングや傾聴のトレーニングを受ける暇もないけれど，臨床現場に動機づけ面接法を取り入れたいと願う医師や看護師が増えてきた。そこで，専門的な面接技術に造詣が深いとは言えない，一般の医師・看護師・ソーシャルワーカーなどすべての臨床家にも理解しやすく，臨床の現場に適用しやすい，実践的な解説書が求められるようになったのである。

　そういうわけで本書は，カウンセリングや面接法に習熟していない臨床家にも，動機づけ面接法を理解しやすいように，そして実際に臨床現場で使いやすいように，かみ砕いて書かれている。すなわち「本書では，ヘルスケアにおける3つの一般的なコミュニケーション形式──指示，誘導（案内），及び追従（見守り）を検討することによって，動機づけ面接法と毎日のヘルスケア業務を関係づける」ことが目的である。

　そのために，著者はまず，指示，誘導（案内），追従（見守り）という，3つのコミュニケーションについて解説している。訳書のなかで，

いちいち（案内）（見守り）という表記を加えるのは，わかりやすい実用書を出版した著者の希望にはそぐわないかも知れないが，guide や follow という言葉に含まれる重層的な意味を，コミュニケーションという観点から，十分に表現するために，敢えてこのような表記を選んだつもりである。

　次に，著者は質問・傾聴・情報提供という「中核的技術」を詳しく解説している。面接の技術を学ぶ機会が乏しい臨床家にも，動機づけ面接の技術的側面がわかりやすいように，豊富な事例をあげて様々な角度から説明してあるので，理解しやすいだけでなく応用場面が頭に浮かびやすい。さらに，この技術を組み合わせる方法1つで，コミュニケーション形式が変化することを示し，様々な臨床場面で，3つのコミュニケーション形式を必要に応じて自在に変化させてみせる。実際の臨床場面では，指示形式も適切に組み入れなければならないことを，よく理解している臨床家ならではの配慮が随所に見て取れる。

　最後に著者は，実際の症例を呈示して，どれほど幅広い領域で，この面接法が用いられ，活かされているかを明らかにしている。動機づけ面接法を取り入れてみたいと願いながら，時間的余裕のない多忙な臨床家にとって，短時間で概要を把握でき，すぐにも応用できる魅力的な実用書である。

　しかし一方では，実用書であるために，動機づけ面接法の基礎理論や原理については，殆ど紹介されていない。わずかに，第1章で協働性・喚起性・自律性について触れ，4つの指針（RULE）を提案するのみとなっている。これは，本書の読者が対象とするクライアントとして，一般のヘルスケアの利用者を想定しており，アルコール薬物乱用・依存症者を想定していないからである。依存的な行動が変化するにあたっての，変化の5段階をそれぞれ評価して，対応を変える点や，依存症の治療では特に注目されるべき，抵抗の処理など，白眉とも言える点に関しては既刊書に譲られている。したがって，動機づけ面接法の基

礎理論を学びたい諸姉諸兄には，そちらも併せて読んで頂ければ幸いである。

2010 年 3 月

後藤　恵

著者略歴

ステファン・ロルニック博士（Stephen Rollnick, Ph.D.）

臨床心理士，カーディフ大学の初期医療・公衆衛生部門ヘルスケアコミュニケーション学教授。一般臨床医として16年働いた後，教職に就き，またコミュニケーション学をテーマとした研究者となった。ロルニック博士はこれまで動機づけ面接法と健康に関する行動変化についての著書があり，特筆すべきはヘルスケアとソーシャルケアの立場から診療・相談業務に挑戦していることである。幅広い分野の科学雑誌に発表しており，多くの国の訓練者や指導者を育成している。

ウィリアム・R・ミラー博士（William R. Miller, Ph.D.）

ニューメキシコ大学の心理学および精神医学の特別名誉教授。同大学には1976年より勤務。同大学の臨床心理学の博士課程（米国心理学協会認定）で臨床訓練の指導者として務め，また，同大学のアルコール依存症・物質乱用および物質嗜癖センター（CASAA）の指導者でもある。ミラー博士の著書は35冊にも上り，400以上の論文や論説がある。1983年に発表した論文で，動機づけ面接法の概念を紹介した。科学情報研究所（ISI）は，ミラー博士を「世界で最もよく文献が引用される科学者」の1人であるとしている。

クリストファー・C・バトラー博士（Christopher C. Butler, M.D.）

カーディフ大学の初期医療学教授，初期医療・公衆衛生学部門主任。ケープタウン大学で医学を，トロント大学で臨床疫学を修める。ロルニック博士に師事し，行動を変えるカウンセリングの開発と評価を行い，臨床家から禁煙指導を受けた患者の認知に関する質的調査を実施した。バトラー博士は70を超える論文・論説を発表しており，主に健康に関する行動変化と一般感染症について論じている。南ウェールズの炭坑町で一般診療を行っている。

監訳者・訳者略歴

後藤　恵（ごとう　めぐみ）
日本アルコール精神医学会評議員，日本アルコール・薬物医学会評議員，日本精神神経学会認定専門医．
- 1985 年　京都府立医科大学卒業
- 1992 年　（～ 1994）ロンドン大学精神医学研究所にて，嗜癖行動科学（専門医コース終了），その他家族療法・認知行動療法・地域医療・児童精神医療などを学ぶ
- 1994 年　高月病院　アルコール病棟勤務
- 1996 年　東京足立病院　アルコール病棟等勤務
- 1999 年　成増厚生病院　急性期治療病棟・アルコール病棟勤務
- 2003 年　同　診療部長

荒井まゆみ（あらい　まゆみ）
1968 年，千葉県生まれ。1994 年からシアトル市在住。米国・ワシントン州シアトル市ワシントン大学女性学部卒業。2001 年からシアトルの法律事務所勤務。現在は，シアトル市にて翻訳活動に専念。

動機づけ面接法 実践入門
あらゆる医療現場で応用するために

2010 年 5 月 15 日　初版第 1 刷発行
2013 年 3 月 21 日　初版第 2 刷発行

著　　者　ステファン・ロルニック　ウィリアム・R・ミラー
　　　　　クリストファー・C・バトラー
監訳者　後藤　恵
訳　　者　荒井まゆみ
発行者　石澤雄司
発行所　㈱星和書店
　　　　〒168-0074　東京都杉並区上高井戸 1-2-5
　　　　電話　03（3329）0031（営業部）／03（3329）0033（編集部）
　　　　FAX　03（5374）7186（営業部）／03（5374）7185（編集部）
　　　　http://www.seiwa-pb.co.jp

Ⓒ 2010　星和書店　　Printed in Japan　　ISBN978-4-7911-0737-7

- 本書に掲載する著作物の複製権・翻訳権・上映権・譲渡権・公衆送信権（送信可能化権を含む）は㈱星和書店が保有します．
- JCOPY〈（社）出版者著作権管理機構　委託出版物〉
本書の無断複写は著作権法上での例外を除き禁じられています．複写される場合は，そのつど事前に（社）出版者著作権管理機構（電話 03-3513-6969，FAX 03-3513-6979，e-mail：info@jcopy.or.jp）の許諾を得てください．

動機づけ面接法

基礎・実践編

[著] ウイリアム・R・ミラー、ステファン・ロルニック
[訳] 松島義博、後藤 恵
A5判　320頁　本体価格 3,300円

人が変わってゆく過程を援助する技法として世界標準となっている動機づけ面接法。依存症治療をはじめ、精神科領域全般、高血圧・糖尿病の生活指導など様々に応用されている医療関係者必修の技法！

動機づけ面接法

応用編

[著] ウイリアム・R・ミラー、ステファン・ロルニック
[訳] 松島義博、後藤 恵、猪野亜朗
A5判　304頁　本体価格 3,200円

動機づけ面接法の応用編では、様々な対象(思春期青年期、重複障害など)、状況(グループなど)、領域(医療、保健、司法など)へのように適用するか、エビデンスに基づき解説。動機づけ面接法を様々な場面で柔軟に活用するために、「基礎・実践編」とともに必携の一冊！

発行：星和書店　http://www.seiwa-pb.co.jp　価格は本体(税別)です